讀夢 團體原理與實務技巧

Appreciating Dreams: A Group Approach

Montague Ullman 著
汪淑媛 譯

Appreciating Dreams: A Group Approach

By Montague Ullman

Published by arrangement with Bowen Books.

目錄

作者簡介

蒙堤・歐曼（Montague Ullman）醫師是紐約人，1938 年畢業於紐約大學醫學院。在他完成神經學與精神病學住院醫師實習之後，從 1942 到 1945 年間，服務於軍中醫療部隊。他完成紐約醫學院精神分析訓練課程，並於 1950 年開始在紐約醫學院教書。1961 年，他放棄私人醫師開業，成為布魯克林邁蒙尼德醫學中心的精神科主任，由於他對精神疾病防治的關注，促使紐約市第一個社區心理衛生中心於 1967 年正式開放。因他的研究興趣促使他成立睡眠實驗室，致力於超自然夢的探索。

因為做夢是人類普遍性的經驗，我們的夢應該是人人都可以靠近的。歐曼醫師以此為目標，在過去三十多年來，致力發展適用於一般大眾的小團體夢工作，用這個團體方法來教導臨床心理治療師學夢。在這段期間，他一直在美國以及瑞典、挪威、芬蘭等國家帶領訓練課程以及工作坊。

歐曼醫師是美國精神分析學院會員，也是愛因斯坦醫學院精神科榮譽退職教授。歐曼醫師在神經生理學領域、臨床，以及夢的社會面向方面已經寫了無數的論文，同時也是好幾本書的作者與共同作者，包括 *Dream Telepathy*（1988）以及 *Working with Dreams*（1979）。他同時也是 *Handbook of States of Consciousness*（1986）與 *The Variety of Dream Experience*（1988）的共同編者。

譯者簡介

汪淑媛

現職：國立暨南國際大學社會政策與社會工作學系教授

學歷：美國紐約大學（New York University）發展心理學博士

大學授課領域：心理衛生、夢與潛意識探討、團體工作、家庭暴力、社會工作價值與倫理

讀夢團體工作經歷：譯者負笈美國期間，跟隨Dr. Montague Ullman學習讀夢團體之帶領，並且參與Dr. William R. Stimson（Dream Network Journal創辦人）帶領之讀夢團體數年，將歐曼讀夢團體工作方法引入台灣學術與實務界。十餘年來，運用讀夢團體工作方法，帶領教師、諮商師、心靈藝術工作者、社工員等專業工作者，一起探索潛意識、覺察統整自我、釋放潛能、深耕實務能力、厚實人文素養

著作：《夢、覺察、轉化：南勢角讀夢團體現場》
《好好存在：一位心理學家的療癒書寫》
《與己同在：寫給茫然時的你我 》

譯作：《讀夢團體原理與實務技巧》
《佛洛伊德與偽記憶症候群》

前　言

多年前蒙堤・歐曼請我討論他即將在美國心理分析學術會議發表的一篇論文，那是我第一次接觸歐曼讀夢團體方法，這也是他第一次在一群專業心理分析師面前發表這個方法。他的論文引起熱烈討論，得到許多不同角度的回應。很多人提出問題，包括他的讀夢團體方法實際上偏離大多數心理分析師傳統解析夢的方法。針對這些疑點，我想要分享我的看法，因為這些年來，我的個人訓練與生涯以及多年來的實務經驗一直在調查臨床病人的夢。

根據我自己的經驗，當分析師在解析病人的夢時，在有限的會談時間裡，夢的意義解釋與整合過程是由分析師掌控，根據分析師對夢的認識機制解釋夢的象徵意義、隱喻等。釋夢的過程幾乎完全由分析師帶領。因此，我對歐曼讀夢團體方法的疑問之一是沒有專業知識，夢可能被解析嗎？如果是這樣，當分析師是團體帶領人時，是否反而損害團體成員詮釋夢的自主性，因為成員會自然地將帶領人視為夢的專家。我當時對他的論文提出這些疑點，但也同時很尊重這個新的夢工作方法，尤其歐曼本人是個非常卓越、深獲敬重的心理分析師與研究者。

我也因此開始對歐曼讀夢團體產生興趣，特別是在我讀了他第一本有關夢團體的書——*Working with Dreams*（Ullman & Zimmerman, 1979）之後，這本書詳細地描寫讀夢團體過程在實務上的應用，包括小團體的運作結構，夢分享過程的每個步驟與其發展，以及在一個社會環境中分享夢所具有的療癒因子。這本書之後，歐曼與李楣（Clair Limmer）合作編著，在 1988 年又出版 *The Variety of Dream Experience* 一書。

終於，我參加了歐曼親自帶領的讀夢團體領導人訓練工作坊，親眼目睹整個團體的操作過程，我原來對這個方法所持有的保留態度溶解了，我深刻體會讀夢團體的豐富性以及它如何成功地將夢打開。當看到團體一起分享對夢境與意象的洞察時，明顯可以感受到由一個人單獨分析夢〔如佛洛伊德（Freud）的方式〕或者由一位心理分析師面對一位病人詮釋夢的局限性。在讀夢團體，對夢的重視可能比一對一心理分析過程還多。團體工作方法可以深入夢的隱喻，夢裡意象的象徵意義，以及任何夢境出現的材料、情節的相關連結。在團體中探索夢的社會化過程，讓夢在現實生活中更加有用。這些了解改變了我過去多年在臨床工作中對夢的觀念與想法。

我開始鼓勵我的病人參加歐曼的讀夢團體，有些還在治療中，有些已經完成治療。我發現結合個人心理治療與參與讀夢團體兩者之間並沒有衝突，事實上，在參與讀夢團體之後，病人在治療上總是有顯著的改進，也更能揭露潛意識的訊息。

《讀夢團體原理與實務技巧》這本書主要重點是促使夢成為現實生活中一個更有用的精神與心靈通道，書的內容涵蓋了歐曼過去二十多年來致力對這個團體工作方法的開發與研究成果，包括所有操作細節。只要對夢與做夢有真誠好奇心的人都能夠學好這套團體工作程序。

在過去四十多年的夢研究文獻中，有很多不同學科的人參與，包括心理分析、神經生理學、現象學、物種發生學等不勝枚舉。本書的獨特之處是作者歐曼本身兼具多種學科訓練，他是心理分析師、神經科醫師、社區精神醫師，並且從事多年的心理玄學經驗研究，因此本書可以說是歐曼過去跨學科研究結果與臨床實務經驗的精華。在他整個專業的生涯中，很明顯地看到他對夢無止境的熱情與好奇，不斷地探尋來自夢的神秘現象與令人興奮的內在經驗。

歐曼的讀夢團體源自 1970 年代，當他應邀在瑞典教學時發展出來的。他的方法獲得熱切的回應，在瑞典開始成立讀夢團體的教育機構網絡、訓練中心，以及其他相關組織。這本書介紹的就是當年在瑞典發展出來的夢團體工作方法，包含概念的敘述、實務指導手冊、談論夢生活以及夢如何被運用到社區以及國家生存。也許有人會懷疑國家領導人分享夢的效用，其實他們的夢不僅影響他們個人的生活，也會影響他們的決策。

有一次與歐曼私下談話，他提到夢如何誠實地反映個人生活上的張力，以及社會上許多未被解決的問題如何影響這些情緒張力。他指出，我們生命的自由程度「是建立在我們如何開放自己，讓夢質疑挑戰我們從過去獨特生活歷史中所內化的約束，以及整體社會給我們的限制」。

他相信我們夢的意象來自一個不會腐敗的生命核心本質，它企圖整合人類種族的分裂，維持與他人的連結，使我們的種族繼續存活。他強調社會的問題會透過個人的夢呈現出來，而且在團體分享夢之後會導致有益的行為改變。行為改變來自個人內在限制與外在社會制約的揭露，因為這些限制一直在阻礙「夢者的自由……而誠實，包括個人的誠實與社會方面的誠實，是重要關鍵，否則不可能有真正的成長」。

既有的夢詮釋理論系統有可能讓新的洞察與自然原創性無法流動，令人沈悶窒息。有時候，教育與專業知識可能成為抑制的力量，讓人更放不開，也可能是真相與創造性想像的破壞者。歐曼的方法提供有效的讀夢技巧，讓我們得以跳離理論知識所可能產生的盲點，了解夢對個別夢者的獨特意義。每個夢都是夢者自己本身的心智產物，有其獨創性，是個人原創的訊息，有著它特殊的隱喻。它是夢者的潛意識在說話，表達夢者的內在真實。

這是夢工作的療癒要素，個人的誠實可以在社會脈絡中舞動，提升夢者與夢團體成員的現實生活品質。在夢團體中，最刺激的是允許他人給我們刺激、鼓勵與幫助，讓我們的創造與想像力更自由。對自己，我們有很多要學習的地方，但是在日常的人際接觸過程，我們經常忽略他人看到的真相。透過歐曼的方法，在他人的接納下，在一個安全的探索環境裡，慢慢浮現一個較誠實的自我，這是一種全新的體驗。這個方法的療癒要素就是相信夢者有能力在一個社會性場合，藉著團體動力的協助下知道夢的意義。團體以直覺性的技巧有力地將每個人內在令人驚豔的元素帶引出來，讓我們更信任自己的內在反應，更能有信心地讓我們的直覺行為表現在醒著的世界。

要獲得歐曼讀夢團體的經驗，這本書是最好的參考手冊。而對有興趣帶領夢團體的讀者，書裡有章節詳細介紹如何帶領團體的技巧。讀夢團體提供一個令人興奮的路徑，讓我們能欣賞神奇的潛意識世界，也是真正能讓夢者體驗夢工作的場域。而我們每個人都是夢者。

約翰．布里格斯（*John P. Briggs, M.D.*）

麻州，艾摩斯特市

導言

我們的夢在對我們說話，夢的語言是我們每個人都有能力學習的。寫這本書是相信我們如果能注意我們的夢，生活會更好，而以小團體的力量一起讀夢，更能有效率地實現這個目標，對有興趣用夢幫助他人者將非常受用。本書介紹的小團體運作過程一直有兩個演進方向，它的發展緣起目的是作為教導心理治療師認識夢以及如何運用夢幫助病人，後來又被證明一般非專業人士也能透過這個方法了解夢的意義並能從中獲益。因此這本書的讀者對象同時針對心理專業工作者與一般社會大眾。

雖然強調在小團體中分享夢，但是本書描述的團體進行步驟與技巧對喜歡自己一個人讀夢的人也非常有用。而且，在任何情境，團體讀夢的原理與準則在稍微修改之後，也能提供可靠的讀夢指南。

對臨床工作者，本書將證明讀夢團體結構是有力的教育工具，而只須稍微改變，也同時能適用於心理治療，無論治療師的理論傾向何種派別，有些基本通用的策略會讓夢工作更有效。

選擇小團體方式讀夢對我而言是很大的改變，雖然它仍是延續我長期以來對夢的想法自然發展出來的結果。過去大部分的專業生涯，我一直在私密的諮商室裡從事夢工作。儘管它不像小團體一樣地開放，但是至少夢已經公開在某些特殊的社會情境，也就是心理治療情境。從一開始從事臨床心理分析至今，這許多年來我一直被病人的夢所吸引，而且越來越強烈，讀夢成為我們一起工作的重點。然而，我從來不覺得典型的佛洛伊德觀點適用於我的工作。對我而言，病人的夢似乎創造性地運用非常豐富的隱喻意象在揭露他們的內在生活，而非隱藏。而且令人無法理解的是，為什麼像做夢如此自然的現象，只有心理分析的理論架構才能解碼。心理分析對夢的觀點仍然廣泛地在專業領域流傳，源自佛洛伊德早期對歇斯底里症的關注。他試圖建立科學性的夢心理學，但這理論的發展卻與歇斯底里症的潛意識起源相平行。因此我的一個同僚曾評論說：「如果夢的本質是首先被一位詩人所發展出來，那麼我們今天對夢的觀點是不是會不一樣？」[1]

基本上，我們一直在學習不要與自己的夢有任何關聯，我們不斷地被訓練用客觀的態度與方法檢視外在世界，卻沒有自我內觀方面的方法訓練。要讓夢工作安全有效地在社區發展生根並不容易。不過現在已經有了一些開始，讀夢團體在逐漸的增加中，團體的取向以及讀夢所需的技巧可以適用於一般大眾。如果各種不同領域的專業治療者與非專業治療者能密切合作，團體將更有力量。

早期與齊默爾曼（Nan Zimmerman）合著的 *Working with Dreams*（1979）書中，我對非專業的一般大眾聲明，只要有強烈的興趣與動機，即使沒有精神醫學或心理學的背景，仍然可以深入理解賞讀夢。做夢是人類共同的經驗，我們相信人人都應該去碰觸自己的夢，也相信我們有能力理解夢，因此我們介紹一個團體的工作方法，它提供一個環境脈絡，讓夢的整體性能不被侵犯，真正地被聽見。團體必須在不侵入並尊重夢者的隱私氣氛中，幫助夢者積極探索夢的意義。

這樣境界的達成，必須訓練夢團體具有類似助產的技術與功能，如同大部分新生兒是健康的母親所生，夢的出現也是這樣，大部分的夢者已經準備好可以勇敢面對夢境蘊含的訊息。團體成員的角色就像夢者的助產士一樣，小心輕巧地觀察埋置在夢境意象裡的感覺與意義。如同助產士的角色是協助自然生產的功能，與嬰兒的孕育與教養無關，他們知道母親生產的過程以及所需要的照顧，讓胎兒安全地通過產道，助產士以最小的侵入做最大的協助，這與團體讀夢的功能類似。夢是新生的創造，在我們心靈秘密深處孕育，團體的催化幫助，讓它轉化成有療癒性社會事件，但這並不表示要奪取治療師

---

[1] 理查・瓊斯（Richard Jones）。

的角色，某些夢者，可能需要個別的協助，夢團體對他們而言是不夠的，就像生產一旦變得複雜，有專業的產科醫師與現代化醫療照顧在旁協助將更安全。

過去多年來，很多人根據 *Working with Dreams* 一書裡描述的步驟開始他們的讀夢團體，雖然一般的結果都是正向的，但是在進行的過程中，也有一些問題產生。譬如，在夢與團體對話這個階段（階段 3B），我們提供了一些問問題的準則，但問題並沒有一定的原理或順序，因此他們以夢者的自由聯想內容作為問問題的方向，而有時問題過於隨機，沒有一定規則，團體沒有焦點，導致想要揭開夢神秘面紗的熱情冷卻下來。

我也發現有必要進一步澄清讀夢團體與在心理治療場域分析夢，這兩個方式有何不同，這對想嘗試學習小團體讀夢方法但本身又是有經驗的心理治療師特別重要。在賞讀夢[2]的團體中，沒有人扮演心理治療者的角色，帶領者與參與成員地位一樣，也可以在團體中分享自己的夢。帶領者的任務是引導團體依步驟進行讀夢，並保護夢者在分享過程中的安全。讀夢團體與夢者之間的互動方式不同於治療師與病人之間的關係，這部分在本書中有廣泛深入的討論。儘管有些原則是相通的，但是治療師的責任與讀夢團體的帶領者是不同的，而且處理病人抗拒的理論與技巧也不同。譬如，在治療關係中，治療師控制過程，但在讀夢團體中，是由夢者掌控團體進行，分享夢完全是自願的，團體成員有權利不分享夢，即使分享夢，也可以保留任何不願意與團體分享的個人隱私，但是在治療關係裡，治療師則不可避免地與病人有階級的關係。在夢團體，我們試圖讓夢者擁有團體進行控制權，讓帶領者也有機會分享夢，藉此打破團體上對下的階級關係。

本書將完整地描述讀夢團體過程以及分析每個階段所衍生的議題。對夢的基本態度與 1979 年出版的 *Working with Dreams* 的立場類似，但是對團體運作過程的論述比前一本書更加精細與豐富，融入了我過去十多年訓練以及

---

2 我的同僚埃克爾德醫師（Dr. Marianne H. Eckhardt）強調夢的創造與美學面向，建議**夢的賞讀**比**夢的詮釋**在用詞上更為恰當，我同意他的看法。

督導夢團體帶領者的經驗與心得。從本書中，讀者將會更有概念性地了解夢團體工作所需的技能與意義，看到一個更小心謹慎的團體與夢者之間的對話結構，以及如何有技巧地協助夢者透過最後階段，也就是我所指稱的「夢的樂章」階段，漸進地達到夢分享最後完結的感覺。之前已經熟悉夢團體進行方式的帶領者，對這本書提的回應非常正面。因為團體運作的基本原則雖是相同，但本書特別提出這些原則在實務運用上所可能面臨的困難以及因應的方式，這些改變的理由很容易被理解，而運用在實務上也讓夢團體更有效能。

本書對帶領者的角色也有更明確的界定。我一直認為有一本能涵蓋所有層面的團體帶領者指導手冊是很需要的，它的範圍應包括帶領者的責任範圍、團體可能發生的問題之相關知識與處理指引。雖然準備帶領團體最好是參加領導者訓練，但是目前有經驗、能訓練帶領者的人不多，並非每個人都有機會得到這樣的訓練。我因而希望這本書能讓想要使用夢團體方法的人當作實務手冊，特別是那些沒有機會參加第一手團體帶領訓練的人。我試圖提供團體過程每個步驟的原理基礎，也詳細呈現我在教學與實務經驗過程中曾經面臨的問題。*Working with Dreams* 一書偏重夢的一般性討論，而本書則完全著重夢團體的運作過程。

我偏愛夢在團體中分享，團體很自然地可以是催化夢工作的動力。而若要團體成功，團體成員必須清楚夢者需要團體提供給他哪些方面的協助，也必須學習與練習協助過程所需的技巧。團體過程的每個步驟就是提供團體一個實作的結構，讓夢者的需要可以得到滿足。這些協助策略已經證明可以成功地維護夢者的安全，以及使夢者提供必要的資訊，讓夢境與醒著的實境相互輝映。本書要強調的是讓夢轉化成對醒著的處境有意義的事實，而這個轉變過程最好是在一個妥善與有著充分準備的社會環境裡。

本書也強調，團體工作方法並不會阻礙個人賞讀自己的夢。我沒有要貶低個體獨自解讀自己夢的價值，我只是針對夢工作提供一個獨特的觀點。事實上，我們每個人在探索潛意識領域過程中，外在的協助可能對我們幫助很大。要探索某些過去情緒餘留，就像我們探索夢一樣，通常需要一些協助來降低與這些情緒餘留相關的防衛機制。我們生活上的問題經常被防衛機制所堵塞，掩蓋問題的真相，例如否認或合理化。不像身體的創傷可以自己復元，心理的問題通常需要他人的協助才能打開。一旦問題的真相有機會曝光，在某種程度上，療癒就已經開始了。團體提供一個自然的環境，讓這過程自然的發生。我的目標是闡述這個環境應該做些什麼，以及如何克服可能面臨的阻礙。

隨著日漸累積的經驗，越來越能察覺夢工作的細緻與微妙，它所涉及的技能本質，以及如何幫助專業心理治療師與非專業人士獲得這些技能。我使用的夢工作方法是順著夢的自然輪廓，沒有理論的偏見，任何人都可以精通這個過程。有一些讀者可能只是要讓他們正在進行的團體更有效率，有的是想要讓自己的領導技巧更完善，可以開始新的團體。對正在執業中的心理治療師，我確信一旦他們用這方法將知識落實為夢者的特定需求，這樣的實務經驗會補充他們原有的理論知識。我認為讀夢團體得以讓心理治療師所關心的情緒療癒與成長議題更有伸展性。

終究夢工作將會超越諮商室的範圍，專業心理衛生工作者可以扮演這樣的角色，他們原有的訓練，例如夢的知識與相關臨床經驗，人格發展概念，以及原來團體工作的熟練，這些背景對成為讀夢團體領導者都有助益。這些助人專業者除了可以帶領一般人組成的團體之外，他們還可以嘗試將夢團體方法運用在精神病學中高風險群對象，譬如老年人、青少年、處於安寧照顧的病人、愛滋病人等。這部分已經有些人開始，但仍需要更多的努力。事實上我們的夢仍未成為個人或社會的資源。佛洛姆（Erich Fromm）把夢稱為「被遺忘的語言」，這本書要對專家與非專業者呼籲，是我們該熟悉夢語言的時候了。

過去二十多年，我不曾間斷地用團體方法讀夢，也很欣慰地見證到夢團體的發展，這些勝任的團體帶領者有專業工作者與非專業人士，有本國與外國人士，讓我更確信這個方法是健全穩固的。我們的社會對夢的重視與了解是非常貧乏的，我們不太注意每個人對夢自然產生的好奇心，沒有企圖要讓夢成為自己擁有的資源，社會也沒有提供應有的協助，讓人有能力欣賞夢境裡不可思議的創造能量，以及了解夢境意象的個別意義。你從這本書中將發現我一直持續努力要讓自己專精於夢工作藝術，同時也希望幫助別人能精通這門藝術。方法與結構不是完全沒有彈性的，只要能熟練主要原則與基本技巧，你可以依照自己的興趣與目標調整。

希望這本書對已是夢的熱愛者是一種確認，對試圖加入的人，將打開一個新的窗口。

如何善用本書

本書的編排分為兩個取向，在第一章概論之後，從第二章到第七章，詳細論述小團體讀夢進行每個階段與每個步驟的原理與技巧。第八章到第十二章探討帶領者、夢者，與團體成員在讀夢進行階段的角色。第十三章到十八章則分述不同議題討論團體的經驗。

本書最後附錄一篇有關理論的論述。這需要一些說明，因為基本上我的讀夢方法是非理論的。也就是夢的賞讀並非基於佛洛伊德或榮格的理論，然而他們的理論對我們了解夢意識的基本特性有很大的貢獻，這部分我將在第一章概略說明，同時也在最後附錄詳細論述，在理論的考量上，我試圖將夢意識的心理意義連結到它生理價值，以及如何與物種的演化生存相關。

致　謝

我所有的著作都是手寫的，要辨識我的手稿並不是一件容易的工作。有少數幾個人能閱讀我的手稿，首先我要特別感謝我的太太珍娜（Janet），從初稿開始費心地幫我刪除多餘重複以及冗長的文字。謝謝我之前的秘書安·萊昂（Anne Leon）與薇奧樂·格林斯坦（Violet Greenstein）協助打字，謝謝精通電腦的兒子比爾（Bill）以及勞倫·施尼澤（Lauren Schnitzer）合力編輯最後版本。感謝愛德華·史得爾（Edward Storm）、史蒂文·羅絲（Steven Rosen）以及齊默爾曼（Nan Zimmerman），他們皆收到我部分或整份手稿，提供許多很有幫助的建議。我也要謝謝艾琳諾·弗里德（Eleanor Friede），她一直幫助我處理早期著作的出版工作，更要感謝她對這本書書寫過程精準的指導與建議。也謝謝她的同事芭芭拉·鮑恩（Barbara Bowen）在手稿完成的最後階段極力協助。我要特別向克萊爾·李楣（Claire Limmer）致謝，因為她的努力與技能，讓手稿更有組織以及易讀。感謝Sage出版社的琳達·格雷（Linda Gray）與克莉絲汀娜·希爾（Christina Hill），她們以熟練專業的方式編輯原稿。我最後要感謝的是所有允許我將他們的夢慷慨地與讀者分享的夢者。

本書性別人稱使用說明

為了避免性別上的文字笨拙，我決定自由地使用男性與女性代名詞。

我的夢[1]

某個星期二清晨，就在清醒之前，我做了一個夢：

> 我在一個大的室內空間裡，它像是一間教室，好像正在舉行某種測驗。我感覺有其他人在旁，和我一樣要被測驗，但是我不能看清楚任何人。負責執行測驗的人是一個女士，她正在準備一個特別的測驗情境。她看起來很權威，能力很強，好像就是主要負責人。測驗的設備包括兩張紙張，寬八吋半，長十四吋。兩張紙分別對摺，有一邊塞進平面木板。我們要輕輕地在兩張摺紙之間吹氣，讓紙彎曲。當輪到我的時候，我發現我只有一張摺紙，雖然我可以讓紙彎曲，但沒有兩張紙，我覺得很不妥當，覺得沒做好這測驗。我預期負責人會不滿意我的表現。出乎意料的，她竟然約我單獨一起吃飯，我很疑惑，但是很高興她的邀請，因為我原先以為她會批評我。

通常我大都可以察覺我的夢境影像從何而來，但這次我腦袋一片空白。雖然夢到自己在一個測驗的情境是常有的，但對於這次奇怪的測驗內容以及這位負責的女士，我完全沒有相關的聯想。

我有一個每週二聚會的讀夢團體，這天，我如往常一樣邀請大家分享夢，但同時我自己也表明有夢要分享。由於沒有其他人自願分享夢，於是在這一次團體，我分享了上述的夢。

---

1 鑑於團體中的每個人都能自由分享夢，我認為本書一開始先分享我自己的夢應該是合宜的。後續的夢將更詳盡地對照團體過程的呈現。

當團體開始將這夢視為他們的夢，開始談他們的感覺以及夢境影像的意義時，我開始有了些聯想。但是一方面要記錄來自團體的投射又要繼續自己的思考不容易，我將筆記本分成如下兩欄，團體的投射記錄在左側，而自己的想法或相關聯想則寫在右側，之後與團體分享。

團體投射	我的聯想
我覺得有人在評判我。 權威可能是不公平的。	我忽然想到，夢裡的女人是我出版代理人艾琳諾（Eleanor Friede）。她已經拿到這本書的部分手稿幾個月，我一直焦慮地在等待她的回應。做這個夢之前的星期六，我收到她的來信。雖然她的答覆是很熱烈的，不過她以慣有典型直接的方式，建議我做一些改變，她對我挑選的一個夢有意見。
這個夢帶我回到沒有安全感的童年，我覺得有點畏懼。	只要面臨到我自己或我的工作被評斷的處境，我至今仍然感覺到沒有安全感。我很容易在權威面前有畏懼感。雖然艾琳諾並不是那種使用權威令人生畏的人，但是她直接對質的方式會影響我。
我覺得寂寞。	我自己很難評斷我的工作，我需要他人的確認。艾琳諾已經成功地代理出版好幾位著名作者的書，我有點不確定甚至有些焦慮她的反應。她可能會顧慮這本書是否過於專業化，像實務指導手冊，而不適用於一般大眾。
我被測驗所吸引，但比起他人我覺得自己處於不利的位置。	忽然我又領悟到，夢境的紙張尺寸，與我用來書寫這本書原稿的黃色筆記簿是一樣的，而我只有一張紙，可能表示與她所代理的其他作者而言，我是較不利的。
我感覺到轉變，像蝴蝶破蛹而出一樣，這測驗象徵著對某件事情注入新的空氣。我通過了測驗。	蝴蝶轉化立刻讓我想到夢前幾次家庭聚會裡看到的一個影像。那是一隻特別設計、很美麗的木製鳥，只要線一拉，就會展翅呈現一個優雅的飛翔動作。但是我仍然對夢裡的影像很困惑。也許在我收到艾琳諾的信之後一直覺得如此。做這個夢之前，我打電話給她一起討論她的評論。
餐點代表我從艾琳諾得到的養分。	她說她很快就會到紐約，我們約好時間要在餐廳見面。

團體最後的評論（整合連絡）	
你可以用一隻翅膀飛翔，儘管殘缺，你仍然可以飛翔。她的確認已經滋養你，儘管你的第一次努力沒有得到百分之百的認可。你在與她其他暢銷書作者比較。	這些評論感覺都是對的，但是這單元的結束並沒有興奮的感覺，沒有那種靈光乍現，然後將所有事情整合在一起的感覺。

當團體在下週聚會的時候，我並沒有新的發現可以與團體分享。對夢裡我只有一張紙的影像仍然覺得困惑。

大約十天後，我在餐廳與艾琳諾見面，她正與同事共進午餐，他們很興奮地討論一本書的電影版權。那是一本1976年出版的舊書，艾琳諾發現重新出版之後成為一本暢銷書，一位好萊塢製片將要買下這本書的電影版權。在她的同事面前，她再度表示對我這本書的熱情。就在很輕鬆的氣氛下，她告訴我不應該將一百多頁的內容放在同一個章節，它們應該可以輕易地分割成四個章節。然後她繼續很興奮地談論那本書的電影企畫，當我們回到她辦公室，她還送我一本。

那天晚上，我回想與艾琳諾的會面，突然有了領悟。艾琳諾很興奮一本舊書能重新引起讀者的注意，這讓我想到很多年前一個類似的情境，艾琳諾很直覺地挑選一本被很多出版社拒絕出版的書，順利將它出版。這本書就是《天地一沙鷗》，它創下驚人的銷售記錄。我想到我看到的木製鳥像是一隻海鷗，它隱喻性地轉化為像翅膀般的書頁，彷彿要告訴我，我的書一旦完成，也會像岳納珊海鷗一樣的起飛。然而，這個夢讓我了解事情並不是這樣的。我的書可能不會是百萬暢銷書，但它將以特有的風格被接受。夢團體將這個夢的涵義推進一個正確的方向，而後來發生的實際生活事件引導我進一步領悟它的意義。

作者中文版序

我很歡迎這本書能以中文出版。如同我們身體其它各種不同潛在的療癒系統，我們的夢是一種自然療癒系統。而且，夢是我們人類唯一共同的語言，它們應該普遍性地被理解與運用。要學習夢的語言，小團體是一種有效率的方法。

夢工作提供我們情緒知覺成長的途徑，夢之所以有這樣的功能是因為它們能將過去與現在連結在一起，讓我們有比較大的自主能力面對未來。我所用的小團體方法並不需要任何心理分析理論就能學會，夢由隱喻性意象所構成，是做夢者在夢發生之前情緒狀態的短暫理論，在了解夢的過程，我用的是隱喻性概念，不使用任何比隱喻更複雜的概念，只要曾經讀過詩的人都能懂這個道理。

就我的觀點，小團體是夢工作自然的傳遞工具。而在小團體相互分享夢的過程我們比較擔心的是團體本身，包括團體領導或催化者是否能適當地回應夢者兩項基本的需要。夢者一方面需要覺得安全，另一方面需要透過與他人對話，促進對夢的理解與洞察。這本書提供從事夢團體工作的基本原理以及每個步驟進行的細節，協助夢者能聽到夢的真實語音。無論夢要表達的是什麼，知道真相總比置之不理還好。

Montague Ullman, M. D.

譯者序——一本書誕生的故事

汪淑媛

如果故事就是真實發生過的事，每個人都有故事，聽一個人真實的故事，不僅能了解這個人，也好像一起參與感受這個人的所見所聞，這個人的悲喜哀怨，一起與這個人面臨生命的奇遇與挑戰。每一本書的誕生，也有它們獨特的故事，讀一本書的誕生過程，先讓自己置身於書尚未寫就之前作者的處境，感受作者的思想源頭，之後再閱讀文本，較能體會作者為何這樣說、這樣寫。多年來因為參與以及帶領讀夢團體，聽了好多人的夢，即使夢者來自世界各國，不同的種族，不同的文化背景，多數的夢都有生動情節與具體影像，敘述夢的人隨著自己夢境與影像而喚起自己真實的生活故事，掀起一幕又一幕具體場景，我很幸運，能被夢者邀請一起身歷其境，一起感受他／她樂於分享或勇於分享的生命故事。

慢慢地，對學術探尋的旨趣轉變了，越來越喜歡聽真實的故事，不愛聽道理，面對獨斷的理論，也越來越謹慎猶豫。書寫的時候，同時也在閱讀自己，一旦發現文字論述與自己的感覺越來越疏遠，只剩下抽象概念時，就寫不下去了，只得從頭開始。漸漸發現，自己的書寫，能存留的、能讓我再度重新閱讀的，多數是真實的故事以及因事件所引發的感受。當林總編輯建議我為這本書寫導讀時，腦海裡飄入無數思緒、逐句翻譯過程中與這本書的對話，以及各種聯想。但是，一時之間，我找不到源頭，不知要從何說起，要說些什麼，該怎麼說，一兩個禮拜過去了，仍然無法寫出第一個字，在學期結束的第一天清晨，天未明，沏一杯溫熱綠茶放在案前，打開電腦，望著空白的螢幕，我不自覺地憶起這本書的故事，腦海裡出現了第一個場景……

場景一：總編來敲門

兩年多前，我在位於霧峰山丘上的朝陽科技大學社工系教書，某日下午，我正在研究室工作，聽到敲門聲，門口出現一位我不認識、也沒有預期的訪客。他遞給我一張名片，名片上的頭銜是心理出版社總編輯。平時經常有出版社業務負責人主動到研究室介紹新出版的教科書，但是總編輯出現在我的研究室，這是第一次。尤其我是一個剛進入大學教書不久、沒有學術聲望的助理教授，學校又是位於中部偏遠的郊區，總編輯怎會大老遠來敲我的門？這位總編輯是林敬堯先生，交談之後，才知道林先生在尋覓有意願撰寫社工系必修課程「人類行為與社會環境」教科書的老師。這門課程與我的博士主修「發展心理學」課程內容有很大相關，當時我也的確正在教授這門課程，但是我沒有熱情，也沒有體力與能力寫這類型廣泛的知識內容，幾乎概括觸及所有社會科學與行為科學理論的教科書，因此當下婉謝林先生的邀請。不過林先生的誠懇與用心，引發我主動積極向他介紹歐曼醫師[1]（Montague Ullman, M. D.）以及他所設計的讀夢團體，也當場從書架上取出本書的原文版讓林先生參考。當時台灣認識歐曼讀夢團體的人很少，我隨手整理一疊相關資料，請林先生帶回研究，並建議他向 SAGE 出版社買下本書的版權，我承諾負責翻譯。

林先生離開之後，我坐在研究室裡，凝望窗外遠山層層綿延，對於本書是否有機會在台灣以中文出版，並沒有抱著太大希望。我了解市場需求是出版社評估是否出書的重要指標，當時台灣各大專院校很少有與夢相關的課程，整個社會大眾對夢也有很大的貶抑與曲解，多數人不但沒有與自己夢溝通的

---

[1] 有興趣夢的台灣讀者，對於歐曼應該不是很陌生，去年出版的《夢境實驗室》是歐曼早期的研究，只是他的中譯姓是烏爾曼。我過去五年一直譯歐曼，當《夢境實驗室》出版，本書的譯名我考慮許久，是否採用烏爾曼，以免困惑讀者。在不能做決定之下，我將兩個中文名字讀給史汀生聽，他覺得歐曼比較接近原音，也比較簡潔，因此最後還是決定保留歐曼譯名，在此向讀者說明。

能力，更無知地扭曲，甚至誤用夢。即使在學術界，都常有同僚質疑我的課程，認為夢不具有任何意義。打從開始在台灣從事夢工作至今，我感受到許多人對夢的否定與抗拒，因此，當時我不敢期待有出版社願意冒險出版本書。

但是，另一方面，我自己有著天真的期待，期待有出版者不會完全被表面市場所制約，能有更寬遠的視野，創造社會的文明。當時我已經在任職學校邀請史汀生博士（Dr. William R. Stimson）擔任團體領導，申請教育部經費補助，以歐曼的團體方法連續舉辦兩年「夢的賞讀工作坊」，邀請全國大專院校教師以及對夢有興趣的社會人士參與。我自己也正在大學社會工作系教授夢團體課程，見證到許多教授、社會人士，與學生們對夢團體的積極反應。印象最深的是一位事業有成的中年人，因為好幾十年重複的噩夢，晚上經常要喝半打啤酒以上才能睡覺，但是噩夢仍然繼續，使他越來越不敢睡覺，精神瀕臨崩潰邊緣。他參與將近六十小時的讀夢團體，自己在團體中分享兩個夢，也參與賞讀許多其他成員的夢，之後至今將近三年，那個噩夢從未再出現，他也完全不再酗酒。因為看見許多夢團體成員在觀念與行為上的改變，我認識到讀夢團體不僅能增進個體的心理衛生與自我察覺，同時是社會民主、自由、相互尊重、人性化以及創造力發展有效又經濟的養成途徑，因此才主動向林先生推薦。

結果，我天真的期待奇蹟式地得到呼應，半年後有一天，意外地收到林先生的電子郵件，心理出版社已經在洽談本書的版權，請我提供歐曼紐約的聯絡電話與傳真，幾個月後，林先生寄來翻譯簽約文件，這是 2005 年的暑假，我在朝陽的研究室打包，即將前往更遙遠的山區，位於台灣地理中心的暨南大學任職。

帶著一本厚書的翻譯承諾，踏入新的工作職場，實在不是明智之舉。教學、研究、論文發表、團體實務經驗，樣樣不能少，又得適應新環境。回想過去一年多的日子，筆記型電腦從不離身，每週定期回家探望父母親，與兄姐們茶聚時，有時還一邊喝茶，一邊看電腦校稿，即使暑假到日本京都住遊十天，每天清晨仍先工作些許，才安心騎著腳踏車在京城漫遊。資深的學術同僚笑我傻，好心地告訴我翻譯在學術升等評鑑上是沒有積分的，不值得投注那麼多時間。也有人戲謔，夢不是真的，我是不是還在做夢、說夢話。面對不曾參與夢團體朋友的善意與質疑，只能微笑以對，難以辯解。唯有繼續埋頭工作，等著本書中譯本盡快出版，因為很多人的疑問，其答案就在本書中。一路走來，不禁反問自己，是什麼力量，能讓自己承諾，獻身投入讀夢團體工作？閉目搜尋往事，浮現的記憶是紐約曼哈頓雀兒喜區第二十一街的舊公寓樓梯間，八十三歲的歐曼，穿一件長度過膝的米色風衣，慢慢步上樓梯，而我，正匆匆下樓……

場景二：歐曼來午餐

那一年，我才蒐集完博士論文所需的訪談資料，正在整理分析，週六若沒急事處理，就到皇后區的東初禪寺打坐，有時也會空出一星期，到兩個小時車程外的象岡道場打禪七，因此而結識史汀生博士。史汀生從哥倫比亞大學畢業後，在大學教了五年書，就離開學院，致力自我探尋與心靈寫作。夢、中國功夫、瑜伽、太極、靜坐、書寫、閱讀、簡單清貧生活，都是他的方法。1982 年，他在紐約發起夢工作社區草根運動（詳細內容請參考文化人類學者 Hillman, 1999），並創刊主編 *Dream Network Bulletin*，提供夢的觀念與資訊，鼓勵成立讀夢團體，強調夢分享對社區連結的重要性。*Dream Network Bulletin* 至今仍然持續每年出刊四期，簡稱 *Dream Network*。史汀生因為對夢的熱情與投入而與歐曼結識，兩人維持二十多年亦師亦友的關係，我與史汀生也因為打坐與夢的因緣而成為伴侶。

史汀生一知道我在紐約大學主修發展心理學，立刻問我對夢有沒有興趣。當時我幾乎天天有清楚記得的夢，但從沒認真想過這些夢的意義。他不解，質疑我有興趣研究人的一生發展，怎麼可以不懂夢？他協助我一起打開幾個具有關鍵性意義的夢，可以說是我學夢的啟蒙老師。其實當時我正在紐約社會科學院心理系旁聽心理分析課程，知道夢的重要，但一直沒有實務體驗，尚未得其門而入。史汀生建議我到歐曼帶領的讀夢團體學習了解夢，體驗夢的力量如何協助個體發展自我。剛開始我很排斥，好幾個月過去了，仍然沒有被說服。原因之一是我對心理治療諮商的專業性格一直有些意見，此外，自己過去參與小團體的經驗，也致使我沒興趣再參與團體。直到有一天，史汀生告訴我，歐曼有事到城裡來，邀他中午一起用餐，問我要不要一起去。歐曼住在離曼哈頓市區約一小時火車車程的郊區，這天他有事到市區中城。我還是猶豫，但一方面也好奇想見這個人，就這樣半推半就，中午之前在史汀生的三樓寓所等待歐曼。

12 點不到，與大門相通的對講機鈴聲響。“Hi, Bill, it's Monte.” 對講機傳來歐曼的聲音（在美國取名 William 的人，通常被稱 Bill。而歐曼的名字 Montague，朋友親人通常習慣稱呼 Monte）。史汀生用對講機開門，並告訴歐曼我們立刻下去。當史汀生掙扎鎖著他那古老生鏽的門鎖時，示意要我先下樓，否則歐曼會等不住上樓。樓梯因我快步下樓而砰砰作響，到了二樓，已經看到歐曼快要走到二樓了，我與歐曼在狹窄的樓梯階相逢。問他怎麼來的，是坐地鐵還是計程車？我反射地給他選擇題，結果兩個都不是，他走路來的，從五十幾街的中城往下城走，過了二十幾個街口。他說他喜歡走路，特別是走在曼哈頓的街上。我有點震驚，八十三歲高齡，紐約早春仍寒冷，他披著風衣，手提公事包，沒有枴杖，一個人走過二十幾條街！

我們就在附近第八大道與西二十一街口的一家傳統義式小餐廳用餐，他問我在做什麼，我說我正在寫論文，他問我的主修，我說心理發展，竟然順口對著他說，我對臨床心理學沒興趣。話一出口，立刻發覺自己太直接又無禮，我好像永遠不能改變與人對話直接又野蠻的習性。結果出乎我意料，歐曼聽了竟然開心哈哈大笑，就接著說：“I am not a psychoanalyst. I call myself a recovering psychoanalyst.” 然後繼續哈哈大笑，史汀生笑得更大聲，他們之間有著我無法進入的言語默契。而我，笑不出來，我不懂他們在笑什麼，也不懂他所謂的“recovering psychoanalyst”是什麼意思。我不斷思索，平常是如何使用英文recover這個字，當我感冒好了，當我受傷復元了，當我從挫折頹廢狀態又重新恢復生機，這些情況下使用「復元」（recover），我都能懂。但是一個正在復元的精神分析師，這又象徵著什麼？

在那次餐會，對於他所謂的「復元中的精神分析師」（recovering psychoanalyst）我沒有得到明確的解釋，或者當時我的知識與實際體驗不足，無法理解與記憶當年的對話。只記得歐曼說，他的夢團體並不是心理治療或諮商團體，沒有人扮演治療師的角色。我們也談到傳統精神分析師與病人之間的權力關係，分析師一直握有最高詮釋夢的權威，但是他強調，這種不對等的關係不存在於他的讀夢團體，在讀夢團體裡，每個人都是平等的，無論知識背景或社經地位。那次午餐是我參與歐曼團體的關鍵因素，我欣賞歐曼在曼哈頓走路的模樣，徒步造訪一位後生晚輩，吃很簡單的午餐，以及開朗的笑聲，欣賞他對心理分析治療的反思，讓我可以毫無顧忌地告訴他我對某些心理治療專業性格的反感，第一次可以與臨床心理工作者如此暢快地談論這個議題。

不過，之後幾年，「復元中的精神分析師」這個問題一直出現在我腦海，像是多年的公案。我覺得從自己帶夢團體的實務經驗，以及慢慢細讀歐曼的著作，並多次私下與史汀生討論，應該已經有所領悟，但是此刻仍不能完全確定我的理解與歐曼是否相同。而且，歐曼去年底剛過九十歲生日，七、八年了，recovering psychoanalyst這個名詞對他是不是還有意義？他的思想是否有變化？我的疑惑越來越大，忍不住拿起電話，撥了歐曼紐約寓所的電話，台灣週日清晨八點多，紐約週六晚上同一時間，電話那頭響了三、四聲，傳來歐曼的聲音……

場景三：2007年1月21日台灣——紐約電話連線

說明了要問的問題之後，我將電話轉給史汀生，請他逐字將歐曼的回答記下來，我還是無法隨心所欲使用英文。以下是歐曼的電話回應：

> 我稱自己是復元中的精神分析師，是因為我強烈地認為我們不應該先帶著理論去探索夢，我們不應該將理論強加在夢境上。夢本身是夢者自己的理論，是關於當時環繞身邊議題本質的回應，去發現夢對於夢者的意義是什麼才是最重要的，我反對套用理論在夢上。

> 同時，時間也是個問題，我從 1946 年開始執業精神醫療，就對夢非常有興趣。但是經過十五年的臨床精神分析工作，我的結論是：精神分析每個單元四十五到五十分鐘的時間並不足以探索一個夢。因此我開始思索在團體中探索夢的可能性，這個團體運作方式在我去瑞典講學的時候就實現了。
>
> 我說我是一個復元中的精神分析師，是因為我覺得夢團體過程比一個四十五分鐘單元的精神分析更有效率地解開一個夢，精神分析師在時間的限制下，只能捕捉夢境某個重要部分，但是若要仔細地探索細節，可能需要三個小時，這是夢團體的優勢。

隔著半個地球說話，歐曼在毫無心理準備下，簡單回應了兩個基本重點，一個是有關讀夢的原理與基本態度，一個是讀夢團體的優勢。我自己能接受讀夢團體，並從中獲益，重要原因之一是歐曼設計的團體規則實踐了他的理念，堅定地保護夢者，尊重夢者，不會強加任何理論在任何夢上。夢者在如此被尊重與自由的環境下，很輕易地跟隨著自己的夢，放下防衛，接近真實的自己。夢團體的任務是以安全的途徑，探尋真相，讓夢者接近自己的夢，即使是令人不舒服的夢，團體不給夢者與夢無關的表面支持與安慰，歐曼發現能接近真相與本質是個體最好的安慰，也是療癒的開始。

本書一再提到，傳統精神分析師對病人的夢具有分析與詮釋權力，而在讀夢團體中，歐曼則將詮釋夢的權威交給分享夢的人，並在團體進行的每個階段，不斷地強調夢者的權利。這樣激進的改變，卻弔詭地讓夢者更自然鬆動防衛，產生好奇想要深入自己的夢，也因與自己本質的接近而產生療癒功效。英文解釋「復元」（recover）有失去了又找回的意義，從病態中恢復本質，他設計的讀夢團體比原來的精神分析專業工作模式，讓他更能實踐精神分析師的目標，有效率地協助個體解決問題與發展潛能，這是後來我對歐曼稱自己是「復元中的精神分析師」的理解。

當史汀生正在打字整理歐曼的回答時，我將話筒接回來，繼續與歐曼閒聊，他說早上的團體花了三個小時才賞讀完一個夢，一個單元的精神分析，夢工作根本無法做到這樣的深度，他現在每個週六早上家中仍然固定有讀夢團體。我一聽到三小時，立刻抗議地說：「那你在書上為什麼寫一個半小時就夠了？」由於我幾年來帶團體的經驗，依照他的團體流程，每個夢至少都在二到三個小時之間才能完成，很少能如本書所述，在一個半小時內完成，我很不解他為什麼要這樣寫。他回答這是有彈性的，每個團體的時間限制不同，而每個夢都是獨一無二，夢者的性情處境也各有差異，他經常能在一個半小時內完成一個夢，但也曾一天的工作坊只能完成一個夢。而我想補充的是，每個帶領者的性情風格也不同，我們不能完全複製歐曼的經驗。

「這本書要出中文版了，你有沒有任何話要對中文的讀者說？」我問。

「我非常興奮台灣將要出版這本書，我希望有一天，中國也能出版這本書。如果台灣以及中國都能學到這個夢團體運作過程，讓夢工作能持續，那真是太棒了。因為夢是很自然的自我療癒系統，應該開放給每個人。讀夢團體方法提供很自然的方式，讓每個人有能力啟動這個自我療癒系統。」九十歲的歐曼，對他的讀夢團體充滿信心，好像是他給人類社會最好的禮物。

從這幾段與本書相關的故事，讀者對本書應該有了基本的輪廓，相關的故事還很多，只等著未來有適當的時機再續。如果想深入了解讀夢團體到底是什麼，它的理論基礎、它的原理、它的功能，團體如何運作、如何帶領，適合什麼樣的族群，未來的發展機會等等問題，本書都有詳細的說明，讀者也不要忽略最後附錄「理論」部分。至於原文版如何在美國誕生以及歐曼的學術背景，在書開始的引言與歐曼自序中已有介紹，不再贅言，我只想再補充一點團體的創始歷史以及在台灣的發展概況。

讀夢團體的創始

歐曼本身具多重專業身分，包括精神科醫師、精神分析師、教授、研究者，以及不斷發表著作的學者，他的網站 http://siivola.org/monte 提供很多免費論文。歐曼於 1974 年到瑞典哥登堡市講學，主要是教導精神科醫師與心理分析師如何了解夢在心理治療的重要性，如何解讀夢。在瑞典，他首次嘗試透過實際體驗的方式從事夢的教學，歐曼表示，對心理分析師而言，這是一項激進的轉變，也就是，原本心理分析師是在解析病人的夢，現在則是要他們來解讀自己的夢，而且是在團體中進行，彷彿自己的內在世界就要敞開在眾人面前。事實上，多數人，包括專業心理分析師或精神科醫師，對自己內在世界總有不自在之處，這些心理專業工作者清楚知道夢隱含許多潛意識訊息，分享夢可能會透露連自己都尚未覺察的自我，也無從得知自己是否能接納這個未知的自我面向。因此為了化解學生的防衛與抗拒，歐曼的團體在讀夢過程充滿自由、民主，與尊重，且團體帶領者將團體進行的主導權交給揭露最深的夢者，不誘導或強求夢者分享任何私人資訊。出乎預期，這個讓團體有充分安全感的教學方式，反而讓學生更開放深入，瑞典學生反應熱烈，歐曼將工作方法帶回美國，繼續將團體推展到不同專業族群與一般社會大眾，歐曼稱這個團體為“The Experiential Dream Group”。經過三十年來不斷地修正改進，1996 年出版本書 *Appreciating Dreams: A Group Approach*，詳細陳述讀夢團體的理論、功能、方法、技巧等，並分享他多年來帶團體與訓練領導者的實務經驗。

讀夢團體中譯名始末

我剛開始在台灣針對社會人士舉辦工作坊時，將“The Experiential Dream Group”翻譯為「夢的賞讀工作坊」，主要目的是希望它通俗易懂，不會讓對夢有興趣的人看到專業的名詞而卻步，不敢報名參加。歐曼曾指出，“Dream Appreciation”（夢的賞讀）比“Dream Interpretation”（夢的解析）更巧妙恰當，他指出：「『解析』讓我覺得是個技術名詞，有較多的應用限制。一個心理分析師能引進他的理論與技巧來解析一個夢，他能『協助』我們的夢，但無論他的解析多麼正確，他不能代替我們賞讀夢。」（Ullman & Zimmerman, 1979, p. 12）“Appreciation”這個字本身在韋伯字典上蘊含多重意義，包括感激、察覺、領會，正確地鑑別，美的欣賞等。「賞讀」的確較能反映夢的寬廣意義與深度，然而，歐曼的小團體運作有很具體明確的結構與進行步驟，每一個步驟背後都有它的原理，我覺得「夢的賞讀工作坊」名稱給人的印象易流於鬆散隨意，不能適當地反應其嚴謹的理論結構與方法，最後還是決定譯為「讀夢團體」。用「讀夢」這個詞來表達英文Dream Work或Appreciating Dream，是因為夢像是夢者的創作品，夢者有他的主體與主觀，但成員在讀的過程，不但試圖在理解這個腳本，同時也有其主觀的想像與創作，夢者可能沒想到自己創造的情節影像會誘發讀夢的人拋出自己原先沒想到的感覺隱喻，做夢的人與讀夢的人在一定的遊戲規則下，各有主體又能相互交流。此外，「讀」本身又是個動詞，可以表達“experiential”（體驗性的）這個字的意涵，它強調團體的經驗性，成員自願提供真實的夢，感受夢對自己與對他人的意義，體驗夢的功用，而不是抽象地談論夢的理論、意義、概念，或對夢的想法等。「讀夢」一詞的原始構思，我要特別感謝好友王派桓先生的創意。

讀夢團體的實務運用

讀夢團體不但適用於助人專業者，訓練其專業能力與自我知識開鑿，也適用於非心理諮商專業人士的潛能開發與情緒療癒。歐曼（2000）指出，當前唯一被社會認可，能夠詮釋夢的場域是在心理治療的情境，也就是我們付費請專家來幫我們解夢，解夢的權利只限於少數專業的心理治療師，可是我們每個人都會做夢，但不是每個人都需要心理治療，在這種情況下，我們要到哪裡才能理解我們的夢呢？此外，我們的情緒問題常來自人際關係的過程，因此問題的療癒需要支持性的社會環境，他人的支持與協助是情緒療癒的先要條件。讀夢團體是個小型社會，結構性的團體運作過程自然地讓團體內每個成員成為一個療癒者，參與的人不一定是需要治療的病人，一般對夢有興趣的人都適合在讀夢團體賞讀自己的夢。

鑑於夢對個人、對社會生存的重要性，歐曼致力將讀夢的方法發展到一般社區生活中。小團體讀夢有其治療的基礎，他指出，與身體的療癒不同的是，情緒的療癒不在表面的肌膚，我們情緒障礙起源於人，因此要處理情緒問題，我們需要有助益的社會環境，而團體本身就是一個小型社會。讀夢團體是以學員自己的夢為團體主體，是體驗性、實作性的課程，團體不是「談」或是「研究」夢，而是真正面對一個活的夢，一個來自自己本身或小團體他人的夢。歐曼（Ullman & Zimmerman, 1979）指出，理解夢與現實處境或意識之間的關聯，並不一定要依賴專業心理治療師或精神科醫師的解說，依照他設計的團體過程與遵循簡單的規則，夢可以有效地在一個八到十人非心理專家組成的小團體運作，揭開夢與意識、與過去經驗，及當前處境之間的連結。有人擔心在團體中分享夢，或在同一個社區或社群中分享夢是否有危險，自我揭露原本就是很矛盾，既想看又怕受到傷害，歐曼很清楚這樣的矛盾，因此團體有很多的安全保護規則，只要遵守規則，夢團體是很安全的，對於保密、傷害，與安全方面的議題，讀者也可以參考〈夢的賞讀團體之個人隱私與保密〉一文（汪淑媛，2004）。

歷代著名的精神分析學家都強調夢對我們生存、心理健康、創造發展等的重要性，但是夢仍沒有得到一般社會的重視，主要原因是因為多數人都沒有與夢溝通的能力，夢很難懂，它有特殊的語言，但在我們的基礎教育過程中，沒有專門課程教導我們認識夢的本質，夢的重要性，更遑論教導我們如何了解自己的夢。如歐曼所說，夢是很自然的自我療癒系統，應該讓每個人認識這個生理系統以及它的功能，進一步可以運用夢幫助我們適應生存。在社會中存活，需要很多的能力，例如要能察覺周圍環境，正確捕捉他人的感受，覺察自己的防衛系統與感覺，以及需要創造力解決問題或改善環境。夢來自潛意識，誠實、自發、又慷慨，不斷地提供我們寶貴的資訊，幫我們做判斷與選擇，是我們一生忠實的伙伴。

後語

每個人都有夢，源源不絕的夢，不能控制地出現在夜間睡眠期間，它不是沒有意義的垃圾，是我們透視自己，掃瞄外在環境的重要窗口，學校應該有課程教導學生如何與自己的夢溝通，善用夢的資源，讀夢團體可以讓學生輕易地學會夢的語言以及表達的方式。此外，由於團體運作規則對夢者的充分尊重，參與的成員通常不自覺地改善自己的傾聽能力，如何問問題取得資訊的技巧，同理能力，以及如何尊重他人的能力。這些能力不僅是專業助人者所應具備，亦是為人師、為人父母者所應具備的基本能力，事實上也是一個現代社會公民應有的能力。這些能力的學習絕對不是藉著說教或考試可以獲得，而是讓人有機會在真實安全的情境中體驗與練習。由於規則的保護，讀夢團體提供一個安全環境，讓人可以透過自己的夢、他人的夢、透過團體的力量，深度體會與捕捉夢帶來的訊息。我很期待，讀夢團體在未來不久，不僅能運用於助人專業領域，更能深入學校課程，普遍地運用到台灣的教育系統，人人都有能力運用夢自我教育。

最後，誠摯感謝兩位研究生助理陳姿樺與莊謹鳳同學細心校閱初稿，感謝我的工作單位國立暨南國際大學提供研究經費，讓我得以研究夢團體課程效能與在助人專業上的運用，感謝所有修過「歐曼讀夢團體理論與實務」的學生以及參與過讀夢團體的成員，而史汀生博士在整個翻譯過程給予的英文協助與許多重要概念的澄清，我對他的感恩更是無法以文字形容。每件事情的完成，都靠著眾多因緣聚成才得以成就，我只是其中的一個因。

參考資料

汪淑媛（2004）。夢的賞讀團體之個人隱私與保密。**中華團體心理治療學刊**，10 卷 1 期。

Hillman, D. J. (1999). Dream Work and Field Work. In M. Ullman & C. Limmer (ed.), *The Variety of Dream Experience: Expanding Our Ways of Working with Dreams* (2nd ed., pp. 65-89). State University of New York Press, Albany.

Ullman, M., & Zimmerman, N. (1979). *Working with Dreams: Self-Understanding, Problem-Solving and Enriched Creativity through Dream Appreciation* New York: Tarcher-Putnam.

Ullman, M. (2000). Dream: The path not yet taken. *Dream Appreciation*, *Vol. 5* No. 2.

第一章

夢與夢者：概論

首先，我們先想想，一個夢者在醒來的時候，如何對自己創造的夢境感到好奇。夢經常讓人困惑，因為夢裡的故事看起來像是沒有邏輯又不真實。部分的困惑是由於夢不同於我們平時與人的溝通方式。在醒著的時候，我們享受互動性的雙向溝通，無論語言發展程度如何，它總是服務我們的社會性需要，成為有效的社會生活工具，因為每個人的語言結構是相同的，有共同的句法、文法與語意結構。

而夢意識呈現的形式則與日常的語言完全不同。它主要是一種具體的感覺語言，雖然大部分以視覺影像表達，但並不是唯一的方式。夢境如何開始？它真正的用途為何？對這些問題我們仍然不是很清楚。我們與動物一樣，具有原始影像語言的能力，只是這樣的能力逐漸退化，但它仍存於夢意識的語言。我們成為社會性生物的過程中，在某個時候某個空間逐漸發展某種文化傳統，因而開始以很有趣的方式學習使用夢的影像。我們不再認為夢境是真實生活事件的翻版，而是象徵性地表達當前生活的緊張狀態。實際上，夢是我們創造的某種語言，它不是要與外在世界溝通的，而是對個體內在溝通，它由內在主觀事件監控、登入，與處理。

從清醒狀態的角度來看，我們夢境裡的影像很精巧地、隱喻性地指涉著我們進入睡眠狀態時所浮現的感覺與關心的事物。如果這些影像的隱喻能被解開，它們與現在以及過去生活經驗的相關性會更明顯。在睡眠中做夢，我們事實上是在製造非常個人化而且有趣的影像隱喻。

因為影像隱喻概念是夢工作的基礎，我要提幾個實例詳細說明。假設我夢到我在自己的車裡，開車行駛在一個很陡的下坡時，煞車突然失靈，如果在真實的狀況，我的車完全沒有問題，那麼這個夢可能會有什麼隱喻呢？這答案當然是很明顯，可能是生活處境有潛在的危險，且很快地會失去控制。視覺隱喻在某種程度上是來自我們的生活經驗，融入我們的創造，呈現的我似乎獨立於醒著狀態的我，兩者表面上似乎毫無關聯，這常常令我們驚訝不已。影像是動態的，不是靜止的，隨著影像的展開，有了一段一段的故事情節。它們未經邀請自己到來，以神秘的方式出現在夢境與你對質。例如之前的例子，夢將我放在車裡，讓車行駛在一個陡坡上，沒有煞車功能，在那樣的情境下，我束手無策，只有覺得很害怕。

下一個例子是一個真實的夢。有一位中年女人因為腿部漸漸虛弱，走路越來越困難，她有一個片段的夢：

> 有一個女孩到一個天然的池塘邊，她像一隻青蛙蜷伏，或像一個巴里島人舞者，弄濕自己的身體。然後她縱身長跳三次，跨過榆樹林，像青蛙一樣降落在遠遠的足球場上。

這個夢是在她參加某個很有啟發性的週末工作坊之後出現的，這個工作坊致力在探尋視覺影像的各種技術。她遇見的人以及工作坊內容激勵了她，使她重拾自信。她形容工作坊是「非常的特別……有力量……我覺得非常的踏實……帶領我到一個很高、幾乎是離奇的境界」。她持續的表示她在工作坊比在家更能感受到自己。

雖然青蛙可能有很多不同的隱喻，對她而言，重要的可能是因為青蛙的腿很強而有力，可以跳得很遠，在水中她可能比較容易移動。她原本以為因為自己腿的關係，在工作坊會處於較不利的地位，沒想到這次經驗是超乎預期的正向，原先由於身體的障礙傷害她的自尊，因為工作坊讓她重新獲得力量，她的夢正是表達這個轉變。

另外一個例子，有一個女人接到一個婚禮的邀請，是在一個優雅的海邊度假村，離她家有些距離。她覺得這樣的地方可能會有浪漫的愛情發生，由於她剛剛守寡，她不願意單獨去這樣的場合，也不想將剛開始的一個新工作方案放在一邊。她的夢是在一個海灘，有一個人向她走近，但是她無法移動。她覺得自己好像正努力走出流沙。這流沙暗示她對目前生活的深層焦慮，而夢境是因她對這婚禮的矛盾感覺所引發，是對婚禮的拖拉反應。

第三個例子是一位住在市郊的家庭主婦，她的夢場景是在郵局。在她分享夢的時候，這個夢並沒有任何進展，一個禮拜之後，她忽然清楚這個影像的意義。是先生退休的事情，他們最近曾討論在他退休之後（post his retirement from the office 中有郵局英文名稱 post office）他將有什麼安排。

夢影像以雙關語的方式傳遞它的意義是很尋常的。有一個夢者，她身體的疾病開始影響她走路，必須要依賴枴杖（cane）才行，她夢到與英國演員Michael Caine一起走路，他的名字與my cane發音相同。

在瑞典，我曾帶一個工作坊，有一個女人，夢到一個認識的人，她的名字叫Margareta。在夢裡的這個人並不重要，但是她的名字卻很重要。在她自由聯想的階段，她描述與一位男性朋友共度晚餐，她讚賞這位男性觀察非常敏銳，他則認為她是在開玩笑，這讓她聯想到自己很容易因別人的開玩笑而受傷害。這個議題在她夢裡出現，她說：「當別人對我開玩笑時，我會覺得很困惑，我總是盡量逃避自己可能被嘲弄的處境，我很難接受。我的夢告訴我，我已經慢慢不再被這個問題困擾。」她的這些聯想是在她察覺Margareta這個瑞典字的雙關語之後隨之而來的，Margareta：Mare=sea（海），reta=teasing（開玩笑），在她過去的生活裡，他人開玩笑就像是危險的海水一樣。

如果我們停下來想想影像的力量，它們以隱喻形式蘊藏訊息，用某種很特別的方式與我們的主觀狀態對話，這是非常有創造力的。我們通常不會認為某些東西是創造性的，除非它們可以被社會公開看到。夢通常是非常私密的，我們不能立刻看到它的創造力。只有當夢被社會化，以及它所隱含的訊息能夠被揭露，我們才能將它視為是創造性事件（「夢的社會化」指的是讓夢所要表達的意義成為醒著時生活脈絡的一部分的過程）。

夢內容的三個特質

夢內容包含三個特質，雖然分別敘述，但是這三個特質其實是一體的：(a)與我們當下的處境相關，(b)將過去相關資訊帶進來，(c)資訊是可靠的。這三個要項可以解釋夢意識的特殊性與其潛在的療癒效力。夢一開始來自睡前餘留的情緒張力，也就是日常活動或生活事件激起的感覺，有些懸而未決尚未處理，它們留在意識的邊緣，這些事件深深影響夢的內容與影像。它們有如此的影響力是因為當天餘留的情緒張力會與過去尚未被處理的情緒產生共振。過去的情緒張力因為最近發生的事件重新被喚醒，透過影像表達出來。之前事件與現在新的經驗交織成網狀效應，提供夢者更豐富的資訊，讓過去與現在的類似情緒能夠超越時間與空間連接起來，我們可以從一個歷史或長遠的角度觀看我們的生活，這樣的機會是很難得的，也是夢工作的特色。透過個人過去歷史面向的呈現，我們提供自己一個更寬廣深入的角度探索當前議題。

我們的夢意識主要是反映我們實際生活事件對我們主觀的衝擊，無論是來自過去或現在。我們在睡覺與做夢的時候，遠比我們醒著的時候還要誠實。一旦我們成為社會生物，在各種不同的社會場合演出，我們都學會犧牲真實的感覺以維持一個社會性的外觀。我們也都很聰明地啟動一個又一個心理防衛機制，與不想要面對的真實自我保持距離。這些主要常見的防衛機制包括否認、壓抑，以及合理化。但在夢裡，我們沒有這些防衛機制。我們在做夢的時候，我們的感覺以原本真實的聲音對我們說話，不管我們是不是願意聽。就好像自然界為了要確保我們可以接觸自己真正的人格與行為，在每個夜晚，無情地，一再重複它的聲音。

夢意識這三個特質（與當下處境相關、包含過去相關資訊，以及資訊本身的可信賴性），使夢毫無疑問地成為潛在療癒工具。情緒療癒仰賴我們有能力超越過去的視野，以全新的角度、真實、不自我欺瞞地看到自己過去與現在的關聯，而這個就是夢工作的重點。

我的經驗持續說服我，要將夢的療癒潛力**完全**發揮出來，夢必須要與其他人分享。這並不是指自己一個人賞讀夢就不能發現夢境與現實生活的關聯，而是比較理想的療癒效果通常不是自己一個人可以做到的。換言之，情緒療癒，無論是透過夢或其他方式，牽涉到個體對自身有更深層的感受與了解，而這樣的感受是透過或發生在某個社會支持系統中。夢工作有冒險性，因此支持系統是必要的。無論夢包含什麼樣的秘密，這些秘密很輕易地融化在與他人分享的過程中。我要證明這個過程可以透過夢的賞讀團體運作，不一定要透過正式的心理治療。現在讓我們來審視夢團體的基本原理。

為什麼要在團體中賞讀夢？

想多了解自己夢意義的夢者經常面對一種兩難。從她自己夢的經驗，她可能已有所察覺，夢來自她內在心靈非常私密的場域，很弔詭的是，要碰觸到那塊私密場域，她必須讓夢在他人面前公開。如同之前提過，她在意識清醒的時候，並不容易對她自己誠實。因此，在意識清醒的時刻，她是社會舞台的一個演員，她能用各種方法不讓自己看到夢所要表達的真相。她需要協助與支持讓她返回真誠。

在一個公開的場合探索私密的夢，夢者有兩個基本需要。首先要覺得安全，不管我們對夢能有多少理解，我們一定要察覺碰觸夢是非常私人與親密的，雖然偶爾有些夢本身很期待他人一起分享，但多數的夢是拒絕公開的。想要誘惑這些夢公開，夢者要被保證這環境是安全的。這意味著環境的氣氛是支持、沒有價值判斷，而且夢者能夠掌控自己分享的程度。夢者分享夢的時候，就像身體潛入水中，究竟會潛入多深，她之前並不清楚。因此，安全性如此地重要，主要原因有兩個：一、夢的內容通常深深碰觸到私人事情，我們傾向保留這些事件；二、由於我們事前不清楚夢即將開展的方向，為了減低冒險性，安全是必要的。因此**安全因子**（safety factor）將在之後團體過程每個階段中分別討論。安全因子大致上建立在下列三個重要綱領：

1. 夢者永遠可以選擇分享或不分享夢。決定權完全在於他自己，不能有任何外在壓力或任何理由影響他的決定。一旦夢的分享是在這樣的基礎下決定，顯示夢者想發現夢要說些什麼的欲望勝過擔心自我揭露的冒險性。
2. 夢者控制自我揭露的程度。任何人無論何時都不能給夢者壓力，要求夢者進一步深入他個人生活，分享的程度要在夢者個人覺得自在的範圍。夢者有責任設定他自己的界線與監控執行過程。
3. 夢者控制團體過程並且可以隨時在任何階段停止，不一定要對團體說明原因。團體是一個幫助的機制，只做到夢者需要幫忙的程度。夢者的角色並不是要滿足成員的好奇心，更不是為了滿足團體展現夢工作技巧。小心謹慎是夢工作的基本原則，團體的所有參與者，包括夢者、團體領導者，以及團體成員，都要持續執行這項原則。

雖然安全是最高的原則，但它不是唯一的。安全是必須的先決條件，讓夢者能夠迎接下一個階段的需要，也就是開放團體的刺激，以發現夢的意義，特別是自己難以發現的部分。這個需要源自於夢者很難以個人的力量解開自己的夢，因此需要團體提供解開夢所需的協助。團體運作有幾個階段，每個階段的設計都是為了幫助夢者更深入了解夢與實際生活的關聯。這些階段的規則主要讓團體能尊重夢者所設下的界線，更重要的是，尊重夢者解釋他自己夢的權威性。

在條列團體過程的每個階段之前，我先簡要介紹團體的原理與成員角色。

原理。團體中每個人要清楚團體過程每個步驟的基本原理，這是夢團體與正式治療的重要差異之一，事實上在團體進行中，沒有人扮演心理治療者的角色。在正式治療過程，治療者握有一套病人不知情的理論知識與治療技巧，而在夢團體，每個步驟的原理在一開始就要清楚告知，沒有任何隱藏。

角色。每個人都應該對自己在每個階段的角色有清楚的概念。要幫助夢者了解，她的權利與責任是維持控制整個過程。團體成員要了解如何參與各個階段，但不將控制權從夢者手中拿走。在團體逐漸進行中，也要提醒夢者，他沒有義務一定要完成每一個階段，是否繼續下一個階段，完全由夢者決定。帶領者有雙重角色，除了帶領團體過程維持團體的整體性之外，帶領者也像其他團體成員一樣參與整個過程。這些不同的角色將在第八、九、十章詳細敘述。

團體運作過程概要

團體過程分為四個階段，請參考圖表 1.1：

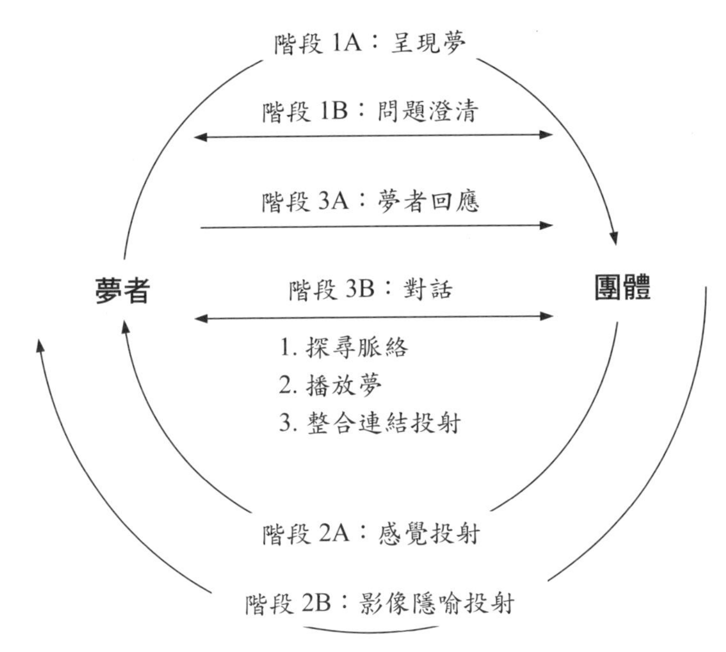

圖表 1.1　讀夢團體運作過程四個階段

階段 *1.* 夢的呈現（階段 1A）以及有關夢問題的澄清（階段 1B）。

階段 *2.* 夢者在一旁聆聽，團體成員將夢視為自己的夢，投射任何自發性的感覺（階段 2A）以及與夢境有關的任何隱喻或象徵意義（階段 2B）。

階段 *3.* 夢者回應來自團體的任何協助以及任何個人聯想（階段 3A）。在夢者的要求下，繼續進行以下步驟，包括團體與夢者的對話：(a)幫助夢者重新捕捉可能觸發此夢的近期內思想與感覺（階段 3B.1）；(b)重新將夢逐句讀給夢者傾聽，進一步豐富夢者的自由聯想以及回應任何新發現的連結（階段 3B. 2）；最後，(c)團體成員提供夢者尚未發現的連結，也就是夢境如何與夢者現實生活相關聯，讓夢者進一步深入捕捉夢的意義，我稱這個階段為**整合連結投射**（orchestrating projections）（階段 3B.3）。

階段 *4.* 在下一次的單元開始，夢者有機會與團體分享任何進一步的想法。

為了讓讀者先熟悉這個架構，將舉實例一一說明，每個步驟都附上我當時的內在想法與判斷。

荷雅的夢

荷雅是一個大約四十歲的女人，她已經在夢團體許多年。她是一個作家，但身體有殘疾，必須依賴枴杖才能行走，之前我有稍微提到她的夢。荷雅是個有才華的詩人，而且很能夠了解她自己的夢。她以熱情與敏感的態度追捕自己的夢。她的疾病一直激勵她實現創造力以及追尋情感上的滿足。

階段 1：分享一個夢

以下這個夢是在團體聚會的前一天晚上發生的。

我帶著我的貓維希奴（Vishnu）走在一個城市的街上，有另外一個女人在那兒。我在考慮問她是否可以加入她，然後我們可以一起旅遊，或許到市中心。可是之後我又決定不要這麼做，因為我覺得自己一個人有更大的自由，我可以依照我自己的步伐移動，也可以做我想做的事。我橫跨街道想要回家，我忘了帶走一件毛衣，可能還有其他有價值的東西，我決定不管它們了。

在我站的地方，我看到一個男人與一個女人走在街上。他們從一個山丘朝我走下來，我們都要進入同一幢大樓。他們有一隻狗用狗鍊緊緊拴住，是一隻中國黑鼻狗。我告訴他們我有一隻黑鼻狗（a chow chow），它不需要鍊子，可以自由活動，而且不危險。他們告訴我他們的狗很兇，那狗看起來很易怒。

他們邀請我到他們的公寓，那女人介紹自己是水面上漣漪（Rippling Water），那男人是一個心靈工作坊的帶領者，他在地板上踱步，嘴裡喃喃自語有金髮女人與亞利安人加入他的團體。這讓我很懷疑他的動機。

我在找一個舒適的地方休息。我考慮坐在遠遠角落的地毯上，但又覺得那個地方太靠近洗手間很吵而作罷。我想去露台看看，但是門關著，好像要防止海風與鹹空氣進來。我看一下廚房，裡面是空空的，沒有家具，我考慮是否要將睡袋放在那裡，結果還是不想，那是木地板。

在團體問問題釐清夢的階段，引出了一些訊息。荷雅有一隻貓，她也曾經有過黑鼻狗，在提到狗的時候，她補充：「黑鼻狗有長耳朵，紫色的舌頭，以及很差的聲譽。」在描述夢裡的公寓時，她說公寓的設計是用來放映錄影帶的。人們來來去去，工作坊的帶領者是一個大約四十五歲的男人，房間裡的地毯是波斯地毯。在夢裡，她覺得她想要遠離看錄影帶的群眾。

我的評註：這是個滿長的夢。身為團體帶領者，我考量的問題是如何在有限的時間內開發所有夢境影像。為了留給夢者充分的時間，我可能必須限制階段 2 的時間。

階段 2A：感覺投射

以下是團體成員將夢當作是自己的夢投射的一些感覺。

「我覺得很獨立，在每個場景，我都走自己的路。」

「有貓在我身邊給我安全感與快樂。我的貓是我最好的伴。」

「我感覺到一種自由，大學畢業之後，很久沒感受到這種自由了。我以後再也不會讓自己被綁住。」

「我的夢具有宗教性與靈性。」

「讓我的黑鼻狗自由奔跑，讓我感覺很好，即使不合社會規範。」

階段 2B：將夢境影像視為隱喻

團體將夢裡影像轉化成可能的意義如下：

「我們動物的本質，以狗代表，他人覺得這應該被限制，這與我自己的態度相反。」

「一提到金髮與亞利安人就令人害怕，它令人想起整個納粹現場。」

「我在找地方休息，可是我找不到任何舒適的地方。我不知道我自己要什麼，但是我知道我不要什麼。」

「維希奴是創造之神的名字，是個男的神。」

「廚房，它是家庭的精神與生活的所在，卻空無家具。」

「這些人用鍊子將狗緊緊拴住的方式，讓我很沮喪。我想讓他們看到我如何信任我的狗，因此我不怕讓我的狗自由。」

「狗鍊對我而言像是一種控制與限制。」

「在第一個場景，我自己與自己對話要去市中心，也許意味著我想深入潛意識。」

「在夢裡，我在嘗試面對我的死亡，我要盡我所能好好度過此生，我要排列真正的優先順序。」

「洗手間是一個非常私密的地方，可以讓人們放鬆自己的地方。」

在這個時候，荷雅打斷團體，她表示洗手間在夢裡並不是很重要。她比較介意的是人們進進出出嘈雜的聲音。荷雅說完之後，團體又繼續投射：

「在那公寓，感覺就像小時候的學校一樣，不想要坐在第一排。」

「我強烈感覺到我需要很大的自由。」

「那錄影帶與團體帶領者也許指的是夢工作，或許想退出夢團體。」

我的評註：在這個例子，感覺與隱喻投射同時在第二階段後半出現。它的特點是團體的回應漸漸不等同於原來具體的影像。例如，狗開始轉化成抽象的隱喻境界，象徵我們的動物本質，不想被緊緊的束縛。而值得一提的是，當荷雅覺得團體沒有完全抓住夢的重點時，她能適時的介入說明。

階段 3A：荷雅的回應

「睡覺前在閱讀一個機構的課程目錄。它是一個成長中心，我已經在那兒修課很多年。那裡提供很多很好的課程，可是我並不確定下一個階段自我探索的努力方向。在即將來臨的暑假，我考慮往寫作、心靈，以及療癒這三個方向發展，但是無法做決定要選擇哪一個。我以前從來沒有這樣的問題，也許我的夢告訴我，我並不想要參加那些工作坊。我會這樣說是因為夢裡那個人與狗很像是這個中心的一個工作坊。」

我的評註：她所說的連結並不是很清楚，之後不久，她又不自覺地回到這個點。

「我想結束所有新世代的工作坊課程，這件事讓我很掙扎，畢竟二十年來，它一直是我生活的一部分。」

「貓在我身邊陪我走路，如同有人說的，我感覺很好。」

「當我第一次搬到郊區，我以為可以讓動物自由活動。我與我的狗（小熊）在一起很安全，有它在一起，我可以走到任何地方。」

「亞利安人與金髮的部分讓我想到昨晚看到的電視節目，它是有關光頭黨與新納粹主義在德國的興起以及他們對移民者的仇恨。我感到非常焦慮與沮喪，為什麼人類要一起共存是這麼困難。我沒有答案，但是昨天晚上它很嚴重地干擾我。我甚至對我們當前的經濟困境有新的體會，但我忘了。我在圖書館工作，我發現我最近一直疑惑，圖書館裡的書是否能教我處理我們現在面對的社會問題以及經濟議題。我察覺到我現在的需要與以往暑期參加的工作坊內容不同，好像需要較實際、關心當今社會的課程，而不是心靈方面的東西。我想到哈弗爾（Vaclav Havel）的一句話：『在這世界上當一個公民是很重要的。』」

「那狗看起來很神經質，它的動物本性完全被束縛。」

「這個暑期，我也一直在觀望另一個方向。我在考慮神智學會（Theosophical Society）開設以勃拉瓦茨基夫人（Mme. Blavatsky）為基礎的課程。多年前，她的書讓我第一次接觸心靈概念。當時我一個人獨處，我想重新感受當時那些感覺。昨天晚上，我先生生病，我一個人睡在一間小房間，那是我私人的地方，很舒適愜意，我知道自己很喜歡在裡面。或許我並不需要向外追尋，我可以自己重新捕捉當年的感覺。」

我的評註：在荷雅的回應中，她描述許多她入睡之前閱讀成長中心課程目錄時的複雜心情。成長中心的課程很多年來一直是她生活的一部分，她覺得難以捨棄。但另一方面，她第一次經驗到自己對這類課程的抗拒，懷疑自己是否要持續下去。或許她需要投入更多心力在世俗的議題上。做夢的晚上，她一個人睡，她再次體驗到獨處的喜悅，她似乎處在一個轉捩點，思索如何成為一位「這個世界的公民」。

荷雅想要進入下個階段的團體與夢者的對話。

團體與夢者對話：階段 3B.1：生活脈絡探尋

問：有關入睡前的感覺與想法，你還有沒有任何要補充的？

回應：我發現一個詩人，蒙麗莎・葛林（Melissa Green），我覺得她很了不起。讀了她的作品之後，我好像被凍結一般，我想像著自己寫一封信給她，問她我要如何學習，才能寫出像她一樣的詩。與她比起來，我覺得自己的想像力非常的厚重與笨拙。

問：你能多談一點你提及的經濟方面議題嗎？

回應：資本主義像動物一樣，已經大到難以存在——像恐龍與巨型的烏龜一樣。在美國，我們的生活品質已經高到我們無法競爭。

問：有關昨晚，還有沒有任何要分享的？

回應：我考慮在暑期修一門有關本體感受的寫作課。我很高興，隔天我不需要開車送我先生去上班，因此我不需要早起。睡前我心情很放鬆，我在想隔天早上去一趟銀行，希望能盡量避免透支。我的女兒昨天打電話來，她心情不好，很沮喪。

問：還有任何其他感覺嗎？

回應：沒有。覺得一個人獨處感覺真好。

我的評註：在荷雅的自發性回應以及與團體對話中，她說了很多在這個夢發生的夜晚入睡前的感覺，她進一步強調渴望獨處以及享受獨處的感覺。

團體與夢者對話：階段 3B.2：播放夢——將夢讀給夢者聆聽

當團體一位自願的成員大聲朗讀完第一個場景之後，團體問荷雅此刻有沒有進一步的聯想：

回應：當我帶著我的貓——維希奴時，有一股特別的能量，好像我們一起才成為一個完整的靈魂。過去很多時候，我失去自我認同感。

問：夢裡還有一個影像沒有被開發，也就是將毛衣和一個不知名的東西留下當作是犧牲品。

回應：如果我沒有錢，我將必須犧牲參加工作坊，但是我不會失去我的存在，我用自己的方式持續發展自己。

成員繼續朗讀第二段夢境：

回應：我記得最後一次在那個成長中心時的感覺是好像你必須做很多事，每件事情都被安排好，你必須準時參加工作坊活動，必須準時排隊用餐，我覺得太多事情被嚴格管控。

我的評註：在這裡，荷雅進一步發現做夢前看到的新納粹運動記錄影片以及之前在成長中心被控制的感覺與夢境有關聯。而當她談到用餐一定要準時，一個團體成員忍不住說出：“a chow line”（拿著餐盤排隊等餐的隊伍），暗示黑鼻狗（chow chow）在夢中出現的意義。雖然在團體的運作過程，這位成員的行為並不適宜（可能在之後的投射提出較適宜），但是他的反應不但無害反而有幫助。

下一段夢境是荷雅懷疑那個領導者的動機。

回應：我對那些成長團體（higher-consciousness group）活動有些意見。我覺得他們試圖製造一個優越的人種。我很確定我讀了他們的活動目錄之後有這樣的感覺。我與德國人有些共同的地方，也仇視外國人。我毫無概念，這些問題的根源來自何處，我覺得我需要更多的教育，我需要被喚醒，我需要重生。

我的評註：還有一個夢境資訊應該被探索，但尚無人提起，也就是與那男人在一起的那個女人有一個特殊的名字——Rippling Water。

團體成員讀最後一個場景給荷雅聽。

回應：我想我很篤定地說我不想再回去那個成長中心。我現在跟以前不一樣了。就像與一個人結婚很久，後來這婚姻已經對你沒有意義了。這個夢告訴我，我正在選擇暑期放我睡袋的地方，我在尋找我的宗教聖地。而這個聖地似乎仍然是我的家。我一直困擾我的臥房沒有窗戶可以讓我看見戶外的星星。在我的小書房有天窗，我可以看到星星。與自然相連，讓我覺得很放鬆。

問：對於木地板、沒有家具的廚房，有沒有任何聯想？

回應：它肯定是我的廚房，我有木地板。在夢裡，沒有桌子，沒有任何東西，讓廚房很舒適溫馨。我知道我本身不喜歡廚房的工作。在我的夢，我拒絕廚房是我休息安定下來的地方。

團體問荷雅幾個有關之前場景的問題。

問：有關錄影機，有沒有任何進一步補充？

回應：螢幕上正在播放一部電影，現場的人正要坐下來看。

問：有關浴室有沒有進一步補充？

回應：沒有。只是人們進進出出對我很干擾。

問：對於露台，你能進一步補充嗎？

回應：我在找一處可以讓自己愉悅的地方。這個暑假我想找一個靠海的地方，那露台靠近海。

我的評註：在這時候，荷雅似乎已經發現很多夢裡的影像與最近所關切的生活事件之間的關聯。她偶然看到有關新納粹的電視節目以及閱讀成長中心課程目錄，使她第一次發現她不再有興趣過去的生活方式。這些事件使她開始察覺她內在的轉變，只是她知道在夢裡仍然沒有找出答案。

荷雅很想聽團體的看法，邀請團體進入下一個階段。

對話：階段 3B.3：夢的樂章——團體整合連結投射

團體進行到了這個階段，在聽了荷雅陳述之後，我們都試圖整合自己的想法，理解這個夢的意義，或許能提供荷雅一些幫助。因為我本身也很專注在自己的思想，要捉住團體每個成員的想法向來很不容易。下列只是這個階段發生的濃縮版本：

「你自己一個人睡在小書房那種愉快的感覺，就像回到以前當小孩時安全無慮的感覺。你沒有責任感，家中其他人在負責。」

「那個名字叫Rippling Water的女人是你，你的能量與想像力就像水面上的漣漪一樣，輕輕蕩漾。」

荷雅頗有同感。

「我覺得你對與先生的家庭生活，周圍的人，以及成長中心有些新的感覺，你需要更大的自由，而當一個人在書房睡覺時，你的心靈就像花一樣開展。」

我的投射摘要如下：

在第一個場景，我認為兩個女人都是你，那意味著你正與早期積極投入新世代各種工作坊的自我形象分離，與曾是你生活中重要的一部分而且持續很久一段時間的事物分離，你不可能不犧牲一些東西，為了要這樣做，你丟下一些東西，毛衣象徵與你非常親近的東西，隱含這樣的犧牲。我也覺得Rippling Water是自我形象，象徵一部分的你附著在那領導者的課程，那是你曾經很有興趣的課程。但現在看那些東西的感覺有些負向，你自己開始與這個男人所強調的事物分離，想努力更深層地了解整個世界的病態，你在這同時，讓你自己從漣漪這個形象分離出來。在這轉化的過程，你很清楚你所不要的，但是還在掙扎尋找什麼是你想要的。

團體邀請荷雅做最後評論。

「我在沒到這裡之前，已經知道這個夢指的是什麼，但是現在它更清楚、更豐富，就像我可以定期地拿著隱喻鏡子看到我在哪裡。謝謝你們。」

我代表團體謝謝荷雅分享夢以及對了解夢所做的努力。

我的評註：荷雅是夢工作老手，經驗豐富。她很有系統地探索最近的生活脈絡，盡可能提出許多的生活景象。有關新納粹的電視記錄影片提供一個樣板帶入菁英統治與團體組織面向，讓她連結到在她過去生活中扮演重要角色的成長中心。在她掙扎對抗來自身體疾病限制的同時，她試圖透過新時代成長中心課程讓自己超越社會與心理的局限。之後，她繼續在家居生活中讓自己自由。

在有限的時間範圍內，我們不能完全探知所有夢境影像，我們只能希望團體的努力能幫助夢者繼續私下探尋她的夢。團體在下一週聚會，荷雅被邀請分享進一步的想法。

階段 4：一週過後夢者後續想法

「小黑熊是自由、美麗、堅強而且勇敢。當我說我的黑鼻狗可以自由奔跑，我很確認我對動物本質的信念：它是好的，應該被鼓舞。我夢裡的人對動物本質的看法認為它應該被控制。在我真實生活中，我是不是用一個短的鍊子，將我動物本質拴住？在我的婚姻裡，我是否有表達我的愛與真實的情感？如果不是，這會不會傷害我？我是不是讓我的生活處於控制狀態？讓它綁在一個短短的鍊子上？過去曾經自由的我，現在覺得太緊。我想這個夢提出這個問題，『什麼樣的人，什麼樣的態度，什麼樣的人生目標，將與我自己的本質和諧相處而不是控制我的本質？或者是否應該在獨處中找尋和諧？[1] 我能相信我自己，給我自己像我給狗一樣的自由嗎？讓自己感到舒適自在，讓自己自由的奔跑？如果我是水面上的漣漪，那應該是不受控制的。如果我真的是漣漪，那麼我生活中哪個部分像透明玻璃窗一樣，擋住鹹鹹的空氣與新鮮的微風？是我身體的疾病嗎？」

「睡袋是自由生活風格的象徵。在公寓裡沒有任何東西可以支持這樣的自由。」

「我不想當一個被動的觀看者，透過螢幕觀看事件的發生。我想要靠近海以及鹹鹹的空氣。」

「我必須要對我的貓——維希奴負責，不能離開它。就像不能忘記自己的靈魂一樣。」

「關於將黑鼻狗用短的鍊子拴住使它很緊繃，黑鼻狗是我而且我記得我的黑鼻狗以前是自由的，那煩躁不安的臉是我。」

在本書出版之前，荷雅校閱這個將成為書內容一部分的讀夢過程時，她

---

1 在這個夢即將出版前，荷雅閱讀後加了下列的評論：「這個二分法太嚴肅了，我在尋找將靈性帶入世界的方式。」

加了下列評論：

「小黑熊讓我能自由走到任何地方，也讓我覺得安全。這在我生活中已經消失了。我現在不能與小黑熊狂野地奔跑，但是我可以與我的維希奴慢慢移動，像貓一樣的優雅。」

「當一個人投射他本能生活的恐懼在動物身上，會讓動物產生緊張。控制扭曲一個自由的心靈，我發現這讓我很困擾。」

「當我橫跨街道走進那公寓大樓時，我想我犧牲了一些自由。」

「廚房不是可以讓我搭帳棚野營的地方，可以讓我在我的睡袋裡很舒服休息的地方。」

「洗手間旁有活動，可能使我在圓形房間的中間很不舒服，因此我必須要常常上廁所。夢裡沒有任何東西給我養分。」

「這夢涉及到自由移動的議題。狗失去活動的自由，因為主人用狗鍊拴住它。我帶著我的貓——維希奴（一個熟悉的心靈隨從，它以動物的外型出現）走在街上，我覺得快樂，也覺得自己主導自己的生活。我不想因為我的移動必須與另外一個人配合而丟棄我的自由，我要依自己的步調而移動，我要做我想做的事，我的狗以前一直是這樣。他人認為它是危險的，雖然事實上它並不危險。我是不是在想，『依照我自己的步調移動，做我想做的事是不是危險的？』」

我的評註：這個夢提供一個例子，說明團體如何幫助夢者盡可能地將相關聯的資料引出來，以及夢者自己如何進一步發展相關聯的生活脈絡，深入了解夢對實際生活想表達些什麼。最後成員對夢的理解投射對夢者有一部分的助益，但是並沒有打開夢者她個人於心靈與身體自由上的掙扎深度與強度。因為夢者本身尚未有滿意的答案，夢不能提供答案。夢只能標記她當前內在旅程的所在。

第二章

階段1：分享一個夢

階段 1A：夢的選擇

團體一開始，帶領者詢問團體有沒有人有夢想要與團體分享？帶領者要強調夢的分享完全是夢者自願的，不能有任何特定壓力或者外在影響。這聽起來好像很簡單，但並不然，我們現在來想像當一個人自願要分享一個夢的時候可能發生的難題。首先要讓夢者清楚，在敘述自己夢的時候只限於他能記得的部分，這是很重要的。他的任務就是盡可能正確與詳細地讓夢重現，他不能將自己對夢的聯想或他以為的意義在這個時候說出來[1]。他要說明的部分包括夢裡的感覺、年齡、顏色、背景，例如是白天或晚上。在選擇夢的時候，有幾個議題要考量。

夢發生的時間

要理解這個議題，我們可能必須先理解最近生活經驗在形塑夢境內容時所扮演的角色。我們清醒的每一個片刻都不斷地往未來邁進，無論我們覺得有多安全，未來總有不知道的元素。我們內在的張力可能隨時升起，終究影響夢意識的方向。這些張力來自內在過程與外在事件之間的相互作用，已經準備浮上表面的感覺可能因為做夢前一天夜晚的某些很細瑣事件而引出，事件本身並不是最重要的，它的重要性是因為它與情緒的連結，在做夢的時候讓意識感覺到它的存在。我們每個人都持續在整理過去未處理完的情緒問題。我們的夢似乎沿著這些議題，讓我們有機會再次探索認知這些議題的可能性。

雖然內在與外在過程總是相互作用，但有時候較具強度的外在事件總會扮演一個較凸出的角色，它們引發的感覺很強烈，我們睡覺的時候仍持續在

---

1 這樣做的理由是為了避免影響團體在階段 2 的貢獻。團體的想像力會比較自由，不會被夢者的聯想限制住。

我們心理作用，然後讓我們在夢中重新感受到這個情緒。譬如處於戰爭中士兵所常有的夢魘就是極為明顯的例子。被引發出來的感覺持續消耗我們的精神時間，可能持續整天整晚，可能幾個月，甚至幾年。任何與這個感覺相同脈絡的小小細微事件都可能引爆，使我們不知如何面對這突如其來的強烈感覺，或者觸發過去與這感覺相關的記憶。

因此，夢者如果沒提到夢發生的時間，帶領者要在夢被敘述之前詢問日期時間。有時候夢的發生就在一個新團體開始的前一天晚上，此時夢者對即將參加夢團體的預期與感覺可能是重要的情緒脈絡。也就是說，將在團體中與一群人一起讀夢，夢者可能會有一些焦慮或其他感覺。如果是一個舊的夢，也要盡可能確認最靠近夢發生的時間。當團體知道夢發生的日期，成員比較可能對夢的生活脈絡有些概念。例如，感恩節那個週末，我們可能很容易想到假期、吃大餐、家庭團聚等等。更重要的是，知道夢何時發生提供夢者一個焦點找尋發生這個夢的特定生活脈絡。

當我們詢問一個舊夢發生的時間，夢者一開始可能會回答一個大約時間，譬如兩、三個禮拜前。細部的詢問可能會幫助夢者縮小範圍，甚至找到確定的日期：「它是在週末或者是平時週一到週五上班時間發生的？生活中有沒有任何事情發生可以幫助你確定夢發生的日期（但此刻不要告訴我們事件內容）？有沒有任何重要的中介事件在這段時間發生，能提供你任何線索？儘管夢是發生在幾年之前，只要夢者被鼓勵回想那時候的生活，或發生哪些重要事件，比較接近的日期仍然可能找得到（再一次提醒，先不要將發生的事透露給團體知道）。

有些最近的夢，夢者半夜醒來並沒有夢，之後再入睡才發生，這時候半夜醒來到入睡這段時間發生的事件、想法、感覺、情緒等也很重要，這要列為重要脈絡的一部分。

經常是一開始對做夢的時間很模糊，不久會隨著團體進行的過程慢慢較具體。越來越多夢發生之前那段期間的生活將被憶起。

因為是最近發生事件所引起的張力影響夢意識的方向，因此幫助夢者指認出事件以及重新捕捉事件引發的感覺，就成為團體很重要的工作。這並不是說這個夢只是關係到這個事件，它只是讓夢者探尋過去的一個起點。過去的參考資訊可能是很明確的，例如兒時家的影像，或者可能在夢者的聯想中出現。這個探尋的旅程不是隨機的，而是有一定的程序，精確地連結與這事件相關但表面上看起來散亂的過去情緒餘留。換句話說，雖然夢開始於現在，但是它不會止於當前處境。當然有時候與過去的連結不一定很明顯，特別是當夢記憶得很不完整。

越是最近的夢，團體越有機會幫助夢者確認夢的引發原因。最容易的是前一天的夢，時間拖得越久越困難。當一個新團體開始時，當帶領者要介紹團體過程給新成員時，徵求一個很近期的夢是必須的。這讓帶領者有機會示範如何問問題，以便讓夢者最近的情緒生活脈絡放大，以及確認入睡前的感覺餘留。

我將以實際的夢舉例證明近期生活脈絡的重要性，以及它如何引導夢者記憶早期的經驗。以下的夢者是一個大約五十歲的心理學家，這個夢發生在他隔天要對著大約八十位女孩演講性教育，這是他第一次對一群少女談論性教育議題：

> 我躺在床上，我的房間在一個公寓的邊緣。當時我在想，遠離公寓的中心點應該是安全的，因為如果有人要傷害我，他一定找不到我。光線很暗，有一個老太太進入房間。即使房間很暗，我仍可以清楚看見她。一看到她我相當害怕，她帶著一些書，我忽然覺得只要她攜帶著書，她就不會傷害我，可是我錯了，她抓住我的手，幾乎要壓碎我的手指頭。

他很快確認這位老太太是他的媽媽。他認為他的房間在整層公寓的邊緣，遠離中心，讓他有安全感，這種對空間的感覺後來證明是個有趣的隱喻，用空間代表時間。夢發生前一天，他一直努力在他的打字機前工作，準備隔天的演講。他覺得很不安，不確定他的演講會不會成功。他感覺自己回到青少年時代，試圖去感同身受這群人的想法，接著就牽引出他與媽媽過去之間的互動關係。他媽媽是個控制型的媽媽，非常強調讀書與學校功課，嚴格限制他的外面活動。他覺得他被他的媽媽利用，而且因為媽媽本身對性具有恐懼特質，他自己也成為受害者：「她非常堅持要我將所有的精力放在功課與作業上，她似乎非常害怕我出去玩。事實上她完全限制我的行動，每一件我想做的事，她總是用各種不同的理由阻止我。」這個時候，他選擇來自階段 2 某個團體成員的投射，夢裡空間可能是時間的隱喻，因為現在，年紀較大之後，覺得自己已經遠離媽媽是他生活重心的日子。做夢前一天晚上，他入睡的時候完全沒有想到他媽媽，心裡只想到他工作一整天的性議題。他希望有個成功的演講，這個焦慮喚起過去的記憶，也就是媽媽在他青少年時期扮演讓他驚恐害怕以及願望破碎的角色，他準備有關性議題演講的感覺導致早期記憶以隱喻式的方式在夢裡重新上演。

一旦團體成員清楚明白夢前情緒氣氛的重要性，他們通常都會試著分享最近的夢。不過偶爾仍然有成員想提出幾天前、幾個月前、甚至幾年前的夢。夢者本身必須了解，團體成員面對一個舊的夢可能無法像最近的夢一樣，可以深入揭開直接相關的脈絡，他必須仔細考量是否要分享一個舊的夢。在做這個決定時，有兩點值得說明的。首先，如果一個夢在經過一段時間之後仍被記得，對夢者可能是有某種程度的重要性。其次，雖然團體不能協助夢者精確地捕捉當前的生活脈絡，但是夢發生那段時間夢者的一般生活背景很可能被記起。只要很熟悉團體的過程，夢者應該可以自由分享任何想分享的夢。儘管與最近的夢比較，解讀舊有的夢比較有限，但是我的經驗是它仍然有幫助，還是可以有令人滿意的結果。甚至有時候是十五年或二十年前的夢，隨著團體的階段逐步展開，夢者經常能想起越來越多過去生活的脈絡。

下面這個夢的現實處境之所以被想起，是因為它關聯到某個高度創傷事件。一個年輕的女人描述某個六年前的夢，就在她乳房切除手術之後一個月。在夢裡，她與媽媽一起在她的公寓裡，她衣服還沒完全穿好，當她眼睛往下看，她發現她乳房的位置空空的，之後她又發現上面有一個小小突起，有一滴水從乳頭流到她的身體。這位夢者是個新成員，這是她第一個在團體分享的夢，在團體讀她的夢的過程中，她傾瀉出在手術那段時間的所有感覺，這些感覺一直沒有公開表達過。她的媽媽與朋友一直要她勇敢，但是她覺得被欺凌、被強迫，她從來不讓自己公開哀悼失去的乳房，或者表達恐懼與悲傷。她似乎一直壓抑著直到發現夢團體是個安全、能同理的環境，在這樣的氣氛下，憤怒與哀傷才能公開地被認可。

夢的長度

夢的長度可能會是個問題。只有太長的夢會是問題，因為團體是逐步開展、緩慢地進行，因此一個長的夢可能沒辦法在一定時間內徹底深入探索。夢者通常慢慢地敘述夢，讓團體成員有時間將夢記下來。一個長的夢可能要花十五到二十分鐘描述。

比較常發生的狀況是有人抑制自己分享夢，主要是因為「它只是一個片段的夢」而覺得歉意，不好意思在團體中分享。在夢團體中，夢沒有太短的問題。下列這個夢只有一個畫面，即使只能被記得一點點的夢，仍然能碰觸夢者的許多生活面向。

一位中年婦女提出只有一個影像的夢。夢境是一張相片，裡面是一群來自 1950 年代的人。她的媽媽是個牙醫師，也在這張相片裡。在夢裡，夢者正在看著相片，想知道爸爸與哥哥是否也在相片裡，他們兩個也是牙醫師。這個只有一個影像的夢凸顯出許多夢者的重要生活面貌，包括少女時代的緊張氣氛，特別是與媽媽之間的緊張關係（相片的年代她正處於青少年時期），她現在對於處在青春期女兒的感覺（夢的前一天晚上，她去探視她的女兒），以及她對未來生涯的焦慮。她正在應徵一份她很想要的工作，但是她害怕這份工作會落到一位比她年輕的女人手上，儘管她覺得自己比較有經驗，「如果我是個男性，這樣的事就不會發生。」團體進行到最後階段，夢者說：

這真是很驚奇，我以為只是一張相片，竟然隱藏這麼多東西。我覺得夢與自己生活連貫在一起，我感覺到這個年輕女人是我的工作競爭對手。而我總是覺得我的媽媽一直與我競爭，她是好的我是壞的。她只讚美我的哥哥，她的態度阻止我去做我能做的事。現在我可以自由地相信自己並呈現我的能力，我對類似我哥哥那樣的男人很反感，他們不一定要透過公平的方式就能得到他們想要的。也許我需要某些我哥哥「接管」（take-over）的能力，不要擔心太多別人的感覺。

無論長或短的夢都可以在團體中運作，團體可以彈性適應，即使夢者有長的夢也不應該猶豫躊躇，只要事先告知夢者有些步驟可能因時間不夠而濃縮。

夢必須很有趣嗎？

我們只看一個人的表面可能會被欺騙，同樣的，光憑夢的第一印象也不能判斷一個夢是否有趣。在還沒有正式讀夢之前，任何的斷言不僅毫無意義，而且容易產生謬誤，這是來自醒著意識的偏見。如果夢沒有涵蓋有趣或令人興奮的影像，它將會被置放在一旁。只有當一個夢與夢境背景生活脈絡相連之後，它的價值才能被評估。夢的重要性不在於它的表面，而是如何透過它打開我們更大的存在面向，並且能感受我們的存在。

寫下夢

要記下一個夢，最好是盡量一醒來就寫下來。夢很容易遁逃，難以捕捉，夢好像已經知道它們並不屬於醒著意識的領域，因此急著要回到它們原生的黑暗處，有點像上鉤的魚，掙扎地要回到水中一樣。它們不符合醒著世界的規則，它們不是很清楚，也不合邏輯，也沒有一定的時間順序。它讓我們不想邀請的奇怪人物甚至奇怪動物侵入我們的心靈，要讓這些神秘的事件退出或消失很容易，但是一旦它們寫在紙上，它們就很難逃走了。

只要團體一投入夢工作，筆記就不一定是必要的。但是我建議團體成員在一開始夢者描述夢的時候，將整個夢寫下來[2]，我們要確定所有細節都是夢者用自己的話呈現夢的內容。要讓團體將夢寫下來，夢者在描述夢的時候要一句一句慢慢說，有些團體的方式偏好讓夢者先以自然說話的語調速度，大致敘述夢境，之後再重複一句一句慢慢敘說。這兩個敘述夢的方法都可以，重要的是讓聽的人能清楚地獲得夢裡所有的資訊，因此在敘述夢的時候，盡量不要打斷夢者，唯一的例外是當有人沒聽到或不了解夢者說的話。

當成員在回應帶領者徵求夢時，成員的反應有些是合宜的，有些並不適當，帶領者要有能力區辨，合宜的反應列舉如下：

- 「我覺得這個夢對我很重要，我想要分享。」
- 「這個夢有些影像讓我很困惑，我想分享。」
- 「在這夢裡我很害怕，想知道發生了什麼事。」
- 「我一直重複做這樣的夢，我非常想知道它們的意義。」
- 「雖然我想分享，但我還不覺得我一定要分享。」

不適當的反應是成員有分享夢的壓力，無論壓力來源是外在還是自己內心的想像。

外在壓力：

- 其他成員可能對一直沒有分享夢或近期內沒分享夢的人質疑。
- 有人可能會對團體裡自己的朋友說：「剛剛在路上，你跟我說你今天早上有一個夢，難道你不想分享嗎？」
- 團體成員可能會轉身對另外一個人說：「我沒有夢，你有嗎？」
- 團體成員直率地對一個人說：「你已經很久沒有分享夢了！」

---

2 團體成員通常立刻接受這個建議，因為除非是極短的夢，如果夢沒寫下來，要將整個夢讀回給夢者聽（階段 3B.2），根本不可能做到。

內在壓力：

因成員自己的內在壓力而引發的不適當反應包括：

- 「我尚未分享夢（或者最近一直沒分享夢），我想我應該分享。」
- 「我不覺得我是真正的團體成員，除非我分享我的夢。」
- 「既然都沒有人自願分享夢，或許我應該分享，即使我寧願不要。」
- 「安妮知道我有這個夢，我們昨天晚上有討論，她催促我應該與團體分享。如果我沒有分享，她會怎麼看我？」

有些情況是有人想分享夢但又猶豫不決，而他所持的理由並沒有說服性，舉例如下：

- 「我的夢太短，它只是一個片段。」
- 「我的夢太長。」
- 「我的夢太舊了。」
- 「我的夢很討厭（乏味、沒趣、沒有意義、愚蠢）。」
- 「我的夢很長，但是我只記得一點點。」
- 「我已經知道夢的意義，沒有分享的必要。」
- 「夢前一天發生的事情我完全不記得了。」
- 「我沒有寫下來。」

即使是在一個長期持續進行的團體，成員已經很熟悉基本規則，但是偶爾還是會犯一些錯誤。成員因不同的理由成為團體的焦點，團體成員可能以明指或暗示的方式，讓他覺得他應該分享一個夢。或者所有眼光都轉向一個尚未分享夢的人，這是暗示性的邀請，應該要避免。有成員會直接問另一個人：「你有夢嗎？」雖然這聽起來並沒什麼傷害性，但還是要避免。無論什麼理由，任何團體成員都不能因其他人巧妙地操弄，而覺得自己有義務分享一個夢。分享夢的衝動要很自動自發地來自夢者的內在。在徵詢夢的分享時，團體成員有權利保持沈默。

保密

在夢裡，個人的名字有可能是雙關語，或許要傳遞重要的信息，但又要考量維護保密的原則，對於夢中出現的人物是否要揭露其真實的姓名，要有適當的判斷。夢中出現的人物如果是團體認識的，可能會侵害此人的隱私，但是如果這個人在夢中的性格特質是很令人喜愛的，那就不會是問題。

安全因子

很明顯的，只有當團體有夢時，夢團體才有它的功能。分享夢過程的規則限制對團體每個人的影響是一樣的。要避免讓任何人有壓力，每個人要清楚了解有人有夢但不想在團體裡分享是可以接受的。團體安全與否就在於夢者有沒有充分的自由決定他是否分享夢。這個決定也在於他衡量自己是否覺得自在，一方面他對夢好奇，有興趣要知道夢的意思，而另一方面，在尋求夢的意義過程，可能又會揭露個人生活。安全的重要性必須要一再被強調，團體有沒有能力幫助夢者，這決定於團體是否能確保夢者的安全感。安全的原則一旦被破壞，夢者的焦慮感就會提升，防衛機制也會被啟動，最後阻礙團體的進行。

在正式的心理治療關係裡，治療師已經準備好要幫助他的案主認知並處理他的防衛機制。然而，在夢團體，案主——治療師，這樣的角色關係並不存在，團體最有力的工具就是讓夢者對夢的好奇可以很自由地、沒有焦慮地展開探索。儘管分享夢仍然會伴隨某些焦慮，但是這個焦慮如果是因為團體中有人技巧性的操弄，就一定要避免。要讓夢者有勇氣隨著夢的帶領一步一步探索，保持低焦慮狀態是必要的條件，只要安全感受到威脅，夢者會將自己拉回到原本的防衛狀態，回到他在現實生活中慣用的防衛方式，讓自己覺得有安全感。我們每個人都握有調節自己安全感的門閥，我們會合理化，我們會壓抑，我們會否認，我們用各種方法隔離痛苦的感覺。當決定要分享夢時，夢者已經決定好要測試團體的安全承諾。弔詭的是，當成員清楚明白不分享夢在團體中是完全可以被接納時，這反而解決了他的矛盾顧慮而想要分享夢。

發現因子

要提醒的是，在分享敘述夢這個階段，團體成員尚未積極地回應夢者，僅是給予夢者注意力以及表現他們對夢的興趣。但事實上，僅僅是在一群接納的聽眾面前大聲敘述自己的夢，這樣簡單的動作本身就足以觸發夢者對夢境產生從未有過的深度洞察。道理很簡單，當夢者決定要分享夢時，已經準備好要減弱個人的防衛機制，而防衛越低，能看見的就越多，就像我們每個人心裡似乎都明白，如果我們能克服我們的恐懼，讓我們的生活顯現更多的真相，這對我們可能會有很多好處。而事實的確如此，真相釋放我們，讓我們自由。

階段 1B：夢的澄清

團體在這個階段有機會詢問夢者關於夢境任何不清楚的地方。帶領者要告訴夢者在回答問題的時候，只限於釐清這個夢，不要提及夢以外的生活脈絡或相關事件，也不要有任何聯想或解釋夢的意義（請再次參考註解 1）。在這個時刻，我們只關心讓這個夢更清晰，而團體要了解，夢本身的特質有很多模糊性，很難轉譯成文字，可能是沒有邏輯，也可能是奇怪或令人困惑的影像，甚至怪異的情節動作，看起來似乎一點意義都沒有。在問夢者問題的時候，我們必須尊重夢具有這些特質，不要強求夢者進一步澄清。我們只能盡力澄清一個夢，同時也要接受夢者對夢的模糊與迷惑。

下列資訊的蒐集可能對夢的了解很有幫助：

- 人物：夢裡出現的人是不是夢者可以指認出來的人？如果是的話，可以請夢者簡單的描述與他們之間的關係（例如：朋友、夫妻、親戚等）。
- 感覺：如果夢者沒有描述他在夢裡的感覺，團體可詢問。
- 顏色：如果夢者沒提起任何顏色，可以問夢者是否有察覺到任何顏色。
- 夢者在夢裡的年紀：有時候我們不能確定夢者在夢中的年紀，成員可以詢問這方面的資訊。
- 空間格局：有時候夢裡空間的結構安排很難描述，可以請夢者簡單畫草圖。
- 時間：夢發生的時間是在一天的什麼時候？是白天、黃昏，或晚上？如果不清楚，可以請夢者說明。
- 在敘述夢的時候，夢者可能提及他因為這個夢而醒來，我們可以問他在醒來那一剎那的感覺。不過如果夢者並沒有因為這個夢而醒來，則最好不要問這個問題，因為這個問題會導致夢者用睡醒後之意識去反思夢境。在這個階段我們不關心夢者清醒意識對這個夢的反應，我們有興趣知道的是夢裡什麼樣的感覺如此強而持續，足以叫醒夢者，甚至這個感覺在醒來那一刻仍存留。

問題

在一個沒有經驗的新團體，詢問夢者時可能會發生一些問題。通常是問題太多太仔細了，團體想尋找確實的影像已經超越夢者所能給予。問問題的人可能過度努力，想要將一個很困惑的情境組合成符合我們所習慣的邏輯、有因果關係的順序。

有時候，問題澄清時間拖得很長，特別是一個新的團體，可能用問題引發夢者的聯想，而不是純粹澄清夢境。一個新的團體對所有過程的時間分配可能沒有概念，基本上在問問題這個階段不應該浪費太多時間。

第三章

階段 2：
團體將夢視為己夢

這個階段提供團體策略性地協助夢者，帶領者一開始要對夢者與團體成員說明運作方式與過程。

對夢者的說明

團體成員要將你的夢假設是他們的夢，他們將要嘗試做兩件事。首先，他們將盡量提出夢裡的意境影像帶給他們的感覺，其次，他們會思索夢境影像任何可能的意義。事實上他們將提出埋置在夢境影像裡任何可能的潛在隱喻意涵，然而這些被提出來的感覺或意義都是他們自己的投射，你可以在一旁觀看。

我們沒有立場對著你說你的夢是什麼意義，在這階段的演練或許你可以視為一種遊戲，我們的一些投射也許是你真實的感覺，無論你的反應是什麼，你完全可以自由決定它們是否適合你，這些反應都是你個人的隱私。之後，你將會被邀請針對團體的對話與提出的訊息回應，你也完全可以自由地決定要與團體分享哪些反應。換句話說，你自己決定要做什麼，要表達哪些感覺想法。事實上在這個階段我們提出的都是我們的投射，請記得你有絕對的自由接受或拒絕任何我們提出來的感覺或隱喻意義。任何讓你覺得有意義的投射，你可以寫下來，但這是建議，不是你的義務，只是筆記會幫助你整理在這個階段的經驗。

這個階段，你的角色是積極的傾聽而非參與。當有下列四種情況發生時，你可以打斷團體的進行：

1. 團體有人對夢裡的影像或片段理解錯誤。只要是對夢的扭曲，你應該立刻糾正。我們可以擴大或誇張一個影像，但是我們不能改變它的基本特質。譬如說，在夢裡，你提到你開車到某個地方，但沒有提到任何關於車的細節。我們可以擴大這個影像，只要不要與原來的脈絡衝突，譬如有人說：「那是我以前的一部舊車」，或者「那是一部我非常喜歡的新車」。但是我們不能將汽車變成飛機。

2. 當團體開始進行投射，你很可能會回憶起更多夢的細節，甚至更多場景，如果有這種情形發生，你可以與我們分享，團體如果能得到你能記起的所有夢細節，對夢的理解將更有幫助。
3. 如果成員說的話你聽不清楚或者不了解，你可以打斷要求重複一次或者請成員進一步澄清補充。
4. 你可能會很好奇有些人的投射與你的夢如何有相關，你可以自由的詢問。

對團體成員的說明

你們現在要試著將這個夢當作是你們自己的夢。有時候你可能會發現你很容易將自己的過去經驗反應在這個夢上，分享感覺與夢的意義。但有些時候可能不是很容易，當這種情況發生，你只要運用你的想像力，假想自己是個演員，現在扮演夢者在夢裡的角色，從她的角度觀看這個夢，以下是幾個重要的原則：

1. 無論你從哪個角度去理解一個夢，不管是從自己的生活經驗或者是置身在夢者的處境上去思索夢的意義，事實上你所有對他人夢的觀點看法都是你自己的投射，你沒有立場告訴夢者這個夢對她的意義是什麼。在這個階段，你們還沒有任何夢者對夢境的聯想，不可能清楚夢者如何有這樣的夢。你們在談夢的時候要用第一人稱「我」，藉以強調你們對夢的談論與看法事實上都是你們個人的想像。
2. 在這個階段你們將夢當作是自己的夢賞讀時，很重要的是不要面對著夢者提出你們的看法，你們互相分享自己的想法但要留給夢者空間，這是要強調讓夢者自由，他可以接受也可以拒絕來自團體的任何想法。當你在提供你的投射時，要盡量不要看夢者，這聽起來很容易做到，但其實不然，因為這其實不是你自己的夢，當你對這個產生一些感覺或想法時，你會希望它們能對夢者有幫助。因此，如果你不注意，你會不知不覺對著夢者敘述你的想法感覺，希望對夢者有直接的幫助。

團體進行過程細節說明

階段 2A：夢的感覺

一開始先問你們自己：「如果這是我的夢，當我在做這個夢的時候，我會經驗到什麼感覺？」如果你沒有第一瞬間的反應，那你可以假設如果你正面臨夢裡描述的困境，你將會有什麼感覺？或者想像自己處在夢境時，你將會有什麼感覺？當你將這個夢當作是自己的夢時，你不可避免地對夢境影像的可能意義有些看法，暫時將你的見解擱置一旁，繼續問自己這些概念所反映的感覺是什麼？將感覺與概念分開似乎是很沒有道理，但它是有理由的。我們習慣回應夢境的象徵意義，如果我們能將這樣的意圖暫時保留，先嘗試說出影像背後所要表達的感覺，你可能會讓夢者發現夢裡她尚未察覺的感覺。你可以盡量有創造性地描述夢帶給你的感覺。例如你可以說：「這夢讓我覺得有一種神話故事的味道」，或者，「我覺得我好像在看 B 級電影。」這些反應傳達某種含蓄的感覺。

階段 2B：夢的隱喻與象徵意義

你現在要嘗試轉化夢境裡每個影像的潛在隱喻意義，以及它們如何與現實生活相關。夢以影像的方式呈現，有它們的象徵性意義。象徵性意義可以視為是夢者現實生活經驗以比喻的方式表達。這些最近與久遠以前餘留的感覺被嵌入在這些影像裡，現在就要看我們集體的想像力，探索這些圖像可能隱含哪些意義。基本上這是我們使用想像力與創造力的一種練習。我們要像夢者在潛意識狀態一樣的有創造力，使這些圖像充滿意義。

當你開始探索這些影像所可能傳達的意義，你可能會產生新的感覺，你可以自在地提出分享。這個階段讓你自己自由地深入夢境，無論是在感覺層次或是意義層次，你可以一次只針對一個影像探索，也可以針對整個夢境發現感覺與意義。不要先入為主地認為自己的想法離奇怪異或者荒誕不經而自我壓抑，要讓自己的想法自由展現，對任何一個影像，你發現到的意義或任何相關聯想都可以提出。或許你們中間有許多人讀過佛洛伊德或榮格心理學關於夢的知識，你也可以自由運用佛洛伊德與榮格的概念來傳達影像的隱喻。不過你仍要記得，這些仍然是你的投射。它們不是真的佛洛伊德或榮格或任何其他權威對夢的解釋。在夢的影像範圍內，你可以完全自由地表達你所想的。

安全因子

在團體提供他們的投射時，要持續確認，夢者是自身感覺的主控者。即使他認同有些成員的投射，他仍然可以用自己的方式探索這些感覺，如果夢者傾向保留，他並沒有義務要在團體分享。我們通常較能面對好的感覺與認知，但是如果觸及不舒服的感覺或者是體會到的真相很令人痛苦，他可能沒辦法承認它們。換言之，一旦這些感覺或體認的呈現會讓他有威脅感，他可以自由地繼續運用他的防衛機制面對。因為當夢者的隱私以及對安全的需要能被尊重，他將會檢視自己的感覺。這個階段的運作是要啟動夢者的感覺反應，但是無論他想用什麼方式處理這些感覺，我們都要尊重他。他完全可以主導進一步靠近自己的感覺或者疏離已經浮現的感覺。

團體在這個階段是彼此互相對話，而不是對著夢者提出自己的想法，我們假設夢者暫時不在團體，如此可以讓夢者擁有自己私人的空間，自在地思索任何來自團體的投射對他是否有意義。夢者的所在位置是他可以從團體讀夢過程獲益，但是他對團體並沒有任何義務，他可以自由地分享自己想分享的部分。弔詭的是，就是因為團體尊重夢者的個人隱私，不強迫夢者有義務回應，促使夢者由衷地感覺自己想要對團體有些回應。

發現因子

對於剛開始參與團體的成員，通常會很驚訝地發現我們可以將他人的夢當作是自己的夢，在完全還沒有夢者本身的聯想之下，像玩遊戲一樣自在地提出自己對夢的感覺、自由聯想，以及影像的象徵意義，而這些來自團體成員自發性的想像投射，竟然與夢者個人的經驗相關。無論團體的努力是否很切中夢者的感覺或想法，這個階段的運作結果大都能帶領夢者進一步靠近他自己的夢。為何如此呢？下列有幾個因素可以解釋這個現象。

團體在這階段的演練經常能切中要點，成員彼此分享的感覺或想法對夢者有特殊的意義。不過如果你仔細想想，這一點也不奇怪。夢意識所關心的議題其實是我們所有人共同生活的一部分，例如是否要附屬於某個權威？是要做自己還是要考慮到他人？要獨立還是依賴？要積極還是被動？這種種有關自我認同等議題，都是很多人共同關心的。此外，夢裡的影像本身是社會性的，我們或許會結合、扭曲，或改變這些影像，但是這些圖像的原始來源都是我們人類群居生活的共同創造。對從來沒有看過飛機的原始部落住民，你不可能在他們的夢裡發現飛機的影像。團體成員的感覺與想法之所以能讓夢者覺得心有戚戚焉，乃是因為我們有一個類似的社會舞台以及分享共同的社會傳承。

這個階段還有一個重要因素促使成員的自由投射與夢者個人生活相關。雖然成員將他人的夢假設是自己的夢，但是他們意識一直很清楚，這事實上仍然不是自己的夢，因此仍然對夢有某種距離。這樣的距離使他們比夢者更有優勢，因為談論他人的夢比談論自己的夢較沒有風險，感覺與想法的出現將更無所拘束，想像力也更加自由，可以提供夢者豐富的資訊，讓夢者更接近自己的夢。

還有很多其他非特定因素能解釋為什麼在這個階段夢者與團體成員之間的結構關係能幫助夢者。事實上當團體很誠懇認真地在賞讀夢，將這個夢運用到他們個人的生活，在這個過程，成員已經將自己部分的內在感覺想法與夢者分享，就像夢者分享他的夢一樣，這會讓夢者更接近他的夢。夢者在不被入侵或有任何壓力下感受到團體的支持，她會開始覺得自己有盟友與她一起面對神秘的夢，讀夢開始成為社會性，是團體共同的努力，而不僅是個人的。

問題

在這個階段有兩個步驟，每個步驟都有不同的問題，我們分開討論。

階段 2A：感覺的分享

當團體被限制只投射感覺時，成員通常會不自覺地開始思索影像的象徵意義，或者提出影像帶給他們的聯想。此時，帶領者應該將成員的注意力拉回，要求他們盡量想像影像給他們的感覺是什麼。

當有成員聲明她對這個夢沒有感覺，你只要求她運用她的想像力假設這是她的夢，她對夢裡的影像有什麼感覺，就像在一部戲劇裡扮演一個角色，即使所扮演的角色並不是非常適合，只要盡力即可。如果她真的對某個夢沒有任何感覺，那也沒關係，成員並沒有一定的義務要提供自己的投射。

階段 2B：影像隱喻投射

一開始，團體成員可能還不是很清楚要怎麼做，如何將夢裡影像視為一種象徵或是隱喻。即使之前已經有所說明，但是如果有必要，可以再一次澄清。團體成員的任務是要問自己：「什麼樣的生活處境會導致我選擇這些影像出現在我夢裡？」成員將這些影像視為隱喻式的呈現，用來表達我們的生活經驗。團體可以將整個夢當成是某種象徵或隱喻，也可以針對夢境裡一個影像或情節投射其涵義。很多時候有人會問，某某人現在是不是在詮釋這個夢，特別是當這個人在使用佛洛伊德或是榮格的理論。

我的回答是如果你願意當然可以稱它是詮釋，但是我比較傾向將**詮釋**這個名詞限制在它的技術意義。詮釋這個名詞比較適合用在治療的情境，也就是當一個心理治療師，依據某個理論架構而運作，所提供的詮釋不僅是基於夢者本身的自由聯想，也來自治療師對夢者過去經驗的了解。在這種情況下，夢的詮釋已經遠離夢本身所提供的資料，而成為與治療師理論一致的概化公式[1]。因此我喜歡將我們這個階段的夢工作視為夢影像隱喻的「領會欣賞」（appreciating）。

在這個階段的運作，我們可以自由地借用佛洛伊德或榮格的概念，但只是借用他們對某些特定影像提出的象徵意義或隱喻觀點。他們的著作讓我們對影像的隱喻探索有更多的可能性，雖然我們借用的是他們的概念，但當作我們自己的投射提供給團體，在這種情況下比較不會限制夢者，影響夢者將他們的概念看得比其他自發浮現的意義重要。

在第二階段可能出現的普遍性問題包括：

1. 團體成員在談論夢的時候會忘記使用第一人稱，因為它真的不是我們的夢，我們必須刻意地努力將夢當作是自己的夢。
2. 團體成員會面對著夢者直接地提出他們的感覺看法，即使他們使用第一人稱。他們很急切地將自己的意見傳達給夢者，因而擅自侵入夢者的空間，影響夢者的自由。
3. 針對夢境不清楚的情況，團體成員可以向夢者詢問澄清，但是這一點可能會被誤用，有時候問題會變成企圖引出夢者的聯想。
4. 團體成員應該了解，對於他人的投射，我們不應該反駁或不同意。每個人都可以自由地提出投射，無論其他人認為這些投射有多麼奇怪或錯誤。我們能夠以彼此的投射為基礎，繼續擴展其意義，但是我們不能挑戰他們。
5. 有時候在用第一人稱假設是自己的夢時會有性別認同問題。譬如一個關於懷孕的夢，團體裡有男性成員。為了要開發他們的感覺與隱喻，他們

---

[1] 這在第十七章深入討論。

仍然要嘗試以女人的角度去想像。相反地，如果是男性特有的，例如刮鬍子，女性成員也一樣，嘗試用男性的角度去想像。

6. 團體成員在投射的時候，習慣將焦點聚集在較突出鮮明或有趣的影像，夢裡的其他細節可能會被忽略，團體帶領者應該要指出成員忽略的部分。
7. 如果有人過於喧鬧，占據太多空間，打斷他人發言等等，這時候帶領者要介入。不過這種情況很少發生，比較容易發生的情況是大家在發展自己投射時過於興奮，因為搶著發言而相互打斷彼此的發言，或者有人會強烈堅持自己的看法而不同意他人。
8. 有時候是夢者本身會偏離到錯誤的方向。夢者有時候忍不住用肢體語言回應，例如透過不由自主的動作或其他非語言的方法，回應讓他感受特別強或者有趣的投射。這是很自然，不需要抑制夢者，不過要注意的是，夢者是否不能控制地開始說出他自己的聯想。他可能毫無自覺自己的行為，例如，他可能衝口說出：「哦！我現在知道為什麼那個影像會出現在我夢裡。我昨天晚上在電視上看到。」一開始，夢者並不是故意的，但是如果帶領者不制止，可能會有更多類似的插話，這會誘導團體成員的想像力，不能自由的將夢當作是自己的夢投射，阻礙團體的力量全面性探索影像的各種可能隱喻。儘管夢者被某個人說的話所觸動，在這個時候，他仍然要抑制自己想要評論或證實的衝動。

夢者在這個階段最嚴重的錯誤，是針對成員的某一個投射給予很負向的回應。因為在這個階段，夢者也必須尊重團體成員的自由，讓他們闡述他們的投射。也就是說，雖然他可能覺得某個投射是在說他的不是，但是團體成員有權利提出，當然夢者也有權利拒絕。如果限制團體成員的投射，只提出夢者想聽的，這會阻礙團體的力量。再一次強調，在基本的遊戲規則範圍內，團體成員一定要有自由說他們想說的，夢者有責任將他們的陳述看成是他們的投射，檢視這些投射對自己是否有幫助，在這前提下，夢者自己決定接受或拒絕成員的投射。

記得我們在討論安全因子的時候提到，夢者主導整個過程以及每個階段。有可能在第二階段，夢者被團體成員接踵而來的投射所淹沒，一時無法承受而要求結束這個階段，這是合理的。事實上，決定團體要繼續賞讀她的夢與否是她的責任，她可以結束整個夢的進行，也可以只結束這個階段，繼續下一個階段。

帶領者在這個時候要記住幾個重點。首先是要注意時間，團體通常喜歡玩遊戲，以別人的夢當作是自己夢去想像感覺意義，這樣的遊戲可以一直持續下去。帶領者要控制時間，不能讓第二階段占用太多時間，後面的階段更重要，因此要留足夠的時間。有時候帶領者必須主動結束這個階段，即使團體還想繼續深入。有些線索可以幫助帶領者決定適當的時間點，讓團體轉移到下個階段，例如當團體沈默時間變長，或者成員投射彼此重複時，就表示團體已經沒有什麼東西要說了，可以進行下一個步驟。

帶領者若要避免在第二階段占用過多時間，有個方法是先將整個團體可用的時間大約分配於每個階段，一般而言，在一個半小時至兩個小時的團體，第二階段的時間大約是十五到二十分鐘。

當團體領導者覺得第二階段即將結束，他可以開始給夢者一些信號，讓夢者有心理準備進入下一個階段。在第二階段，夢者的角色是專心傾聽來自團體的各種想法與沈浸在自己的思維中，而在這個階段將結束時，帶領者邀請夢者回應團體拋出的感覺或影像隱喻，他要面對團體分享他此時的感受及看法，或任何他想分享的。在第二階段即將結束的時候，帶領者可以連續幾次問團體：「在我們把夢還給夢者之前，有沒有人還有進一步的想法要貢獻？」這一方面是給夢者訊號，夢即將回到他身上，一方面暗示團體要往下階段進行。每次帶領者詢問之後，總會有少數的回應，不過基於時間的考量，帶領者仍然必須做個結束。

議題討論

在發現因子上，第二階段會產生很多有趣與重要的議題。我從事越多夢工作，越是深深感受到團體在這階段對夢者的幫助，儘管團體成員不知道夢者個人相關的情緒脈絡，我認為這深刻與細緻的影響源自所謂的**團體療癒潛能**。

夢是我們與自己連結最自發與誠實的表述。動物很自然，不懂得何謂不誠實。我們的夢意識也是一樣，不知道如何不誠實。我的意思並不是意味著我們做夢的時候是倒退到動物層次，而是我們從既有的動物本性挽救了自發性與誠實這兩個非凡特質。夢總是自發性地、赤裸裸地呈現事實真相，就像一個小孩一樣。因此，我們也可以說，夢意識有某種天真的本質，與我們早期生命發展相連結，這種天真特質從來沒有完全消失過。

我要強調的是，這些特質在我們複雜的日常生活中是多麼難得。它們是既難得又美好的德行。我們不是以審判批評的方式接近小孩，而是以愛對待小孩。這也是我們對待在團體中分享夢的人的態度。我們日常習慣性的裁判態度要暫時放在一旁，它與我們現在的任務無關。我們心裡都明白，夢者分享夢，等於委託給團體非常私密的個人內在心靈，也等於讓她自己處於很容易受傷的位置。但這也會引發團體的關懷與同理，也會使成員更誠實。對他人評判的衝動因而被放置一旁，只想努力協助夢者。

團體成員因為知道自己被委任一個細膩、需要小心處理的任務，也因此他們在這個階段透過深度地分享與廣泛的想像力加以回應。夢者也很清楚，透過夢的分享與團體交會，會激發她個人成長。但是夢將如何開展，仍然未知，究竟會成功地走完全程，還是會在中途落入陷阱，團體與夢者都小心翼翼地因應。

在分享夢的時候，夢者已經走出了第一步，我們可以稱為**夢的社會化**。每當我們記得一個夢，我們部分地捕捉到另一種存在狀況，也就是在睡眠期間激起的感覺。記得一個夢像是釣到一隻魚，但是若要讓魚轉化成我們需要的食物，我們仍需要使用一些器具，像是平底鍋與爐子。夢也是一樣，剛記起來的夢像是來自我們完全不熟悉的異域，但記得夢是夢社會化的第一步，有時候夢一旦被記起，我們立刻就知道夢的意義，如同有些人吃生魚一樣。但是我們也可以慢慢讓魚煮熟，讓它成為餐桌上的美食，並且與他人一起分享。同樣地，剛開始被記起的夢像是來自一個陌生領域的外來者[2]，透過一些技巧與練習，我們可以逐步地賞讀埋藏在夢境影像裡的感覺與訊息。要完整地開展夢的原始本質，我主張在一個支持的、具有豐富促進作用的社會背景下賞讀夢是有必要的。在第二階段過程，團體成員像是廚房的幫手，協助準備烹煮魚的各種可能材料，夢者可以選擇他喜歡的調理方式與口味。在後來的階段，團體協助夢者端菜，最後則一起享用彼此合作共同烹調的美食。

注意事項

團體有些特殊狀況，如果我們事前有點知識概念，可能較容易因應。有時候在團體裡有親戚、配偶，或者朋友，他們已經彼此認識很長一段時間，當然，他們對彼此的了解可能比其他團體成員還要多。如果他們之間有人是夢者，而另外一個人在提供投射的時候，可能將他對夢者所知的生活狀況說出，這時候可能就引發保密問題了。在我們的團體，我們只根據夢者願意揭露的部分工作。因此，只有在夢者不反對之下，其他成員才能提供與夢者生活相關的資訊，例如我知道他最喜歡的顏色是橘色（而這個顏色又是夢境的主要顏色），可能與夢的意義有關聯，可以徵求夢者同意在團體中提出。如果成員不確定夢者介不介意，可以先傳一張紙條給夢者，詢問是否可以在投射的時候透露某部分私人資訊，一切由夢者決定，這樣做就不至於犧牲夢者的隱私保密。

2　這是一個粗略的比喻。重點是要強調夢境與清醒時的本質差異。

在這階段，夢者被很多團體提出的感覺想法所觸動，但是當他被邀請回應的時候，他可能會激動慌亂，可能會很疑惑地說：「你們說了很多對我很有意義的事情，但是我記不起來它們是什麼。」如果要事先避免這種情況發生，帶領者可以建議夢者速記，寫下任何他覺得有興趣的投射或自己的想法。但有些人即使不寫下一個字，他們也回應得很好。

團體成員可以提出任何團體已經知道的相關背景脈絡，包括事件或一般新聞，或夢者已經在團體分享過的現實生活，唯一的基本原則就是它們是已知的事實，或者經過夢者同意的，在下個階段，我們要討論在夢團體裡，做夢之前，夢者的近期生活脈絡對理解夢境如何地重要。

實例說明

在說明每個階段的運作細節之後，我將舉實例說明，雖然實例可以闡明一個議題所被探討的範圍與深度，但也能說明這個過程的局限性。在每個引用的例子中，全部的團體時間大約一個半小時，團體的目標是讓夢者有一個探尋的方向，之後希望夢者自己能繼續深入。很長的夢通常在時間上會有些問題，但還是可以運作，因為夢者仍然主控團體的進行，他可以理解某些限制。

我所舉的例子資料來自當場的筆記，無論筆記寫得再好，它們也只是反映現場的一部分情境，要捕捉團體與夢者之間自然地、非語言的互動非常不容易。特別是在第二階段，團體成員總是一個接一個地快速提出自己的投射，要逐字記下每個人說過的話幾乎不可能。我一直避免錄音，因為總有人抗拒現場錄音，而且之後整理錄音帶與編輯也是很大的問題。

莎蘿的夢

這是夢者在某個新開始的團體第一次分享夢，而且夢者對團體過程也不熟悉。它是一個兩天工作坊，地點在愛丁堡。當一個夢者真的對她自己的夢有興趣，第一次的分享通常特別震撼。這個夢是在工作坊的第二天，夢者原本在第一天就自願要分享夢，但是當有另一個人也提出夢要分享時，這位夢者就退出，她在第二天清晨醒來之前做了下列的夢。

階段 1：夢的呈現

我走過一個路標，但是路標很難讀懂。兩三個青少年與我擦肩而過，其中一個轉過頭來，面向我走來，他告訴我，那個路標是指某一個很大的空間要舉辦一個團體會議。

我往前走，來到一個房間，裡面有一位從藝術學院來的年輕男老師，以瑜伽的姿勢坐在地板上，那裡有一個梯子，我只能看到梯子的底部，坐落在金屬片上。其中有一個金屬片移動一點點，使梯子更加牢固。那個老師告訴我，還有其他不同設計的梯子。

我繼續往前走，來到基督教女青年會，在一個正方形的房間，我坐下來隔著桌子與一個人在談話。我從那裡去找一個人，他所在的房子是我第一次住在愛丁堡的地方。

我又往前走，經過一家服飾店，我停了一下看櫥窗，但決定與我同行的團體一起繼續前進。最後我走到一個離藝術學院不遠的地方。

夢敘述完之後，團體花幾分鐘詢問夢者，澄清夢境不清楚的地方，以及是否有夢者認得的人，夢者因此又補充下列資料：

「我知道當我在服飾店櫥窗的時候，有其他人與我在一起。我在大學工作的時候，與那位老師略有認識，夢裡其他人我都不認識。」

階段 2A：感覺投射

團體成員將這個夢當作是自己的夢來想像，而夢者只專心傾聽，不主動參與。成員先集中投射與影像相關聯的感覺。下列是成員提出的感覺，而*楷體斜體*部分則是夢者特別有興趣的部分。

「*我覺得我像要去朝聖。*梯子有一個聖經上的意義，像是雅各的梯子。」

「*我也覺得我正在旅行。我很感激那個少年指引我到會議場所。那感覺就像今天來這裡一樣。*看到那位老師瑜伽的姿勢我覺得很舒服，一切是如此平靜。*我感謝他告訴我有關其他梯子。*我好像在尋找什麼東西，很多的支持與慰問。」

「*我在找指引，有人在那裡幫助我。*」

「我覺得自己像是一個正在尋找什麼東西的年輕女人，與年少明確自信的我以及瑜伽老師成為一種對比。」

「我對自己很滿意，我計畫繼續向前得到我需要的支持與協助。雖然有些地方我有困惑，但是我覺得很安全。」

階段 2B：投射隱喻意義

這個階段，團體成員仍然將夢當作是自己的夢，但開始考量夢裡各種不同的影像，問自己在實際生活中，這些影像的出現會是什麼意義。他們也可以持續投射感覺。

「碰到一群青少年時，我覺得很放鬆。這可能在傳遞某些個人訊息。」

「*這旅行，就像不同類型的梯子，能夠通往各種不同的方向。我很滿意我所有的選擇。*」

「我覺得我有很多的時間與空間，不疾不徐，事情終究會順利，感覺有無止盡的時間。」

「基督教的聯想，梯子，以及瑜伽，它們都有宗教的意涵。」

「感覺上我好像正在面對什麼東西。」

「當那個青少年轉頭面對我的時候，我有點驚嚇。」

「*我覺得困惑，有太多事情發生。*」

「有很多的團體，我要加入任何團體嗎？」

「正方形的房間很沈悶，我比較喜歡瑜伽老師的那一間。」

「那路標與到這個夢團體有關。」

當這個階段結束，夢者被邀請回應團體所投射的感覺與隱喻意義是否有任何效應，並且可以提出自己的有關這個夢的聯想與想法。

階段 3A：夢者的回應

「我的*確覺得我在旅行，也真的覺得一路上我一直得到協助*。當梯子出現時，我好像覺得回到過去與父親的關係。*在那個老師的地方以及女青年會，我是在尋找幫助與指引。我一直搬出又回去，像是星星的形狀*。那是一條很長的路，當我看到梯子的底部以及處在那間第一次到愛丁堡住的房子時，我很痛苦。我對幾何學有興趣。有關那家服飾店，我覺得我一直太重視衣服了。」

「當我遇到人，我覺得憂慮。就像我出去又回來。夢裡有些地方，我覺得沒自信。不過儘管有時候非常困難，我從來沒有放棄。」

「在女青年會房間桌旁與我說話的是個女人。」

「我對那男老師的工作很有興趣。我發現他的工作很有趣。他將故事放在他的畫裡，他處理結構的方法與傳統不同，很神奇，他使用很多圈圈在他的圖畫裡。」

夢者就在此結束，在她一開始針對旅行這個想法思索的時候，她已經逐步地經歷夢的開展，一邊尋找一邊獲得協助。當她被問到是否繼續下個階段，讓團體繼續協助深入這個夢，她很肯定回應。接著團體與夢者將進入對話的階段，首先要探索夢者在發生這個夢的晚上的入睡前想法與感覺（近期的情緒脈絡）。

階段 3B.1：詳述最近生活脈絡

問：你能記得昨天一天結束後，夜晚入睡之前的想法與感覺嗎？

回應：我與幾個朋友以及他們的小孩一起外出。我們在談論大學時期，當時的環境對要學畫畫的學生很不容易，我朋友的女兒要進入我以前念的大學。我當時在表達我的感覺時很沒有自信，我沒有說清楚我想要講的。我覺得很焦慮。我可以看得到問題但是我不知道怎麼做。那時有一個女老師，她幫助我了解問題，是有關畫畫課程如何被組織建構的方式，在那堂課，感覺與技巧徹底地分開，這讓我很疑惑。

問：昨天有沒有任何其他事情或許仍餘留一些感覺？

回應：昨天在夢工作課程，我覺得我有個機會問問題，但是我退縮，我沒問。如果我問了，我想我會覺得比較滿意自己。我經常這樣，在事情過後我才想到我應該要說。我很喜歡昨天的夢工作，雖然有一點憂慮，即使我知道它將很安全，但是我缺乏自信。

問：對於昨天的夢工作坊，還有沒有其他感受或想法？

回應：昨天我來的時候，帶著很多夢，很想發現它們的意義。但之後，我了解我必須要先傾聽與學習如何進行。因此，我一開始充滿熱情而來，但之後才了解我要學習的事很多。我發現昨天分享的夢很有趣，當時就決定隔天我要分享我的夢。我的確覺得我要珍惜重視我的夢，在這裡我覺得很放鬆。這個夢讓我感動，它讓我回到小時候，也讓我想到我的父母，想這些事很痛苦。我最近花很多時間想知道我小時候真正的感覺，我期待夢能幫助我。

階段 3B.2：夢者傾聽自己的夢

再一次，夢者很肯定的要繼續進行下一個階段，我告訴她我將邀請一位自願的成員，一段一段的將夢念給她聽，依據她目前所分享的以及團體的投射，我們期待她對夢裡的影像產生進一步的聯想，當成員讀完第一段的時候，她有一些聯想：

夢者回應：那好像是我要去參加一個大會，它在一個很大的地方舉行，那裡有很多的空間，像個足球場。那三個男孩沒有攻擊性，他們穿著深色的制服，那個路標好像是指向另一個選擇。那字型像是手寫的，不是阿拉伯文，但是看起來類似阿拉伯文，那是我不懂的語言。整件事情好像一再向我保證，確認沒有理由要害怕什麼。

下一個場景是在第二段的結束，她有進一步回應。

夢者回應：我很熟悉那些梯子，那種梯子是在我小時候長大的地方製造的，我們自己的房子裡也有一個那樣的梯子，看到那個梯子，我感覺到有些悲傷，當那男老師告訴我還有其他不同型的梯子時，我才鬆了一口氣。老師非常平靜地以瑜伽的姿勢坐在那裡，他在告訴我，我有其他的選擇。梯子坐落在我與老師之間，我不想讓那梯子離開，雖然梯子底部有金屬片，但是它仍然有原始的風格。

問：你能多說一點你對梯子的矛盾感覺嗎？

回應：我爸爸對我有些想法，但那不是真正的我，不是我想要的。要往另一條路走是很困難的決定，我不相信階級式的安排，梯子隱含某種階級體系。

第三場景在第三段落結束。

夢者回應：我想像中的基督教女青年會是一個沒有其他地方可去的人會去的地方，我從來沒去過那裡，我能看見那個房間，裡面有一個女人。我很清楚，只要我需要幫助，我可以去那裡。

問：你能多談一點出現在夢境中那幢你第一次住在愛丁堡的房子嗎？

回應：那是我離家之後第一次居住的地方，當時我剛從北美回來，在北美待了一年。我第一次離開家人，感覺上很寂寞陌生，我是在鄉村長大的。

問：還有任何要補充的嗎？

回應：它是一個維多利亞式的房子，我並不覺得自己處在一個很友善的環境，事情好像不應該是這樣的，整個環境非常的僵化刻板，過度強調秩序。一旦我離開那房子走到街上，感覺就很不一樣，我住的小鎮非常有生氣，與我一起的團體也不只是有興趣買衣服而已，跟團體在一起我很快樂，我覺得年輕快樂許多。同時，我們要去的地方靠近我大學時代的住處，那裡的氣氛是相當有刺激性，而且文化是多元的。

問：還有任何要補充的嗎？

回應：這個夢與轉化、改變、成長有關，從寂寞到有人的陪伴，夢有神奇的特質，就像那老師的畫以及他對圓圈的運用。

在尋找影像意義的時候所引發的感覺是很不容易表達的，有幾次她幾乎落淚。

階段 3B.3：夢的樂章

在夢者的邀請下，有好幾個成員提出他們對這個夢的洞察。以下是我自己的評論[3]。在整合這些想法時，我試圖將夢者分享的現實生活脈絡，夢境影像如何以隱喻的方式陳列這些議題，以及當夢者要朝向未來移動時，夢如何連結夢者的過去與現在。

> 我就從一開始旅程時出現的標誌開始說起，我將這個旅行視為是你努力要靠近你真實感覺的過程。你要發現真正的自己，而不是你父親期待的你。那個用手寫的標誌，上面的字是一種很難懂的語

[3] 這個階段要詳細記錄很困難。因為每個人都很熱烈參與，而且有時候想法很多，帶領者要同時做兩件事，一方面要記每個人的投射以及對夢者的影響，另一方面我要整理自己的想法。因此我只能綱要地列出我要說的內容，下列的陳述是根據我的筆記盡可能忠實地回憶當時現場，之後並與夢者確認。

言，指示通往一個很大空間的方向，暗示著你正在討論夢，因為夢一開始的確像是奇怪的外國語言一樣，而同時夢也是指向一個很大的自我面向。你在自我介紹時提到，你對夢的興趣以及有很多夢可以分享。你說：「多到足夠填滿一個足球場」。昨天有兩件事情發生，將你推回過去的模式。首先是原本你一開始主動自願分享夢，但是很快你就退出，讓另外一個人當夢者。另外一件事情是你想要問問題但是沒問，之後又覺得如果你能當場說出你的問題，你會覺得比較舒服。你似乎害怕展現你自己，擔心被看見而不願意冒險。你帶著很多夢來這裡，但之後覺得有些挫折，你了解要真正懂得夢的語言，要學的事情很多，在自我探索的路途上，你有很多工作要做，就像一切都要從頭開始一樣。當你發現自己處在一個支持性的團體，團體的運作沒有階級結構，而且能了解並尊重你個人釋夢的權威，我想你一定覺得鬆了一口氣。團體夢工作的進行生動充滿活力又沒有侵略性，呼應那位老師非傳統式的教育方式，你努力地朝向自己真正信仰的價值，獲得了支持鼓勵。

在結束之前，夢者有最後的機會表達她的想法。

「你所說的（她指的是我的最後評論）是真的，特別是有關我不願意冒險讓自己做出愚蠢的事，我以後應該學習怎麼做，謝謝大家。」

我代表團體謝謝夢者分享她的夢以及她的努力投入。

我的評註：由於這個夢是在一個兩天工作坊的第二天，沒有機會繼續追蹤夢者後續的反應。不過不久之後我收到夢者的信，她說：

　　這個夢又再度出現，我了解它對我多麼重要，之後我想著這個夢，並且透過後續的夢，我發現我過度生活在我父母的過去，而不是我的現在，但這並不是要否定過去，只是不想活在過去裡，我想這就是夢要告訴我的。很痛，但真實。

這個例子說明夢意識的基本特質，以及它的意義如何在過程中逐步展開。我們一致努力幫助夢者探索做夢之前的生活經驗，兩個主要情境浮現於最近的情緒脈絡，一個是前一天晚上夢者與朋友的討論，內容碰觸到夢者很敏感的地方，也就是她對大學時代藝術教育方式的反應，這樣的教育方式關聯到她長期努力反抗順從父母對她強加的壓力。另一個情境脈絡牽涉到她前一天在夢團體引發的感覺，包括對團體的期待、因有太多東西要學而覺得挫折、渴望、懊惱自己在團體中退縮，以及覺得團體幫助夢者的方式很棒等。我們可以明顯看到最近所關心的事如何在夢裡與過去經驗交互作用，兒童時期以及父母影像的出現都是很常見的。

第四章

階段 3A：將夢還給夢者

這個階段，夢將回到夢者身上，帶領者將邀請夢者與團體分享她的想法。這是團體與夢者即將持續性互動的第一步，主要目標是讓夢者漸進地深入領會夢的意義。只有在夢者完全表達她的反應之後，團體才會進一步積極探尋，在安全的範圍內，盡可能地去探索發現。

夢者的回應

當階段 2 結束之後，帶領者轉向夢者，給她一些說明，讓她熟悉狀況。帶領者的說明如下：

「我們現在已經準備好將夢還給你，你是這個夢真正的擁有者，我們已經將你的夢當成是我們的夢，努力去感受夢境並思索隱喻意義，希望團體的回應對你有些幫助。但是否真的有幫助，這是不一定的，可能有，也可能沒有。你現在是自由的，有關這個夢，你可以說任何你想說的，想從任何一個點開始都可以，你可以從團體的投射對你的影響開始說起，也可以從你自己的聯想以及對這個夢的想法開始談。換句話說，你可以選擇任何方式發展整理你的回應，沒有時間的限制，沒有人會打斷你。要記得你主導整個過程，也就是你自己決定分享的深度，沒有任何人可以要求或催促你逾越你覺得自在的程度。你可能需要一點時間整理你的想法，只要你準備好我們就開始。」

很重要的是團體成員這時候也要了解自己在這個階段的角色是什麼。很自然地，他們會假設自己這時候就是傾聽夢者說話，但是他們可能沒有察覺傾聽是需要學習的。傾聽是一種技巧，不像表面上看起來那麼簡單，需要對過程有充分的了解，以及很多的經驗與練習，才能學習如何建設性的傾聽。傾聽的技巧在下一章將會深入探討，總而言之，在這個階段團體成員的角色涉及到心智運作的轉變，由主動積極想像感覺轉變成傾聽。仔細傾聽意味著接收夢者全部說的話，但是不給予價值判斷，此外，傾聽還涵蓋記住夢者說的話，因為它將是下個階段團體與夢者對話的基礎。

安全因子

帶領者必須讓夢者切記她有責任監控自己的安全範圍，而帶領者要注意團體中沒有人會介入夢者的自我管理，這兩個過程是同時進行的。當夢者逐漸清楚夢要表達什麼，她也必須評估她是否能自在地分享這些內在經驗。有時候夢者能自在地分享，以及強烈想分享的衝動一開始就產生，但有些人則需要慢慢地發展，要累積更多的團體經驗以及對團體的信任。不過成員很快都會學到，分享越多，團體能給予的幫助越大。

發現因子

在上個階段的團體投射遊戲練習，我們希望的是發現因子已經開始在夢者身上發酵。當夢者回應團體並且將更多的聯想結合在一起，這個過程可能會讓夢者發現更多的想法。事實上，這可能在她回應的當中就會發生，她會突然地且很真誠地說：「啊！我發現了！」當這個現象發生，有時候夢者會覺得鬆了一口氣，而且很滿意，覺得沒有繼續下去的必要，如果她願意，在這個時候她也可以中止團體繼續讀她的夢。不過大多數的情況，夢者對夢的理解仍然是片片段段，通常都會要求團體繼續深入。

當夢者與團體分享了她的想法與回應時，她正在為第三階段發現因子的發展奠定基礎。她的回應將是後續探索的引導，夢者說過的話是團體得以在對話階段向夢者提出關鍵性問題的前提，這一點要謹記在心。

問題

這個階段一開始夢者有可能很不確定、很疑惑，不知道團體對她的期待是什麼，這種情況帶領者只要重複說明，強調夢者有完全的自由做她想做的，說她任何想說的話，以及想說多或說少，這一切都是夢者自主的。來自帶領者的再一次保證，可以幫助夢者克服一開始的困難。有時候她只是需要一點時間整理想法，因此帶領者在第二階段快結束的時候，要開始對夢者拋出信號，讓夢者警覺這個夢即將還給她，使她有時間思考她的回應。

夢者可能不是很確定她應該說多少，有些夢者誤以為她只能回應團體的投射，也有人錯誤的認為他們有義務回應團體每個人說過的話，無論他人的回應是否有意義。夢者沒有義務認可每個成員的貢獻，她應該只針對讓她有感覺的部分回應。

在介紹團體運作過程的時候，夢者已經清楚地被告知探索最近情緒脈絡的重要性，以及最近的情緒脈絡如何觸發這個夢。但是這有時也會被誤以為在這個階段不要談最近的情緒餘留，而是保留到對話的階段。的確，生活脈絡在下一個對話階段會被深入探索，但是夢者應該完全自由說任何她想說的最近生活事件，無論這些事件看起來是否與夢有關。

夢者對團體的投射可能有很多的回應，但是夢者可能需要一些經驗與練習，才能真正分辨哪些是真的，哪些是虛假的。所謂虛假的，我指的是夢者沒有真的感覺到與夢相關，但卻接受某個投射。例如一個非常容易被暗示的夢者，可能會被誘導接受某個投射，只是因為團體的強調，而不是團體給的回應真的讓夢者有感覺。一個真實的回應，本身具有「打開」的特性，一旦它滲入夢者思緒中，將打開夢者的視野，讓她深入洞悉這個夢以及發展更多想法，它有不可被否認的本質，感覺好像掉入某個地方，也正為下一個發現鋪路。相反地，如果是一個被引導而接受的反應，它的開始與結束將是平淡無奇的致謝——「我想它可能像你們所說的……。」

另一個可能發生的問題是當夢者只有很少回應，甚至沒有任何回應給團體，或者在沒回應前就很清楚地表明，她要中止團體的進行。她說：「你們已經說了很多，我可能要想想看。」類似這樣的回應，團體可能會很挫折，夢者也處於猶豫不決的狀態，帶領者陷入兩難。這時候帶領者最重要的是要記得，夢者有權利給團體很少的回應，甚至沒有回應，或者想要結束團體的進行，要克制自己不要鼓勵夢者繼續。以前有過這種情況，我當時對夢者這樣說：

> 你要在這個時候停止團體進行，這個完全沒有問題。我們一開始約定就很清楚，也就是你將掌控團體的進行，你如果不希望我們繼續深入，我們就停止。雖然我們在這裡是想要協助你了解這個夢，但是協助的深度完全由你的意願決定。我們跟隨你，讓你帶領我們到你要去的地方，我們不能帶領你。

我很自然地說出這些話，團體處在這種緊張氣氛下，我不知還能說些什麼。這種張力來自一方面團體如此地努力讀夢，熱切地想繼續下去，但是另一方面夢者似乎想要拉回，不讓自己進入這個夢。我所說的話有雙重效應，對夢者而言，這是再一次向她保證，我尊重她的權威，不管這對團體有什麼影響。在面對團體方面，我說的話協助他們一起面對團體的緊張，幫助、接受他們所做的投資可能不會得到任何回饋，也可以說他們的好奇心得不到滿足。他們只能在夢者接受的程度範圍協助夢者。然而在我說完之後，很意外的是，夢者改變了她的立場說：「或許我有一些話想說。」之後她開始傾訴她的感覺，賞夢過程最終持續完成。很明顯地，她相當矛盾要不要繼續，她需要再一次確認我們會尊重她的決定，強化她對團體過程的信任之後，也解決了她是否要繼續進行下去的掙扎。

通常帶領者可以在夢者回應結束之後，代表團體向夢者的回應致意，但並非只是出於禮貌，而應是有意義的，以真誠適當的方式表達，讓夢者感覺到我們聽到她的分享。如果夢者善用團體給她的投射而進一步理解夢的意義，你就說出來。如果你被夢者的反應感動，也將這感覺表達出來。

在進入下一個階段之前，一定要問夢者是否願意繼續，團體是後援的角色，除非夢者的邀請，否則團體不會介入。下一個階段是團體與夢者之間的對話，這也完全看夢者是否願意邀請團體繼續參與。如果夢者不願意繼續，帶領者就謝謝夢者以及對團體的回應，然後結束繼續賞讀這個夢。

在進入下個階段團體與成員對話之前，還有一個重點要注意，帶領者應該表達自己的意見，說明下個階段對進一步了解夢的可能性，也清楚說明決定權仍然在夢者。帶領者可以這樣說：「看起來你好像已經從團體中獲得很多，也許透過下個階段的對話，我們可以進一步協助你。」對有夢團體經驗的夢者，決定繼續毫無困難，但是沒有經驗的人會遲疑，對團體如何繼續也很迷惑，因為之前沒有經驗，她完全不清楚團體能提供什麼樣的幫助。帶領者可以再一次為夢者說明下階段的目標，重申最後還是由夢者決定。大致而言，夢者都會進入對話階段。即使夢者覺得在她回應團體的時候，已經對夢有很多的理解，下個階段仍然是提供進一步深入夢的契機。

第五章

階段 3B.1：開始團體對話：尋找背景脈絡

尋找背景脈絡這個階段對夢者、團體成員，以及帶領者的要求最多，有幾個重點必須先說明，團體與成員對話階段特別需要經驗與技巧。如果能適當的執行，這是整個團體過程最重要也是最有幫助的階段。之前的工作就像在調音，準備下個階段的進行。對夢者而言，這是如何有效運用團體的學習。對團體而言，這是學習如何與夢者互動的機會，學習如何協助夢者引出相關的訊息，但又不跨越夢者自己設定的安全界線。對帶領者而言，這將是一個持續的挑戰，確保團體不強取夢者的主導權。

在對話開始之前，每個人對自己的角色以及運作規則應該有一個清楚的概念。夢者要謹記下列的權利，我稱它為夢者人權法案：

1. 夢者仍然主導團體進行，而且有責任設定自己的分享範圍。
2. 對夢者提出的問題，邀請夢者回答，問題本身是夢者的工具，讓夢者探索自己內在的心靈。他可以自由地用任何他想要的方式處理那些問題。是否回應團體提出的問題，或者分享突然聯想到的想法，都是由夢者自己決定。如果對於某些問題他不想回答，他也可以表明，然後進行下一個問題。
3. 夢者有權利不受時間限制，思考團體提出的問題，他不應該覺得自己被迫要立刻回答問題。
4. 夢者可以在任何階段結束對話。

以下指導守則讓團體成員清楚在對話階段的角色，包括一些限制以及可能的機會。

在這個階段有三種不同的方式與夢者對話，每個方式都有其個別目標以及問題。在我們介紹整個對話階段之後，會考量它們之間的差異點，但是現在我們要討論它們之間共同的地方。在團體充分了解夢者的基本人權之後，應該可以理解我們不能以直接要求資訊的方式問問題。對夢者提出的每個問題必須被當作是夢者的一個工具，讓他自由運用與回應，而不是我們要求夢者給我們答案（例如你問某人現在幾點，你期待一個答案）。我們期待詢問夢者的問題能夠為他引出相關的資料，而夢者也很清楚他可以自由決定是否回應。

有一種問問題的方式無論如何都要完全避免的，我稱它是「引導性問題」。這種問題表面上看起來是個問題，但事實上，是提問題的人想要讓夢者理解他心中的想法。他們是「給資訊」而不是要「引出資訊」。例如，「你不覺得在夢裡的那個老人是你的父親嗎？」引導性的問題像是律師在法院的時候用來影響被告，或者企圖在陪審團腦海中植入自己的想法，這在夢團體工作中完全不適用，就像在法院也不允許引導性問題一樣，然而，在夢工作過程，我們會很輕易地提出引導性問題。

引導性問題有什麼不好？難道它提供給夢者的想法一定是錯的嗎？當然，它可能是對的，那看起來是好結果，因此或許我們可以這麼做。但是我們先暫緩一下，仔細看看發生了什麼事，以及是否有其他後果產生。引導性問題的本質是**引導**，但是我們團體的特質是**跟隨**夢者。我們只進入夢者已經開放的領域，當我們主動打開其他領域，我們其實是很狡猾地搶走夢者的主導權。如果這一再重複，它將侵蝕夢者的主導權，夢的詮釋權威將從夢者移轉到問問題的人。問問題的人可能非常有技巧，甚至在某個點上似乎非常有助益，但是問問題的人將接管這個夢，將夢者貶謫為依賴者的位置。

引導性問題很冒險，它們可能提高夢者的焦慮，也可能讓夢者很困惑。它們可能碰觸夢者尚未打開、甚至不想打開的區域。夢者可能會焦慮的猜想：「對於我的夢，這個人到底知道了些什麼而我卻不知道？」只要夢者的焦慮一提升，將會阻礙夢者對團體夢工作的信任。夢工作的成功與否要看我們是否能創造一個足夠安全的環境，使夢者能將她的焦慮放在一旁，很有安全感地探索尚未被發現的領域。一旦焦慮無端地被外在環境引起，這就像是個危險訊號，瓦解原來的安全感。舊有的防衛機制立刻主導，阻礙夢者傾聽夢所要傳達的訊息。

夢者與團體成員對話的經營能否成功，有兩個重要的關鍵技巧。我們已經討論了第一個技巧：提適當的問題。然而，想知道什麼問題是合適的，需要另一個更重要的技巧——也就是學習如何傾聽夢者，理解所有夢者說過的話。雖然傾聽看起來似乎不難，但是如果你要真正了解夢者，它可能需要到很多能力，包括：

1. 傾聽以及記住所有夢者從一開始自願分享夢到回應時所說的話（階段 3A）。
2. 傾聽她加強語氣以及帶有感覺的部分。
3. 傾聽哪些還沒有說的——在回應的時候，哪一部分的夢，或者最近生活脈絡哪些部分尚未被碰觸。如果這部分我們沒有聽仔細，我們就不清楚哪一部分夢者已經清楚，哪一個領域需要進一步澄清。
4. 不帶偏見地傾聽夢對夢者的意義，這是最難的，因為在階段 2 的時候，你腦海裡已經充滿許多有關這個夢的想法。有想法很好，但是要將它們放在後面，越後面越好。這些想法或許非常強烈，你很想要盡快表達出來，但是要記住，夢是來自夢者獨特的生活經驗，並非你的生活經驗。如果你想要成功地幫助夢者，你的方向是夢者的生活，而不是滿足你自己對夢的解讀，而仔細地傾聽夢者敘述是唯一的方法。學習如何更信賴夢者的分享以及如何促進這樣的分享，而非依賴我們自己既有的想法解釋夢的意義，這是一種很謙虛的經驗。我們太容易發展自己先入為主的想法，阻礙我們向夢者學習。

在提問題的部分還有很多重要的事項要學習，將會在對話階段的細節中討論。

帶領者與團體成員參與對話的方式是一樣的，只是在一個新的團體，帶領者要多一點問問題的示範，直到團體成員能積極參與為止。

在對話階段有三個步驟，它們的共同目標是要引出必要的資訊讓夢者能理解她的夢，夢者能感覺到為什麼有那些影像，畢竟，這些影像都是她創造出來的。我們的目標就是幫助她發現這些影像與意識知覺的關聯。本章下文將討論對話階段的第一個步驟。

探尋最近生活脈絡

夢源自最近的生活脈絡。雖然它並不止於現在，但是這是夢意識的起點。有一些最近的情緒餘留，直到我們睡覺那一刻仍然存在我們心中，當大腦開始做夢時，它們又重新浮現，並且影響夢境的主題。這些情緒餘留的本質是什麼？為什麼它們能扮演如此重要的角色形塑我們的夢意識呢？餘留的情緒之所以會有力量，是因為它們與我們過去尚未處理的重要情緒餘留相關。沒有一個人是完美地長大，我們每個人都攜帶著一些尚未處理的情緒，也因此，當我們邁向未來時，所要面對的不但是未知，同時也拖著這些易受傷害的區塊一起前進，形成雙重風險，只要輕輕一碰，就很容易碰觸到我們脆弱的區域。在我們成長過程中，其中一個脆弱處是我們被限制，無法自由與適當地表達合理的生氣。有些最近的事件可能讓我們有惱怒的感覺，或許這惱怒的感覺隱藏著憤怒情緒，但卻無法被察覺，原因可能是因為客觀環境不許可，但也可能是我們過去長期以來很難以表達我們的憤怒。無論是哪個原因，我們在面對不能控制的處境時都存留緊張情緒，一旦自發的感覺無法表達，這樣餘留的情緒最容易顯示在我們的夢裡。

當事情不是我們的錯，是外在環境所引起，我們的感覺又因客觀環境阻隔而不能表達，這時我們感受到妥協、被傷害、生氣、無助，與害怕。這些感覺將找到它們的方式進入我們的夢。有時候，事件讓我們不舒服，因為它們碰觸到某種過去所沒有的力量與正向資源，我們可能逃避自己壞的面向，但同時也會逃避好的面向。因為過去這些餘留的情緒可能是正向也可能是負向，我比較習慣用中性的名詞情緒**張力**（tension）指稱。如果我們將餘留的情緒視為某種**衝突**的顯現，通常我們會覺得這是負向的。但如果我們將情緒餘留視為入睡前的情緒張力，我們可以避開對情緒餘留的任何主觀態度。

我們一直使用**最近的**形容餘留情緒，如何才算是最近？這很有彈性。可能牽涉到最近兩天或三天，甚至更多天前的特殊事件，由於它們的回響仍然在持續中，因而浮現在夢中。有時候，外在事件不太容易被辨識，情緒餘留似乎來自內在，只是潛意識默想的活動，導致模糊不清的感覺或情緒張力，而反映在夢中。

這些情緒餘留如何影響夢的發展？這些特別的感覺似乎像磁場一樣，能夠喚起過去與這些議題相關的情緒片段。如果能記得足夠的夢，這些來自過去的參照資料通常是很清楚的。例如：「我發現我自己在小時候住的房子裡面。」有時候它們有點拐彎抹角，例如夢裡一個無法辨識的角色，可能與夢者過去某個認識的人有些相同特質。

為什麼夢者要花這麼大力氣喚起過去的經驗？我的解釋是如此：當一個最近的事件碰觸到過去某些未竟事宜，當夢者入睡，暫時與所處的世界分開的時候，身體或外在的刺激強度足夠顯現在夢中，夢意識發生在重複的睡眠循環週期中。無論是清醒或夢意識，我們都在評估目前的處境如何能幫助我們邁向未來。如科日布斯基（Korzybski, 1941）所說的，我們都是「被時間所捆綁」的生物體，我們能知覺我們的過去，有能力研究未來，我們對過去知道得越多，我們越能處於優勢指引我們的未來。

這如何能用到夢意識呢？讓我們試著想像自己是個夢者，就在進入睡眠狀態，意識結束的時候又突然經驗到意識，有意識意味著意識到某些東西。在沒有新的感覺刺激要回應、評估或行動的情境下，什麼事情可以占據夢者的意識呢？只有記憶，任何形式的記憶，藉著它的時間近期性與強度，強到足以侵入意識，成為夢者的注意焦點，我們所敘述的近期情緒餘留指的就是這種有侵略性的事件。如果我們能記住這個事實，那就是夢者無論在睡覺或者清醒時，他都正往未來前進，那麼我們就不難了解下一階段要發生的事，也就是說，夢者將如何評估這個最近侵入的感覺？他必須立刻評估它的涵意，他必須在睡覺的時候持續，他現在要面臨的問題是：「現在發生在我身上的事情，我是否能在睡眠狀態中處理？或者它會在醒著時處理更好？」夢者無法向外在詢問回答這個問題，要發現更多有關這個闖入事件的資訊，唯一的管道是掃瞄他的過去，並且探尋任何出現的記憶以及很久之前的情緒餘留，或者任何與此感覺相關的議題，越是能清楚整個問題的歷史脈絡，越是能指引他未來的方向。

如果夢境的影像已足夠包含事件對他激起的感覺，那麼他的睡眠週期不會被干擾，他會繼續睡眠狀態。但是如果這些感覺，無論是好的感覺或是不好的感覺，一旦超過一定的臨界點，夢意識將會中斷，夢者也會從睡眠狀態清醒。

讓我再進一步說明搜尋最近生活脈絡的重要性，也就是引發夢的內在與外在事件。在我們成年的時候，我們可能大略知道我們自己的缺點，例如我們可能清楚自己一直太被動或者過度依賴。但是這些抽象的知識對我們通常沒什麼作用，當我們解讀我們的夢，將夢境與某個生活情境連結一起，我們以很不同的方式體會我們的行為傾向，夢境具體又個別性地揭露我們的缺點，而我們之前知道的只是抽象的概念，我們並不清楚，我們的缺點如何彰顯在某個特殊情境，對於某些干擾我們生活的問題，我們卻完全無能為力，這些缺點原本在黑暗中運作，現在在夢境裡已經曝光，它們不會像是夜間小偷一樣，盜取我們對某些行為的控制權。它們像現行犯一樣被捉到，雖然它們可能會再犯，但是一旦我們發現它們如何運作，下次我們將有所準備。

連結過去的情緒餘留對夢者可能是最有用的，這是對話階段的首要任務。要達成這個任務，預備的工作是要盡量確實地知道做夢的日期與時間，做夢的日期甚至在敘述夢之前就要知道。如果夢者不能記得幾個星期之前夢發生的正確日期，但她能記得是發生在某個時間點，例如週末，這樣對夢者與團體在搜尋脈絡時也會很有幫助，可能因此而發現其他相關脈絡。

當我們傾聽夢者在階段3A的回應時，我們必須更注意夢者是否提起任何最近的生活脈絡。團體將會協助夢者回顧這些事件，並邀請夢者針對這些事件是否有任何進一步說明或感覺願意分享。通常有很多資訊會被抛出來，而夢者將有充分的機會分享。

我們首先來討論在團體聚會前一天的夢，夢者尚未參照任何最近發生的生活事件。我傾向從夢者入睡前最後記得的事件開始提問，通常這提供一個重要的線索。問題的形式可以有下列幾種方式：

「你還記得你入睡前最後一刻在想些什麼事情嗎？」
「你能記得當你躺在床上，即將入睡時，你的腦海裡在想些什麼嗎？」
「你能回想一天結束後有些什麼感覺仍然持續到入睡前嗎？」

夢者的回應總是有額外添加的材料，當你在傾聽夢者的回應時，在決定進入另一個問題領域之前，要先考慮是否有進一步詢問當前事件的必要，它的指標是什麼呢？為什麼要繼續追蹤呢？它的目的何在？讓我們以下列夢者的回應為例說明：

「我媽媽昨天打電話給我。」
「我看一個電視節目。」
「我在睡前讀了一會兒的書。」

夢者與我們分享這些事件，但是我們不知道這些事件的意義與重要性。我們知道夢不是來自事件本身，而是來自事件帶給我們的感覺。我們以第一個回應為例，後續的問題如下：

「讓我們回到這通電話，你能記得你與媽媽通話結束之後的感覺嗎？」

我們只是停留在夢者已經打開的事件，一旦夢者打開一個領域，如果看起來有指標性，我們可以繼續邀請夢者，對這個領域有沒有任何進一步的說明或補充。我們是跟隨夢者，而不是引導他。例如：

「除了剛剛說的之外，你能多說一點那通電話給你的感覺嗎？」

當夢者有機會探索這些感覺，與這夢相關的重要訊息可能會出現。即使沒有立刻出現，它也可能是未來探索的潛在重要資料，我們再以第二個反應為例：

「我昨天晚上看了一個電視節目。」

緊接的問題可能如下：

「對這個節目你有沒有要說什麼？或者，它讓你留下些什麼感覺？」
「這個節目是否有任何方面觸動你？」

有人看電視可能沒有特別的情緒，也有人非常情緒性地回應電視。它可能讓夢者啟動一些事情，但是夢者並沒有察覺或者忘記，一直到我們的提問將夢者帶回看電視的情境。另一個例子：

「我睡覺前讀了一會兒的書。」

再一次，後續問題的目標就是希望能將這個閱讀的事件轉化成伴隨閱讀之後的感覺：

「你能記得在你閱讀的時候，有任何特別的反應嗎？」
「當你結束閱讀的時候，你能記得之後的感覺嗎？」

這類的詢問都可以應用在對話階段，在進入下一個問題之前，完成任何具有指標意義性議題的後續提問是很重要的。當發現所得的回應很有限，可以繼續詢問夢者最近的情緒生活脈絡。如下列問題：

「如果你回顧一下昨天所有做過的事情（夢的前一天），有任何事情觸動你的情緒或者留下特別的感覺嗎？」

「工作上有沒有發生任何事情？或者有沒有從媒體聽到任何訊息觸動你？」

在最後，我通常問一個很一般性的試探問題：

「如果你回顧最近的生活，還有沒有任何讓你仍餘留一些感覺的事情尚未提起？」

夢者最近的情緒生活脈絡對於夢境的產生非常重要。我將以一個實例說明。

下列的夢描繪夢者緊張的感覺，這個感覺與她負責籌備我隔天要帶領的夢團體有關。她是一個高階層的行政管理者，在我們的團體即將要聚會的時候，她面臨許多沈重的個人問題與專業困境。她的夢很短，下面是整個夢的內容。

> 這個夢只是有關一個茶壺。一個很大、米黃色陶製的十人份茶壺，它的形狀樣式很神奇（她之後畫了一個草圖，顯示十個長方形的裝飾圖案）。一開始我並不喜歡它，後來我發現自己在一間小房子的廚房裡，那房子是在荒野上。廚房裡有一個很高大的女人，感覺上很溫暖。她用這個茶壺倒茶給我。當夢繼續進行，我看到這只茶壺的美麗，在最後，我對茶壺的感覺改變了。我喝了茶就醒來了。

夢裡的女人散發媽媽的感覺，在後續的過程中，夢者發現這個女人像是她的祖母，因為在她的記憶中，祖母總是非常溫暖。小時候她與祖母經常在一起：「祖母給我很大的空間讓我做自己。」夢者說。

這個茶壺是十人份的容量，剛好是參與夢團體的人數。夢者肩膀擔負著沈重的行政責任加上生活上其他問題，她並不確定是否能夠辦好這次團體聚會。當她回想這個茶壺的影像時，她的聯想強調茶壺的質樸與溫暖。她覺得它代表一種像母親般的照顧關懷情操，就像她與祖母的關係一樣。這給她勇氣進入一個在荒地裡（夢團體）不熟悉的房子分享她的夢。她需要那樣的安慰與滋養，因此引出早期經驗供給自己的需要。

如果這個夢過了許久之後才被分享，與夢團體相關的感覺以及她生活的其他議題可能大部分都會消失。

問題

在一個新的團體，成員在對話這個階段有著很難抗拒的衝動，想直接回到夢境，詢問夢者有關夢裡的某些影像意義。團體很難了解在這個階段我們不直接面對夢。我們的目標是重新建構夢者在感覺層次的個人經驗，當然我們希望在她面對這些感覺餘留時，與夢的連結會發生。我們用問題將夢者帶回當時的經驗，在下一個階段的對話，我們將使用夢裡的元素促進夢與夢者生活之間的聯繫得以浮現。但是在這個階段，我們的焦點是試圖將夢者帶回夢境發生前的一般生活情境，以及她在入睡前一刻心中盤據的感覺。

當然這樣的努力可能因為時間的關係而變得很困難，越是久遠的夢，夢者越是難以記起夢境前一天的情緒脈絡。但無論如何，將夢者帶回靠近夢境發生前的生活脈絡仍是很重要，我經常很驚訝地發現，可以被想起來的訊息是這麼多。當夢是幾個月前甚至幾年前，我們必須使用一些判斷切入問題。

最常見的問題是在一個指標性議題呈現之後，我們無法提出進一步的問題。有時候可能需要好幾個後續問題，夢者才能真正發現一個特殊經驗對她的意義。引導我們是否能提出切入核心的後續問題是我們的直覺，而不是特定的規則。我們只能盡量列出某些概略性的指標：

- 當夢者提到與她生活中某個重要的人發生某個事件，但尚未提起任何事件內容時。
- 當我們偵測到夢者提到某個特別事件時，語調中帶有某些感覺，但是並沒有進一步說明。
- 當夢者提起某個事件時似乎很疑惑或者覺得不妥當。
- 對於夢者提出的事件，當我們覺得比夢者有更多的反應時。

至於沒有能力提出後續問題可能是因為下列其中一個因素：

- 你心中盤據另一個你想問的問題。
- 其他成員打斷，因為詢問夢者一個不同領域的問題。

後續問題結束的關鍵點是什麼？何時該停止並且進入一個新的問題？最令人滿意的情況是當後續問題導致夢者明顯的「啊哈」反應，夢者察覺到有些相關性。當然最簡單的判斷是當夢者沒有進一步話要說時，就是我們停止的時機。

另一個重要指標是要能判斷有些議題可能不適合繼續追蹤詢問。每當我們要問一個問題，我們都要先問自己：「夢者是否有進一步邀請，或者我們可能被請出去？」當然，這也是依賴直覺的判斷，我們是否已經碰觸到夢者的私密領域。如果我們不能確定是否應該繼續，我們可以向夢者確認，譬如對她說：「這部分你或許寧願選擇保留，自己私下探索，這是你的特權，如果你願意，我們可以繼續其他的議題。」

除了沒有能力提出後續問題之外，這個階段另一個相反問題是問題過度反覆持續，花太多時間在某一個點，不但重複而且無聊。這也會導致花太多時間在對話階段，而使下面兩個階段沒有充分時間進行。總而言之，提問題需要有系統，尊重夢者的隱私，並且不要有侵犯性。

議題

醒著的時候，我們在隱喻形式方面的思考與想像不同於睡眠狀況。我們不太會將醒著時的經驗轉化成視覺影像，從隱喻的角度看待現實生活事件。因此，我們在睡眠狀態談論的自我與日常生活中經驗的我，這兩個我之間存在著很大的鴻溝。為了要幫助夢者橋接這兩個相關但不同形式的意識，我們必須協助他蒐集所有可能提供線索的相關資訊。線索來自感覺，如同之前提過，線索是來自重建近期主觀經驗的過程。夢境是主觀感覺的視覺呈現，而且它的影像是以隱喻的方式辨識，根據隱喻的力量讓某種情緒釋放。那裡頭有一種開放、遼闊的感覺，好像一個謎題被解開。

因為夢者在清醒的時候不會以隱喻式思考，他通常不清楚如何找尋解開謎題的線索。就像他在拼一個七巧板，裡面很多板塊放置錯誤，我們的問題可以幫他將每一塊板放對位置，提供他機會看到它們如何配合在一起。雖然某些板塊他可能不願意翻轉，不過這通常不是問題。他不願意不是因為他沒有意願，而是他還沒有察覺如何找到該被翻轉的板塊。揭露與發現是團體與夢者合作冒險的開始，在這過程，夢者本身要有意願、好奇、急切的心，以及是一個能提供協助的搭檔，夢在這樣的情境下比較能真正被看見。

如果只是簡單地詢問夢者前一天他的感覺餘留是什麼，我們無法引出近期情緒餘留的相關元素，這需要努力查尋，有技巧的提問，慢慢帶領夢者接近他睡前的生活脈絡，才可能發現相關元素。

注意事項

夢者或許在半夜中醒來但沒有夢，不久又入睡，醒來的時候才記得一個夢。這時候，我們的任務不僅是幫助她探索睡前的感覺，同時也要探索半夜醒來時的感覺，以及重新入睡前的思緒與感覺。

如果夢是幾個月或幾年前，我們可以問下列問題提供夢者線索確定做夢時間：

「你能記得夢是否發生在假日期間嗎？或者任何家族活動或其他場合？」

「你能記得夢發生那段期間的任何事件嗎？例如當時你住在哪裡？生活中有沒有任何重要的變動等等？」

在對話期間，每個人都可以自由地參與問問題。一旦議題有指標性，提問的人最好也被賦予機會優先提問後續問題。之後，如果其他人有後續問題也可以詢問。

這對話應該以生動活潑的方式進行，團體積極投入與夢者互動，當夢者已經用她所有需要的時間充分回應，在夢者結束回應與下一個問題之間不應該停留太久，以避免團體的沈悶。

要記得我們所問的問題是提供夢者尋找相關資料的工具，內在探索需要時間，夢者一開始回應第一個問題時，經常立刻地說：「沒有，沒什麼事。」這就是她僅有的答案。但是如果你再仔細觀察夢者，你可能會偵察到夢者並未放下這個問題，仍然還在思索中。如果真的是這種情形，重要的是要正視它，不要讓任何干擾發生或問進一步的問題，直到你得到第二個訊號告知你，夢者已經完全回應了，這期間的沈默可能很具有生產性，夢者會不預期地發現很多新的訊息，我們只是需要給一點時間讓夢者聯想。我們每個人被問問題的時候，都覺得被要求立刻要給他人答案，然而在夢工作中，有時在當下瞬間是沒有答案，夢者傾向否定回答。在這種情況下，「不」的回答通常指的是：「不，這個時候我還不清楚，不過如果你給我時間，我將會尋找答案。」夢者會運用你的問題開始工作。

在一個新的團體特別要切記的是，夢者需要一再地被提醒他的權利。對於團體進行過程不熟的夢者，告訴他問問題的主要目的是提供一種刺激，讓他能自我發現，他沒有任何義務與團體分享發生在他身上的每一件事情。夢者能否自在分享完全決定於他對團體的信任與舒適感。當然，夢者分享越多，團體能幫忙的程度也越多。在夢工作，開放的人收穫特別多，但是它要很自然地發生，不能被強迫。團體應該接受夢者謹慎小心的態度，儘管開放可能會導致一種失望的感覺，因為團體幫助夢者的能力將受到限制。

在離開對話階段之前，除了問夢者最近生活經驗的例行性問題之外，夢者在前一個階段（階段 3A）的回應，若提到任何特別有所感的生活經驗，要確認是否在對話階段有被提及與進一步探索。例如，夢者可能在回應時提到一個特別的朋友，或幾天前看的電影，但是當被問到近期生活經驗時，他可能認為這些事件不重要，自行略過不提，這時候團體可以針對夢者在回應階段提過的事件，提出後續問題。

最後要記得對話階段有幾個不同段落，每個段落都只有在夢者同意下才可以繼續。因此，在這個階段結束的時候，帶領者仍然要請夢者做決定，是否要繼續下個階段。

實例說明

下面的實例有關夢與近期生活脈絡的部分用仿宋體呈現，如果這個夢在幾週或幾個月後才被探索，很多最近的生活脈絡可能都會流失。

麥寇是個患有愛滋病的年輕人，他在團體已經幾個月，這夢發生在上一次團體聚會的晚上，那是一個禮拜前，在夢者的要求下，這個實例使用夢者的真實名字。

階段 1A：描述夢境

一隻漂亮的鳥，銀色藍邊的翅膀，也有一些紅色、黑色，與黃色，分配平均，顏色的組合以及優雅的飛翔姿態，讓這隻鳥非常的美麗精緻，在旁的每一個人（人物模糊，有些是同事）都驚嘆它的美麗。

我看著她飛翔，而同時我很焦慮。突然，她從非常高處直直下墜（就像被槍擊，但是她沒有被槍擊），噗通掉在草地上，落在地上時是坐著或者像是孵蛋的姿勢。

我注意到她看起來有點胖，事實上，像是一隻胖嘟嘟的母雞，肚子下面有很多的鮮亮黃色。這隻鳥自己生了兩個蛋，一個接一個，她是懷孕的。蘿拉與大衛在人群之中，好像他們與鳥的懷孕有關。他們滿面笑容，開朗地宣稱鳥懷孕是他們促成的。我以前對蘿拉的美好印象又回來了。

階段 1B：夢的澄清

麥寇確認夢中的人物：蘿拉是之前的學生，之後又成為他的同事，而大衛是她的未婚夫。在夢中，麥寇說他對鳥的顏色印象非常深刻。

階段 2A：團體分享夢中感覺

「我希望像鳥一樣自由飛翔。」

「我對自由的感覺與正在閱讀的《天地一沙鷗》類似。」

「鳥很動人美麗，我來生想當一隻鳥。」

「我覺得對鳥有責任。」

「鳥讓我生氣，因為她能飛出窗外，但是我不能。」

「我很想要它，因此當它飛走時，我很驚慌。」

「我關心注意它的生命過程。一開始是隻漂亮的鳥，之後它生了蛋，人生就是這樣。」

「雖然只是一隻年輕的小鳥掉落，但她卻懷孕了。」

「我覺得自己在飛翔，我覺得要起飛了。」

「我覺得很困惑，因為通常只有公鳥才有鮮亮美麗的顏色。」

階段 2B：團體提供隱喻意義的投射

「鳥代表心靈或靈魂。」

「鳥是我自己，一部分的自己，它想要逃離。」

「我的夢讓我想到伊卡魯斯（Icarus）飛得很高，蠟做的翅膀被太陽融化而墜落地面。」

「這隻鳥代表我多采多姿的想像力。」

「顏色代表精彩的生活。」

「蛋讓我感覺生命的延續。」

「鳥很美麗，會唱歌，但是它們很難捉摸，你不能與它們溝通。」

「那隻鳥可能是鸚鵡，讓人聯想到模仿。」

「我的夢境有點性別錯亂。」

「我的鳥一直幫助我成長，現在已經起飛。」

「我不懂蘿拉與大衛如何讓鳥懷孕。」

階段 3A：麥寇的回應

「對我而言最重要的事情是那隻鳥將會繼續生存。它除了有令人難以置信的色彩之外，其實看起來像是這附近的一種鳥。就因為它很嬌貴，讓我很想保護它。有關自由的感覺，你們是對的。它的飛翔非常優雅，讓你不得不看它。在夢裡，似乎真的從它（it）轉變成她（she），當她掉落，我很擔心可怕的事情將發生。她的外型改變了，她變胖，而且生了兩個蛋，她像是一隻復活節的雞。」

「我所知道的蘿拉與大衛是一對快樂的年輕人，他們的婚禮在十月，我和我的伴侶羅法葉都被邀請。蘿拉與一些從前的感覺有關聯，有幾年，我們兩個很親近，我是她的老師，幫助她打開內在心靈。我們在一起的時候，似乎在幫助她淡化她強烈的物質主義價值。自從她知道我的病，她似乎開始抽回，我們之間的關係慢慢疏遠，但是我記得我們之前的親近與美好的感覺。我覺得她忽略了我，我想對她直說我的感覺，這部分我還沒發現與夢有任何連結。」

「我記得夢發生那天晚上的事。半夜羅法葉的醫生打電話來，他說切片檢查結果發現有生命危險，像是一種結核病，醫生說他必須立刻用靜脈抗生素處理。這讓我很沮喪，我並沒有立刻告訴羅法葉，直到清晨才告訴他。當我真的告訴他，他說他的感覺就像被大卡車撞到。他住院了，病得很重，而且精神錯亂，我處於緊張與焦慮狀態，我害怕最糟糕的事情會發生，覺得會失去他，我覺得像是在地獄的邊緣，或許那像是在夢裡我對鳥的焦慮感。」

「蛋似乎是好的預兆，有力的象徵。鳥的確代表心靈，它很漂亮，它的美能觸及我們的靈魂。靜坐以及與靈性接觸對我很重要，但是我的焦慮仍然像滾雪球一樣持續擴大。在夢裡，鳥活下來了，我擔心它活不了，那種害怕撕裂我的心，我覺得我有責任。」

「那隻鳥感覺是雌雄同體，蛋讓我快樂。像是父母看到新生命的喜悅。它確定是我的鳥，我覺得與它強烈地聯繫在一起，驚嘆它的美麗。」

「蘿拉是一個很有內在美的人，而她的未婚夫外型好看、真誠、正直，是夢想中的男性典範。」

階段 3B.1：近期生活脈絡

麥寇樂意進入對話階段，這階段要深入探索夢者最近的想法與感覺。他已經在前一個階段提過夢前一天晚上發生的重要事件，不過他繼續強調那通電話對他的干擾與震撼，那天晚上他幾乎沒睡。唯一新的脈絡是他與一位女性朋友的談話，她充滿關懷與支持。

階段 3B.2：夢者傾聽自己的夢

麥寇邀請團體繼續。當團體成員大聲朗讀夢境最後第二段時，他補充：

「藍色是我最喜歡的顏色，藍色與銀色組合一起，更相互輝映。現在我記起來了，在夢裡有一輛藍色汽車停在我父母家附近的車道。」

整個夢讀完之後，他補充：

「她（那隻鳥）看起來很美麗、很自由，但是我一直覺得緊張，那是我那天晚上的感覺。那個墜落很奇怪，看起來是很危險的，但是她竟然活著而且能生產。她的懷孕與那兩個蛋是很好的預兆。對於蘿拉與大衛，他們很快樂地在一起，我覺得很好。我的伴侶與我考慮過與另一對女性朋友住在一起，共同擔任父母角色，不過這已經是不可能了。」

問：對於蘿拉與大衛在夢裡擔任父母的角色有沒有任何聯想？

回應：看到他們的感覺很好，他們是成功與快樂的組合，就像我相信我的伴侶和我也會很成功。我們四個來自很不一樣的背景。

階段 3B.3：麥寇邀請夢的詮釋投射

有團體成員提醒夢者之前分享過一個夢，是關於一個飛機正在墜落，而結果是重新復活的夢。

而我的看法是，突然墜落的鳥就好比是半夜裡不預期的電話，之後突然感覺即將失去伴侶，如同他有隻鳥在手上，但是卻即將要失去它。夢在幻想的希望中結束，他與伴侶的生活將繼續，會像蘿拉與大衛兩人一樣的快樂與多產，靜坐與現在參與夢工作，這兩個活動對夢者保持心靈飛翔則是必要的。

麥寇的最後評論：

「今天的夢與團體幫助我經驗與看到我生活中的美。」

階段 4：後續回應

一週過後團體又再次聚會，在下一個夢尚未呈現之前，麥寇與團體分享下列內容：

「鳥是代表心靈。象徵我與羅法葉之間關係的精靈，我會想到我們的關係是因為他就像鳥一樣有許多色彩，也讓我們自己本身像是存在著許多許多色彩。我們是很多不同極端的結合：白色與棕色，波多黎各人與德裔愛爾蘭人，天主教與共產黨，中產階級與勞工階級，城市與鄉村，內向與外向，一個喜歡詩，一個喜歡跳舞，一個是音樂的愛好者，另一個是建築的愛好者……最後兩人彼此相愛。」

「銀色的翅膀告訴我這段關係一些可貴的東西，但是翅膀周邊是藍色，有點悲傷感覺是因為要失去朋友。紅色當然是代表火般熱情，黑色則是我們一直面對的黑暗，但是黃色象徵我們內在的光。」

「在夢境看著鳥的這些人是我們的朋友，他們認為我們是成功關係的模範。」

「汽車是籠子，象徵我們在過去幾年的限制以及承受的高壓力，表達愛一直是個限制。生病也可能是籠子的一部分，在鳥籠裡的鳥當然是不會唱歌，也不會尋找自由。」

「鳥是自由的，而在我父母的車道裡則象徵數層的意義。在實際生活中，我與羅法葉曾經一起在我父母家中，我們覺得非常受限制。然而，自由在我生命裡一直是主要議題，我發現自由的管道之一是存在於關係之中，更具體的說，車道象徵接近家的入口，接近我的心，指出一個非常重要的議題。」

「突然急速下墜是那通來自羅法葉醫師的緊急電話以及即將來臨的住院

治療。我們的關係在這樣突然墜落的狀況下還能繼續維持嗎？鳥只是突然掉落在草地上，這是繼續存活的首要線索。草地——讓人感覺到土地、大自然、我們的根基。」

「從纖細有著美麗色彩的鳥轉化成一隻胖胖、黃色、毛茸茸的雞，這讓我想到復活節與復活。原本看起來是死亡，結果卻導致新生。那兩個蛋象徵我和羅法葉，以及我們未來全新的關係，有著潛能與發展性，卻也暗示著這段期間，關係是很容易破碎的。」

「蘿拉與大衛，他們是另一對令人羨慕的成功關係，事實上，他們是另一個兩個極端的真正結合，他們象徵我與羅法葉之間，快樂、年輕、未來充滿活力的部分。這些部分需要我們特別悉心的照護，讓我們可以度過這個階段的危機。夢中有關蘿拉喚起的舊有感覺象徵著復甦。」

「我同意團體一開始的某些評論，『我愛這隻鳥』、『鳥很強壯』、『蛋指的是生命的繼續延續』。」

「鳥象徵心靈、象徵自由，是美麗與存在。我仍然存留兩個問題。」

「那兩個蛋裡面會是什麼樣的（生命）？」

「它們什麼時候會孵出？」

第六章

階段 3B.2：播放夢：回到夢本體

播放夢，也就是將夢讀回給夢者，這個階段的重點與探尋脈絡一樣，目標都是希望夢者能自發地聯想，釋放更多的資料，最終促進夢者與他自己的夢連結。但是播放夢與生活脈絡探尋進行的方式完全不同，在這個階段，夢本身成為夢者的工具，而不是任何直接問題。下列是在階段開始前針對夢者的說明：

> 我們現在將邀請自願的團體成員，將你的夢以個別場景為段落，一段一段地讀給你聽，這可能會喚起你不少記憶，我們邀請你觀看每個場景以及裡面的所有影像，是否有進一步的想法或感覺要補充。在你運用夢境影像思索的同時，也可以參照你之前的回應以及之後團體協助你重新建構的近期生活經驗，這讓你有機會將夢境影像重現，並與所有被引出的資料相對照，看看你是否有進一步的聯想。在你傾聽自己的夢時，你或許會問自己：「為什麼那天晚上，我會選擇這些影像在我夢中出現？」
>
> 我們並不是要你重複你已經說過的話，只是要你再一次看看你是否有其他的話要補充。讀夢的人會將整段場景先讀完，在你回應之後，尚未提及的某些個別影像，團體可能會提出喚起你的注意，針對這些影像，看看你是否有進一步聯想，如果沒有則請不要介意，下一個場景總是還有很多機會，你可能會想到更多。
>
> 在你重聽自己的夢境時，可能會讓你記起對某個影像說過的話，希望這能刺激你有更多感覺想法出現，你可以很自由自在地整理自己的想法，不要有時間壓力。

安全因子

夢者的人權要全面考量，而且夢者仍然主導自己與團體分享的內容。

發現因子

比起第一次將夢還給夢者，現在夢者有較多資訊探索他的夢，這一次再度看自己的夢可能會更豐富。這個階段有另一個因子在運作，雖然不明顯，但是很重要。我們不是讓夢者沈默地回顧自己的夢，而是由另一個人大聲地一句一句念出來，用這種方式讓夢者面對自己的夢會產生很有力的衝擊。它讓夢具體化，它使夢更真實，像是外面的東西，與夢者感覺是分離的，從別人口中聽到自己的夢與在自己心裡想是不一樣的。就像讓一個對你有性吸引力的人觸摸你的肌膚與自己觸摸自己是不同的。雖然是相同的觸覺，但經驗的方式卻不一樣。以讀夢來說，如果夢者自己回想，他可能會略過或者忽視一些細節，這導因於我們無意識地對夢產生價值判斷，我們傾向以清醒狀態的角度去看我們的夢。但是當由他人呈現夢時，那種中立性會讓夢者除去原有的成見。我們如實地呈現夢者所創造出來的夢，而夢以更真實的方式被體驗。

夢的播放技巧

播放夢給夢者聽是有技巧的，在你朗讀夢的時候，你正讓夢者面對夢的神秘與情節。劇中的感覺與神秘性要注入在朗讀的過程，要避免單調地複誦。播放夢的人變成一位演員，雖然讀著不是自己寫的劇本，仍要有感情並且顧及其戲劇效應。原本夢是以第一人稱出現，現在則用第二人稱，直接面對著夢者朗讀。你可以稍微對夢做點變化，但不能刪除任何細節以及背離夢的內容。任何的誇大只是要凸顯、強調、指出不一致的部分，以及顯現尚未被夢者注意的影像，同時，尊重夢的神秘特質，這是夢本質很重要的一部分。

在開始對著夢者朗讀夢時，團體本身能記得夢者已經分享的內容是很重要的。有些時候，夢者在第二階段回應時，可能會提到所有的影像，但有些時候，對於夢境的影像，可能只會給予很有限的回應。這時候，在開始進入播放夢階段時，可以簡述夢者提過的部分，強調團體並不是要求夢者重複任何事情。當團體提出某些影像喚起夢者注意，而夢者並沒有任何線索與生活經驗產生關聯時，可以提醒夢者針對某個影像曾說過的話，這可以幫助他搜尋與那個影像相關的所有細節。提醒夢者夢境是被最近某些生活事件所引發，這可能也會觸動夢者進一步的聯想。

團體裡的每個人都可以啟動這個階段，朗讀夢的人也可以是啟動者，當朗讀夢的人已經盡力了，其餘的成員也可以接著詢問夢者問題。有時候夢者所談的影像或事件順序與夢境裡的影像並沒有任何關係，也就是夢者所說的似乎與夢境的發生無關，這時候應該請夢者注意，提醒他說：「但是夢裡發生的情形並不是像你剛剛所描述的。」或者提醒他說：「夢裡的那個影像的感覺與你現在所談的樣子很不相同。」換句話說，夢是我們的工具，我們運用在夢裡發生的一切影像與情節來幫助夢者在一定軌道上聯想。我們有責任在夢者面前呈現整個夢的內容，夢者可以隨他所欲，處理這樣的面質情境，但是團體要盡力幫助夢者努力解讀他的夢。

雖然夢可能看起來很片段分離，沒有什麼順序邏輯串聯在一起，但是我們仍要讓夢者明白他們在感覺或內涵上是持續發展的。故事情節在第一個場景開始，將在下一個場景深入發展，或許它們之間沒有明顯或邏輯上的關聯，但是它們在感覺的層次一定有關聯。

決定到哪個段落才是一個獨立場景，這可能是個難題。很多時候，夢本身的場景界線是很分明的，夢者在敘述夢的時候經常會說：「然後突然跳到另一個場景。」而當界線比較不清楚的時候，唯一的指導原則是思考一個場景會有哪些情節組成，通常場景應該有它們的順序，在前一個場景所引發的聯想，可能成為下一個場景的重要訊息，至於夢者本身當然可以自由地跳回之前的場景或者之後的場景，只要出現自發性的聯想，夢者可以打斷夢的播放，與團體分享自己的想法。

問題

我們之前已經提過一些可能會發生的問題。如果完全沒有表情地將夢讀回給夢者，沒有強調仍未被釐清的影像，這比較像是催眠，沒有刺激的效果。如果所讀的片段太短，夢者可能沒什麼反應，若是一次讀太長，夢者可能又無法一下子處理這麼多影像情節。帶領者若不能小心地讓夢者避免重複，夢者會以為自己被要求再一次提供他之前相同的聯想。

沒有經驗的帶領者必定會難以處理夢境的具體細節。也就是比較無法幫助夢者針對每個影像盡可能說出他想說的話，並且有能力發現外行人看起來微不足道的細節，邀請夢者進一步觀察。但是在盡力提出夢境隱含的訊息與夢者對質的過程中，也要衡量是否讓夢者因過多的問題而耗盡能量，這兩者之間要取得平衡，很不敏感地堅持要夢者面對夢境會產生不良的效果。

我先前提到，如果夢者對某個特別的影像沒有自發性的聯想，我們可以提醒他之前對這個影像說過的話，不過在重述夢者說過的話時要非常中立，也就是不能過度強調任何一部分的聯想，如果你選擇或強調某一件事而忽略其他，夢者會覺得你在企圖引導他往某個特定方向。這經常發生在團體有人覺得夢者已經有了聯想，這個影像的意義已經很鮮明，只是夢者本身還沒有察覺。無論團體成員的假設是對或是錯，這樣的舉動還是要避免。堅持這樣做的後果可能會導向讓團體成員產生越來越多的連結，間接地排除夢者深入自己的聯想。如果成員有自己的聯想或洞識，在團體最後一個階段可以直接向夢者提供自己的想法，不適宜在這個階段提出。

或許最常見的問題是不能帶領夢者接近夢境所要表達的訊息。有時候夢者可能對某個場景的解釋非常滿意，但是他所說的卻與在那場景所發生的情節差異甚大，或是不一致，我們要讓夢者注意到這之間的差距。整個團體唯一的工具只有夢，必須要有效地運用它。夢者可能用合理化防衛機制處理某個場景，表面上看起來很理智，但卻不能捕捉夢境的感覺與內涵，這時候應將夢者再度帶回到他的夢，讓夢者保持誠實。

議題

我們將夢讀回給夢者，這個過程讓夢者與自己的夢產生與之前很不一樣的關係。這好像夢再一次有它自己的生命一樣，但是這一次是在社會的場合，不只是夢者知道，其他人也認識這個夢。出乎夢者的意料，這種經驗夢的新方法產生新的洞察。在夢者分享一個新的洞察之後，我們經常聽到夢者說：「如果你沒有用這種方式將夢讀給我聽，我不認為我會想到這一點。」以強調夢特徵的方式將夢讀回給夢者，也就是它的戲劇性內容，會加強夢者欣賞自己的夢，對夢更有興趣，而促使夢者打開這個夢。

播放夢階段會產生更多的資料，因為之前已經為這個階段做了很多準備。在第二階段投射遊戲將結束的時候，我們將夢還給夢者並邀請她回應，我們給她充分的時間仔細地整合所有自發的聯想。之後，她將從第三階段的最近情緒脈絡的探尋中，透過團體提出的問題，更清楚認識自己做夢之前的生活感覺經驗。最後，在播放夢這個階段，她在團體的協助下，以全新的角度體會這個夢。

當更多的訊息逐漸浮現，夢者可能開始能連結醒著生活與夜間對生活回應所創造出來的影像。這整個過程培養夢者利用之前的訊息了解自己的夢，而不是依賴外在的權威者，以某種神秘的方式知道如何詮釋一個夢。夢者開始敏銳感覺到答案就在裡面，以適當的方式探索，她可以得到她所需的資訊。夢工作被去神秘化，沒有任何外在強加的權威，夢仍然可以被打開。

注意事項

在一個新的團體，如果你是團體帶領者，你必須先對團體示範如何將一個夢讀回給夢者，某個特別的影像如何深入發展，什麼時間點適合提出後續問題，要如何問，如何決定場景的段落，如何參照之前提出的資料刺激夢者進一步聯想，如何幫助夢者感受夢境要表達的感覺，並運用這樣的感覺探尋近期生活的點點滴滴。總而言之，帶領者要示範如何幫助夢者發現為什麼這個夢會發生在那個特定的晚上。

在一個持續進行的團體中，將夢讀回給夢者是團體所有成員的責任。帶領者可以決定是否鼓勵其他人執行這個工作，並指導他們如何做。這可能需要主動的示範，才能讓團體成員有技巧地讓這個階段發揮功能。夢境的離奇、不一致、轉折、微妙的感覺表達、看起來很小的細節卻是有很重大意義、夢境裡的名字或文字都可能有雙關語、夢裡出現認識或不認識的人所具有的意義是什麼，以及他們與現實情境的角色是否一致等，這些都將透過播放夢的成員逐步呈現。這也是在這個階段開始之前對夢者的說明，也是在過程中協助的重點。

有時候，請夢者將自己的夢當作是一齣戲劇可能會很有幫助。夢的開場出現的是他即將要面對的議題，中場是探索這個議題如何與過去相關聯，以及它對未來的暗示是什麼，在後援的資源以及我們面對議題的脆弱處，這兩者之間相互作用之後，可能出現新的曙光，在夢的終場企圖獲得解決答案。

當播放夢這個階段要結束的時候，夢者對夢可能已經有一定概念，覺得很滿足，團體可以在這個時候結束。帶領者可以詢問夢者是否願意進一步邀請團體進入下一個階段的對話——夢的交響樂章。

實例說明

麗娜的夢

下列的夢，不轉述階段 2 團體的投射。團體投射對夢者有意義的部分將整合在夢者的回應中，以*楷體斜體*表示，播放夢這個階段則以仿宋體區分。

麗娜是一位年輕的女性，已經在團體中好幾年。她在某個星期天晚上做了下列的夢。團體在當週星期四一起賞讀這個夢。

> 我夢到與一位女性朋友在一個室外的廣場。我們進入一個餐廳，那餐廳有巨大的電視或電影螢幕，看起來半透明，日光照在上面。我們可以從螢幕裡看到逐漸增強的波浪從螢幕背部撞擊，除了視覺影像衝擊之外，也伴隨聲音效果。事實上，它涵蓋所有感覺，讓你覺得它們是真的波浪，不是電影或電視，是真的海嘯（a tidal wave）。
>
> 後來我們開始覺得轟轟作響，好像海浪正在搖動整個地基，我非常緊張害怕，然而當這狀況正在發生時，我們就只是坐在那裡吃午餐，像平常一樣談話。我努力要讓自己鎮靜，假裝不受影響。
>
> 我裝作沒事地對我朋友說：「喔！那是海嘯（tsunami）。你知道那是什麼意思嗎？」我這樣做是想要表現我真的很鎮靜。而我這樣說的時候，真的讓我平靜下來。

夢裡的廣場是真的地方。裡面有一個花園，坐落在麗娜住的附近。她很清楚tsunami這個字指的是海嘯（a tidal wave）。她記得與她在一起的朋友名字叫作露西。

階段 3A：麗娜的回應

「我上個星期二在工作的時候看到海嘯（tsunami）這個字，而且也查了字典，它指的是因水底下火山爆發而引發巨大的海浪。」

「*有人說當你不知道真正要發生什麼事情，就堅持你所知道的*，我突然發現這個說法對我很重要。這個字tsunami就像是個支撐點，像是個魔術字，我喜歡玩文字遊戲，它們是活的。我從事編輯與校對的工作，我真的很喜歡這份工作。」

「*另一個觸動我的是有關女性能量的說法*（有人將海嘯比喻成女性的能量）。露西是我的好朋友，同時也是我的同事。幾個月前我們一起用晚餐，我們有很精彩的談話，她讓我對自己有些新的覺察。她所說的非常神奇，它讓我開始檢視過去的生活，很早期的自我，這過程很有張力，思想被激起，非常有趣。」

「我在做夢前一週感冒，身體很不舒服，我想回去工作可是沒辦法，到了星期天我才覺得好一點，那天我與男朋友在一起。我們一起去看他的父母，我愛他們的父母。那天晚上與平常不一樣，因為我沒做什麼事，我記得我想是否要買下現在住的公寓還是繼續租。我也在想，如果這是我的公寓，我將如何整修更新。」

「當時我也正在想著未來，當你生病的時候，你會想很多事情。在我生活中有幾個持續的主題。我很關心共產國家發生的事情，我很支持為自己自由奮鬥抗爭的人，這對我很重要，我總是希望它們發生。」

「我一直察覺到生命很短暫，人生很珍貴而且很容易受到傷害。就像地基被搖動一樣。」

麗娜邀請團體進入對話階段。

階段 3B.1：放大近期生活脈絡

問：你能多說一點關於訪視他父母這件事嗎？

回應：去看他父母感覺總是很棒。他們對待我就像自己的女兒一樣。我的父母很多年前就去世了，我的媽媽是我最好的朋友，但是她在我二十歲時就離開人間。我男朋友的父親知道我對文字很有興趣，有時候會為我保留一些文章。禮拜五那天晚上，我選了一個劇本要開始編輯，我已經與作者見過面，相談甚歡，我們討論到宗教，當我在編輯那個劇本時，我在想著宗教問題。同時也想著趕快進入工作狀況，因為生病，已經暫停一個禮拜沒工作了。

問：有關男朋友有沒有要補充的？

回應：他要我與他住在一起，但我喜歡我的自由與獨立。我喜歡現在這樣子，我不知道這種害怕的感覺從何而來，某種程度上，我害怕失去他。如果我失去他就等於失去我的「家庭」。同時我也一直害怕失去現在住的公寓，在做夢之前，我有與房東說話。

階段 3B.2：麗娜邀請播放夢

第一場景在「日光照在上面（電視螢幕上）」結束，當麗娜聽完這一段，她說：

「那廣場與我住所附近的廣場一模一樣，我經常去那裡。那是我喜歡的地方之一。當我在那裡，我覺得很快樂。」

問：對於露西出現在夢中有沒有任何要補充的？

在這點上，麗娜沒有任何補充。

問：螢幕呢？

回應：就像有人說的，它感覺上就像一個巨大的阻礙，我可以看穿它，它像是柏林圍牆，我可以看到這防衛的牆，而在同一時間我也在使用它，我自己的防衛機制，用它去征服某些事情，這些事情的強度與我自己能夠抵抗的力量相當。

問：以你對露西的感覺或者她在你生活上的意義為思考方向，想想露西出現在夢裡對你的意義是什麼？（回到露西這個影像，協助夢者以不同的方法思考，例如是字面上的意義露西就是真實的露西，或者露西象徵夢者自己另一個面向。）

回應：她非常讓人喜愛，我喜歡跟她說話。她與我一樣喜歡文字，她是個傑出的作家，也是個非常有靈性的人，我喜歡她也很佩服她。她唯一的問題是她現在的婚姻很不快樂。

剩餘的夢境依序讀回給夢者傾聽，她一開始的回應是沒有進一步要補充（這在夢工作裡非常普遍），但是只暫停了一下，她開始說出強烈的感覺：

「我心裡恐懼失去我的新家庭以及我的男朋友（她再一次暫停）……除此之外，我覺得在夢裡那種恐懼更像當時我失去我母親的感覺。或許這夢在告訴我如果我真的失去他們，那種恐懼是多麼強烈。在真實生活中，我還不覺得它真的會發生。但如同有人說，在我們生活中有些事情會突然發生，因此而改變了每一件事。」

階段 3B.3：麗娜邀請夢的樂章

團體成員提出了一些觀點，麗娜一方面想要維持她的自由，一方面又擔心失去她的男朋友與重新擁有的家庭歸屬感。我自己的理解如下文，雖然這些解釋是基於麗娜那天晚上的分享，但是在強調她的母親逝世對她的衝擊部分，則來自之前她在團體分享的夢。

> 夢似乎反映某種很深的危機感，它的出現與你當前所面臨的挑戰有關。你目前的生活型態是完全的獨立，可以自己做決定。廣場的出現象徵你現在的生活方式，你可以完全自由去做你喜歡的事。問題是，為什麼這樣的生活方式會被親密關係以及即將而來你所鍾愛的家庭所威脅？唯一能了解這點的方式是回到你當年失去媽媽的恐懼。你熱切關心個人自由以及獨立生活方式的議題（這些感覺在之前的夢工作中浮現），這是你保護自己免於再一次經歷那種恐懼的方式。這導致你將關係看成是限制（像露西的例子），因此讓你逃避永久的承諾，很多感覺都在這個兩難中打轉。特別是在你與男朋友以及他的家庭共度美好時光之後，你的男朋友提出，是你們住在一起的時候了，這兩難的議題就出現了。
>
> 你提出柏林圍牆，以及關切在東歐掙扎獲取自由的人，它就像你自己努力爭取你現在擁有的自由一般，這樣的生活方式被強而有力的直覺力量衝擊，這個隱藏的力量第一次被看見，這之間的界線是透明的。你唯一的因應方式似乎是藉著你對文字的神奇力量與知識，致力讓自己平靜。

麗娜很明顯地被感動，淚流滿面。最後她問我，我如何從這個夢知道她透過現在的生活方式在保護她自己。「這真是不可思議，而且我很震驚你能從一個夢推論出來，我非常感謝。我不想再重複過去那種崩潰的感覺，那是一種終極的毀滅。」

我將她所說的重點用她的話呈現給她看，讓她明白她如何一步一步地帶領自己朝向這個結論。她之前與朋友露西的談話以及感冒的發作讓她有空檔反思最近的生活。做夢前一天晚上，她強烈感受到自己發現一個適合自己的家庭，那像是海嘯一樣強大的力量，正在威脅她理想的自由生活風格，她想像中的自由生活是無法且沒有任何空間可以讓她對另一個人承諾。

在還沒分享這個之前，這個夢對她而言很神秘。在團體第一階段投射時，出現很多資料攪動這個夢。她開始察覺內在那個具有威脅力量的感覺，這感覺在她的意識中已經消失很久。夢者是一個很有自我的人，因為生病，工作落後，以及對公寓的焦慮感，這些加總在一起使她覺得很脆弱。

在對話的第一部分，近期生活脈絡詳盡呈現，強調她男朋友父母像對待女兒一樣地接納她，也很歡喜男友父母欣賞她對文字的興趣。她帶出關鍵的事件，也就是她的男朋友面對著她說，是兩人住在一起的時候到了。但是隨之而來的並非是快樂的反應，反而讓她察覺到個人自由的珍貴與重要，以及她現在是如何的快樂，她想單純地就這樣繼續下去。她感受到害怕，害怕失去愛與家庭，一方面又擔心現在的生活失去平衡。

在夢者聽到自己的夢播放時，她的洞察更加敏銳。她逐漸明白她用相同的防衛在對抗威脅，彷彿她是被這個威脅所攻擊。她的防衛機制是她的智識能力以及她的知識——例如，將注意力轉移，不面對海嘯給她的感受，反而探尋海嘯（tsunami）這個字的意義是什麼。在這個階段最重要的是她在剎那間的洞察，在害怕失去現在新家庭的背後，有著更深遠更痛苦的恐懼，這個恐懼與失去媽媽相關[1]。

在夢的播放階段還發現另外一個重點，當她第一次被問到有關露西，她

---

[1] 麗娜在本書出版前檢閱這個夢時補充：「我之後了解一些重要的事情。我的媽媽在德國出生（我祖母也是）。我希望她能活著看見她的國家自由。這對我的作用很大。」

沒有任何新的連結，後來再次邀請她想想她對露西的感覺，中間的關聯性才串連起來。露西在很多方面都是夢者自己理想中的典型形象，像是夢者的鏡子，除了一點不同，那就是露西的生活被困在一個不幸福的婚姻裡。

那問題來了，假設我真的如同麗娜所說，擊中要害了解這個夢的意義，這是因為我原來心理分析的專業背景？或者這種整合的能力是可以教授的技巧？雖然我自己的個人經驗是有一些影響，但是這個工作並沒有任何神秘性。只要不斷地經驗練習，我們都可以學習如何幫助夢者發現與分享相關的訊息。我們可以學習如何傾聽感覺以及伴隨著感覺而來的相關訊息，以及如何萃取這些訊息，找出背後將事情繫在一起的主題。它的確需要一些經驗才能抓到重點以及提出切中核心的詮釋投射。無論夢者多麼接近他自己的夢，在團體夢的最後階段，其他成員將以投射的方式提出最後統整，如果夢者經過許多的努力，在最後階段仍然對自己的夢覺得迷惑，成員的最後投射經常能讓夢者解除一些疑惑。

評論

在麗娜的夢工作中，傳達出很強烈的感覺經驗是不容易的，恰巧有很足夠的訊息浮現作為背景，讓夢境影像與生活事件戲劇性的相互對應。這位女性非常以自己的獨立能力與生活方式為榮，可以自由地追求她的興趣，也能慷慨地支持處於不自由社會的他人爭取自由，但是在面對與所深愛的人是否要進入長期承諾的親密關係時，她卻非常謹慎，小心翼翼。

這個夢有趣的地方在於我們注意到表面上看起來很小的生活細節，只有等到時間成熟了，我們才從夢境了解它們的潛在隱含意義。夢者在還沒有這個夢之前，「海嘯」這個字與它的意義已經在她的生活中出現。但是只有經過特殊連續事件之後，將這個記憶轉化成強而有力的隱喻呈現在夢裡，除了她原本對這個字智性上的好奇與滿足之外，「海嘯」字面意義的背後也證明她在面對現實生活的無力感。

有時候，對夢者最疑惑的是做夢之前的心情與夢境裡的感覺差距太大。麗娜之前的夢就是如此，當時她才剛剛辭去她的工作，成為獨立接案的自由工作者。她睡前的心情是很興奮愉快，因為辭去工作之後，可以擁有很多自由。然而在夢裡，她發現自己與一個男人在飯店的房間裡。「我覺得很恐怖，我的害怕是我很愚蠢地讓自己處在一個非常危險的情境，我覺得我將會被污辱與強暴。」對於夢裡的恐懼與無助，夢者覺得很困惑。這位女性處於某種撕裂狀態，一方面想要與所愛的男人建立長期關係的承諾，另一方面在自己的工作生涯上又強烈地想擁有完全的自由，不受任何限制。成為獨立工作者所帶來的自由，觸發她內在隱藏的害怕，也就是她正在體驗越來越認真的親密關係。

第七章

階段 3B.3 與階段 4：
夢的樂章：夢境與現實世界的連結

定義

我使用**編交響樂曲**（orchestration）這個詞來表達團體在最後階段的活動，因為成員很努力地組織與連結夢者所給予的材料，包括夢者真實的生活，最後以更聚焦的方式，提供自己的觀點，告訴夢者夢要表達些什麼。我們試圖要將夢境與真實世界連結在一起，成員提出的觀點或許是整體性的，或許只是一個片段。所謂**整體性的連結**是將夢當成一個整體，企圖揭露影像的隱喻邏輯，而且是連續性的展開；**片段性的連結**則是針對某個影像或某個情節本身提出連結，而不是以整個夢為單位。

在播放夢階段結束那一刻，所有相關的問題已經被提出，夢者也已經回應，夢者通常對她自己的夢已經比之前了解得更多。有時候，感覺上團體好像可以在這個時候結束，但是事實上可以做的事還很多。在前面兩個階段的對話裡，被引出的資料可能過於隨機，它們的意義還不清楚，夢者所做的連結是分散的，有很多的缺口仍需要連結，這就是夢的樂章階段所要做的工作。在夢者的要求下，所有成員被邀請提供他們所看到的連結，也就是夢境的影像與夢者所分享的生活脈絡之間的關聯。編交響樂曲似乎是很貼切的隱喻，因為我們企圖要將雜音與真正的旋律分離，團體成員在這個時刻變成指揮家，但是只能使用編曲家夢者所供應的音符。然而成員對音符的排列所呈現的音樂可能出乎夢者想像之外。夢者可能用同樣的音符創造不同的旋律，這也就是我們將成員所提出的連結視為個人的投射，它的有效與否要由夢者確認。主要企圖是希望連結夢者提供的資料與夢境影像產生隱喻性的連結，讓影像突出，很鮮明戲劇性地與夢者的生活連結。

在階段 2，我們是在完全不知道夢者生活脈絡的狀況下提供投射，那真的是我們成員彼此之間的投射，夢者在一旁傾聽，評估這些投射是否適用。但是當我們到夢的樂章這個階段，我們已經知道夢者的某些生活脈絡。在這最後一個階段的對話，我們假設夢者已經與團體分享她所有能分享的，或者是她願意分享的。我們現在的工作不是進一步搜尋資料，而是用我們現有手上的資料，試圖將所有東西整合在一起。如果我們成功了，我們將達到兩個目標，一方面我們幫助夢者更深入地看見她行為的本質與緣起，另一方面我們也同時向夢者傳遞我們的傾聽，也就是她的話被聽見了，她所說的不但被認真的對待而且很有用。

這個階段一開始要回答兩個問題：有需要編夢交響樂曲嗎？如果有必要，夢者本身想要嗎？第一個問題的答案通常是很明顯的，雖然夢者可能表示他有一些收穫，但是對整個夢或部分影像情節仍然有些不解，有很明顯的跡象顯示這個階段的必要性。夢者有時候會自我重複，或者好像困惑不解，這時候就表示進一步提問會有反效果，下一個階段需要的是在整合方面做努力。第二個問題則看夢者本身的意願，我們假設夢者回答是肯定的，以下是這個階段團體帶領的過程。

面對團體成員的說明

在你傾聽所有夢者的分享之後，有關影像內涵的隱喻，你們可能已經發展出一些想法。如果你覺得夢者還沒有看到你所發現的連結，現在將是你們提供整合投射給夢者的時機。你可以分享你看到的連結，以夢者說過的話為基礎，說明他如何以夢境隱喻他的生活處境。除非夢者本身覺得有意義，否則這些想法仍然是你們的投射。這是你們在所有夢者分享的內容中選擇部分重點，也是你們自己與夢所做的連結，是從你個人心靈過濾出來的，所以它只能被視為是你個人的投射，是否對夢者有意義，則由夢者決定。你可以僅提出部分影像，也可以以整個夢為單元。你們沒有必要以問題的形式提出來，但是夢者可以將你們的投射以問題的方式問自己：「夢真的有這個意義嗎？」

在編製夢的樂曲時，你必須只能以夢者提供的資訊為基礎，打開夢者尚未提起的領域，而不是以你個人的想法。重要原則就是跟隨（following），不是引導（leading），夢者的地位在這個階段仍然與之前所有階段一樣重要，這可能對你們是個嚴格限制。你們被要求運用你們的想像力發現新的連結來幫助夢者，但這些又都必須基於之前提過的訊息。事實上，你們跨過這個界線所提的見解不一定是錯的，只是在這個團體並不適合。在這個團體，你們並沒有被賦予統治權，自由地表達你們對夢的想法，你們是被要求協助充實夢的潛在隱含意義，而這些見解必須基於夢者所提供的資訊。

你們可以直接對著夢者提出你所編製的樂章。在開發夢境影像與探尋生活脈絡之後，我們的投射比之前有更大機會讓夢者反思她對夢不清楚或是疏漏的部分。只是與階段 2 一樣，這些只是個人投射，除非夢者同意這對她有意義。夢者可以自由地拒絕或接受我們的投射，或者她也可以只接受一部分。編製夢的樂章也不是每個成員的義務，你也不需要刻意製造，夢與生活如何組合連結的洞察是在你們傾聽夢者時自然發生的，它不是在播放夢階段結束之後就可以突然出現的。

這個階段常犯的一個錯誤是持續將這個夢想像是你們自己的夢，沒有以夢者的分享作為基礎，所提出的整體投射仍然基於你們自己個人的生活。另一個常犯的錯誤是向夢者提出進一步問題，想要確認你們的想法是對的，因為之前夢者的所有聯想內容沒有證據可以支持你們的想法，但是在這個階段我們已經不再對夢者提出問題。

對於是否要進行夢的樂章階段如果不是很確定，帶領者可以直接問夢者，有沒有很接近結束的感覺。她或許尚未達到結束程度，但是可能覺得已經夠了，不想繼續，但是大部分情況，夢的樂章是很受歡迎的。

面對夢者的說明

你可以自由回應或者不回應團體成員所提供的連結投射，你可以將這些投射看成問題，只有你可以判斷他們的連結是不是對的。不要覺得你有必要回應每個說話者，你可以只回應與你的感覺很契合的部分。當所有人都有機會發表他們的見解之後，你將被邀請回應，你擁有最後的決定權。

※　　※　　※

夢的樂章就像編交響樂一樣，是一種創造性表現，需要技巧與訓練。有些技巧與其他對話階段的技巧類似，包括傾聽的藝術，以及記住夢者所說過的話（透過記憶或現場筆記）。在傾聽的時候，不要先判斷它的重要性，不要讓先入為主的概念阻擋你的傾聽，更要隨時敏感夢者說話時的感覺與所強調的重點。在將所有東西整合在一起時，手上要有夢者所有分享的資訊是必要的條件。

這階段所涉及的養成訓練在於如何在夢境與夢者所提供的資訊範圍內，以個人的直覺建構夢境與夢者生活訊息的關係。這是非常困難的，有人可能會發現夢境裡某個影像或某個場景，仍然無法透過夢者所分享的資訊得到任何合理的解釋，但是他自己本身覺得某個解釋是對的，在這個時候最好還是要抑制自己的想法。無論這個人是多麼自信自己的想法是對的，或者多麼熱心想要協助夢者，只要夢境無法與任何夢者已分享的生活脈絡有所連結，萬一它被說出來將是個很大的風險，因為它可能打開一個夢者尚未打開的領域，或許這是他不願意打開的面向。對於那些有心理學或心理治療背景的人而言，總是有個衝動想要提出一般性的理論概念，即使夢者已分享的內容完全不能證明這些理論概念是合理的，這樣的衝動必須要被檢視。

傾聽的藝術

要學習傾聽不僅是要聽懂表達的內容，也要傾聽伴隨表達過程所發出的潛意識訊息。當你在傾聽的時候，一部分的你總是在感覺聽到的內容如何可能轉譯為夢境的隱喻，想要串連這兩者的關聯。你可能會一直出現很多想法，這些想法像模板一樣，需要一次一次被測試，只有那些通過測試而且夢者本身尚未察覺的想法可以在夢的樂章中提出。

我們的想法要持續地聚焦在夢者自發性的聯想，以及思索夢者的聯想如何反映在夢境。在夢者與我們分享訊息的時候，我們對於夢境出現的影像可能會有越來越多的想法，重要的是要讓這些想法從夢者分享的資訊產生，而不是執著於先入為主的概念，期待原來的假設有效。在你集中注意力傾聽夢者在說些什麼時，你也會注意任何浮現的感覺。例如，有些夢者說得好像沒什麼重要，但是可能會伴隨一個尷尬的微笑，我們必須要敏感背景音樂，也就是任何伴隨著字義以外的訊息。

我們很快就能學會仔細傾聽的價值，任何認真想要了解夢意義的夢者，如果你能給他機會，都會揭露解讀這個夢所必須的資訊。經常，夢者可能會說很多與夢不相干的事情，直到它們在最後夢的樂章時被統整起來。夢者對一個夢提供的資訊會比他自己所能察覺的還多，當你持續傾聽，你可能會突然靈光一現，發現夢者說過的話與夢境的隱喻有所連結，但是夢者本身可能尚未察覺。這些發現就是在最後夢的樂章階段成員提供給夢者的投射。很顯然地，在我們提出連結時，必須以夢者所分享的資料為基礎，我發現我不能將夢者所有說過的話記在腦袋裡，因此我採用大量記筆記的方式。

我發現思索夢者帶入睡覺的問題以及這個問題如何顯露在夢中是非常有幫助的。我在聽的時候，會在心中試圖建構夢者在做夢時的感覺景象，就在他入睡前的想法以及感覺是什麼？浮現表面的需求是什麼？暴露了哪些脆弱易受傷的地方？夢者正處於什麼樣的困境？哪些情緒力量聚合，促使這些特殊的影像在那個晚上出現？我能鑑定出夢者在睡前心中有哪些關心的議題、情緒張力、兩難、心中盤據的事情、不確定性、衝突或者任何期待，在這個階段的連結，夢一開始的場景是很重要的，像個序幕，拉開生活脈絡，夢者在階段 3 一開始對團體的回應也是很重要的線索，它提供我們探索夢者在做夢之前，盤據在心中最重要的事件，以及它如何反映在夢境中。

夢的樂章帶領技巧

在早期帶領讀夢團體的時候，對於是否要鼓勵成員提出他們最後對夢的連結投射，我是很矛盾的。雖然我發現它是很自然地發生，也是幫助夢者將所有東西整合在一起的有效方法，但是我並不確定這種整合的技巧可不可以被教導，或者它必須要有很多年對夢的臨床工作經驗，才能有這樣的能力。後來我還是決定鼓勵成員試試看，而結果仍是百味雜陳。我很驚訝團體成員熱切嘗試要提出他們的觀點，以及剛開始要能有效地幫助夢者是如何地困難。能夠提出讓夢者感動的觀點需要各種能力相互作用，包括直覺、傾聽的能力、能辨識夢者顯露出的感覺與情緒流動、注意**所有**夢者說過的話與分享，以及對隱喻有敏感度。這些都是原料，然後我們期待不預期的靈光乍現，讓所有材料可以整合在一起。一旦擊中核心，夢者會感到很契合。我們都知道發現真相的滋味是什麼，無論擁抱它時是鬆了一口氣，還是反作用地讓我們陷入痛苦中，那感覺很真實。這種真實感讓我們有機會從掙扎中成長，發現新的自己。夢工作是提供我們與真實相遇的一個非常直接的途徑。儘管在最後夢的樂章階段提出的投射很短，或者沒有將整個夢整合，它仍然很有助益。成員在最後仍然以個人投射的身分提供對夢的一些洞察，就像在前面階段 2 的隱喻感覺投射一樣，一個錯誤的投射也能幫助夢者釐清她沒有感覺的部分，或者確定某個影像並不是那個意思。在界定夢境不是哪些意義的過程，她通常更靠近夢的真正意義。

要在最後夢的樂章階段，針對夢與現實生活提出一個有效的連結投射，這需要一些準備，與在階段 2 將夢當作是自己的夢所投射的性質不一樣，讓我們進一步仔細探討如何發展一個有效的連結投射。

在團體成員被邀請與夢者分享他們所做的連結時，成員的洞察並非在那當下突然產生。當然，這也有可能，不過更可能的是，一個有效的投射通常有一段先前的孵育時期。這種對夢境自發性的洞察，在成員傾聽夢者對團體成員提出的感覺隱喻投射，回應就已經開始，一直持續到團體與夢者之間的對話結束。如果成員沒有這種自然發生的洞察，而又覺得自己應該提供一些意見時，這時候他的語調會有點牽強，或者是抽象性的觀念或理論，不像自主性發生的領悟那樣，充滿鮮活新穎的感覺。

一個人越懂得如何傾聽夢者，類似自發性的洞察越容易切入重點。想法始於夢境的各種可能意義，想法不會死板地固定不變，它們將一再地透過夢者分享的資訊被檢驗，這也就是說，一個人的觀點不斷地根據逐漸浮現的資訊而調整，而不是選擇資訊來符合自己固有的想法。

對夢者而言，分享夢是非常個人以及非常感動的經驗，在能力範圍內，我們所提出的連結投射某種程度上回應這種分享夢的感受是恰當的。我們可以明顯地感覺到夢者一直在掙扎要靠近她的夢，我們嘗試體會夢者給出的感覺，經常以強調的語氣回應給夢者，指出夢者尚未發現的連結。連結投射可能聚焦在雙關語，或者夢境裡出現的數字代表的意義，因此會出現新的而且令人意想不到的連結，這些曾是被夢者所忽略的。一個不尋常的影像或者對一個普通的影像有不適當的反應，這都可能是打開夢意義的線索。通常，幫助夢者看到夢境裡的人、物所指稱的意義，這能有效地擴大夢者的視野。

將這個階段的任務說明清楚是非常重要的。它的目標是有系統地將夢者提供的所有資料轉化成已經被提起議題的知識，夢者的近期生活脈絡如何讓這個議題轉動，這個議題如何在夢境裡用影像以隱喻的方式表達，以及夢境影像如何反映夢者探索以及處理面對這個議題的方式。成員要問自己的是，「仔細考量夢者所說的，哪些夢境的元素已經被照亮？」雖然在這個地方直覺與靈光一閃的洞識扮演一定的角色，但是他們對夢者是否能有助益，仍然要看我們是否傾聽夢者的話，以及夢者說話時細微的情緒變化，我們是否有能力偵察隱喻性的連結，以及我們是否有能力盡可能地運用夢者自己的話形塑我們的交響投射。最後這一點特別重要，我們越是貼近夢者的話，我們的努力越能成功。我們雖然是在提出自己的投射，但是我們仍希望那不僅僅是自己的投射，而是真的希望它能反映夢的意義，能讓夢者產生共鳴的投射。要能成功達到這個目標，我們必須將夢者給我們的資訊內容與夢境裡的影像平行排列，而且要盡可能的精簡，讓每個人都有機會在有限的時間裡提出自己的看法，一個好的連結投射應該清楚，而且夢者也會心有戚戚焉。

最後，在我們努力要看穿影像與意義之間的連結時，我們是否已經有能力確認任何具體的共同性問題？下面這些問題經常是我們邁向成熟過程的絆腳石，它們很容易出現在夢中。

- 我們如何適當地處理我們的感覺？例如一邊是生氣，而另一邊又是柔弱溫暖？
- 我們如何地容易覺得罪惡感、自我貶抑、自我否認？
- 對於需要他人的照顧與支持的程度，我們有多少察覺？
- 我們在以他人的需要為目標時，我們付出了什麼樣的代價？犧牲自己的需要到什麼程度？
- 我們盲目地接受來自個人、社會、機構的安排，而他們究竟如何局限或危害我們的人性？
- 我們否認或壓抑自己內在真正的活力到什麼樣的程度？
- 我們被動地隨波逐流到什麼程度？

有時候夢者可能已經覺得非常了解夢境影像所要傳遞的感覺與訊息，但她還是邀請團體繼續進行最後階段夢的樂章，傾聽成員的看法。在這種情況下，夢者從團體成員的投射所獲得的，可能不是進一步澄清夢境影像的意義，而是感覺到自己被傾聽，確認自己感覺的正當性。直到這個階段之前，夢者一直與自己的感覺獨處，她可能不是很確定自己感覺的真實性，直到她聽到這些感覺也反映在其他成員的投射裡。給出的感覺又接收回來是很重要的，經常比實際涉及的內容還要重要。夢者深入分享一些非常個人的感覺之後，看到這些感覺深深地引發他人共鳴，這結果會讓夢者覺得非常自在與感恩。從夢者的回應，我們經常可以感覺到夢的樂章對夢者多麼有意義。夢者可能點頭、微笑，或者發出「啊哈」的反應，不一定用文字表達。一個成功的連結，其指標是它能夠幫助夢者引出更深入扎實的資訊，夢者可能會進一步釐清一些細節，或者一個全新的意義可能會突然出現。

有關成員如何提出夢與現實的連結，我簡要整理下列兩項要點：

1. 團體成員對夢與生活脈絡之間的整合連結是以個人投射的方式直接對著夢者提出，對夢者是否有效仍然是個疑問，不是絕對的答案，只有夢者本身確認之後才具有解釋性。事實上，我們只是在問夢者，我們所說的是否帶引她更靠近她的夢。雖然我們並非以問句的形式提出我們的看法，但是它的意圖就是如此。

2. 最後階段的整合連結投射與階段 2 的感覺隱喻投射是有所區別的。兩個階段的目的都是希望夢者能從成員的投射中得到一些協助，但是前面階段的投射是成員將夢當作是自己的夢，而最後的投射則是直接面對夢者，成員的看法則以夢者所說過的話或提供的訊息為基礎。

當你在回顧夢者說過的話時，下列有幾個問題要謹記在心：

- 在你從頭到尾看一遍夢的內容時，有沒有任何進一步的洞悉產生？
- 比較夢的開始與結束氣氛是否與夢者揭露的內容有相契合之處？
- 如果將夢境裡的角色，無論是真實人物還是虛構的，視為夢者各種不同面向的自己，是否可以讓夢境清晰一些？
- 夢境的後段或結尾是否可以被視為是企圖要解決夢境一開始所提出的問題？
- 夢境裡的影像雖然有時在不同的場景，有沒有可能是表達或發展同樣的主題？
- 是否感覺到夢在碰觸夢者不同層級的人格？你能將夢視為是夢者長期生活架構的一種表達，偵測到夢者不同的性格面向嗎？
- 有一些議題，普遍性地發生在我們每一個人的身上，這些會占據我們的夢意識，看看下列的議題是否能應用在夢境理。
  ⑴有關自我認同問題：我是誰？我的生命意義是什麼？我究竟要什麼？
  ⑵被動與主動：夢指出了夢者對於目前困境不恰當的被動或主動立場嗎？
  ⑶為自己存在還是為他人存在：夢者是否提到她的生活一直以符合他人的需要為導向，而沒有滿足以及意識到自己的需要？
  ⑷自由或局限：感受到自由是生命基本的品質。夢是否有關這樣的自由被外在環境限制所破壞？夢者是否正在掙扎要發展生命的自由感？

⑸依賴與獨立：夢者是否正在掙扎，某種程度上她是在依賴有權力的人，害怕採取獨立的立場。

我只能說，夢的樂章這個階段，成員的任務似乎是複雜又困難，我再一次強調，團體一開始的發展技巧對這個階段是很重要的。這些技巧包括如何蒐集夢者提供的資訊，如何根據夢境的情節影像重新將資訊排序，最後才能使夢境與夢者的現實脈絡相連。如果夢者很開放要探索這個夢，而團體也很成功引出適當的資訊，這中間的連結會很自然發展出來。像偵探一樣，我們要學習使用每個可能的線索，以及學習如何區辨真的線索（夢裡的感覺與資料）或是假的線索（將我們的想法強加在夢上）。

安全因子

儘管在夢的樂章，我們所提出的夢與夢者現實生活的連結是以夢者所提供的資料為基礎，我們對夢的整合仍然是我們的投射，這點一定要讓夢者清楚地了解。如同在階段 2，夢者可以自由地接受或拒絕任何成員的想法。每當我說完對某個夢的看法與其意義之後，我都會清楚地說明這是我的投射，而且對夢者是否有幫助仍是個問號，要夢者自己做最後判斷。

發現因子

這個階段成員的投射可能會很短，對夢者可能沒什麼意義，但也可能擊中要點，而引發夢者更深度的回應。有時候，它們會幫忙打開一系列新的連結，讓夢工作很適切地結束。這時候夢者會帶著兩種感覺離開，一來因為可以了解夢在說些什麼而感覺到滿足，其次是感覺到他所說的話，別人都聽到了。當最後一個成員的連結投射結束之後，夢者將被邀請做最後的評論。

整個過程在夢者最後評論之後結束，帶領者謝謝夢者分享夢以及試圖打開這個夢的所有努力。

夢者在最後步驟結束之後，多半覺得與自己的夢很靠近，往後自己可以繼續探索，但有時候，夢者對他的夢並沒有完全整合，或者沒有足夠的時間繼續探索，有另一個方法可以補救，我將簡單敘述。

正式的夢團體雖然已經結束，但是經常仍以非正式的方式持續進行，我稱它是「車庫症候群」，也就是團體結束後，參與者經常聚在我家的停車道旁，繼續對著夢者提供他們對這個夢的一些看法。團體結束之後，夢者與團體成員都一樣，自由離去，我不知道這樣自發的互動是否干擾了夢者，不過很多對夢者非常有幫助的看法偶爾會在這個時候出現。

問題

這個階段比較嚴重的問題是有人在提供夢者交響投射時，只是以個人對夢的感覺，很少以夢者說的話為基礎。也就是，這個人仍然像在階段 2 一樣玩遊戲，仍然將夢當作是自己的夢。對某些人似乎很難理解，在階段 2 結束時，當我們把夢還給夢者，這個夢就不再是自己的夢。他們無法看到這個事實，也就是他們必須試圖連結夢者說的話與夢境所表達的意義，夢的樂章並非是毫無拘束的詮釋活動。

有的夢者在播放夢之後已經感覺到夢打開了，團體可以在這個時候結束，但是因為感覺有團體義務，所以繼續邀請團體進入夢的樂章階段。在這種情況下，當帶領者邀請夢者是否繼續下個階段時，夢者比較典型的反應是：「好吧！如果你們（團體）想的話。」這時帶領者仍要指出，要進入夢的樂章的唯一有效指標就是夢者本身想要，而不是團體想要。

也有夢者在播放夢之後仍未達到整合的階段，但是要繼續深入卻覺得不自在。如果帶領者感覺到夢者有任何遲疑，他應該要介入並再一次向夢者保證，如果他想要在這個階段結束，是完全可以接受的。

如果無法仔細傾聽，可能導致所提出的觀點夢者早已經察覺了。

心理治療師在團體中經常從專業理論中引用專有名詞，而非源自夢者所說的。這問題不在於理論是對的還是錯的，而是來自夢者的材料是否能適應這個理論。

有時候，團體成員被夢者在分享夢的過程感受到的痛苦與沮喪影響很深，他們在夢的樂章的投射似乎只是在給夢者一些保證，類似「你一定不會有事的」來安慰夢者，而不是連結夢與夢者生活。他們忘記了，對夢者最好的安慰就是讓夢者碰觸自己的夢，了解自己的夢在說些什麼，任何其他刻意的保證與安慰都無法帶領夢者更接近他的夢。

提示

1. 當你在階段 3 進行過程中，逐步傾聽來自夢者的敘述，以及任何他提供的訊息，你有些什麼感覺？夢者一直在強調哪些重點？
2. 你能重新建構夢者在做夢這個夜晚入睡前的感覺嗎？
3. 你能將你所聽到的夢者最近的生活脈絡與夢境影像的隱喻做連結嗎？
4. 如果將所有夢者分享的訊息列入考量，你能確認夢境影像所要強調的主要議題嗎？
5. 你在提出你對夢與夢者生活之間的連結投射時，你是否盡量用夢者的話？
6. 你是否給予夢者機會回應成員的投射？

避免的陷阱

1. 整合連結投射必須是自發的，自然而然產生的想法，絕對不應該只是因為時間到了，強迫性或者勉強地提出。
2. 避免使用理論概化，特別是夢者所說過的話並沒有線索支持這樣的推論。

3. 夢已不再是你的，避免談論你對這個夢工作的感覺，這已經不像階段2，將夢當作是你自己的夢解讀。
4. 在提出的交響投射時要謙遜，範圍不要太大，試著預先想一遍，在生活脈絡與夢境影像的連結上盡量簡要，團體成員的投射最好是不要太多，短一些，而且要能切入核心。
5. 不要重複夢者已經知道的。
6. 避免重複別人已經說出的想法。
7. 避免在夢的樂章階段問夢者任何進一步的問題，在播放夢這個階段結束之後，就不應該繼續詢問夢者問題。
8. 避免利用夢的樂章階段當作是肯定夢者的主要管道，成員提出對夢精確的了解對夢者是最需要的，也是最真實的肯定，無論它將帶給夢者什麼樣的感覺。基本上，每個人想要給夢者肯定的衝動是非常強的，但是如果以此為主軸，在夢的客觀探究上將要付出代價，對夢者反而是沒有意義的。在夢工作，只有真相才是夢者真實的保證。
9. 不要急著提出你的連結投射，讓夢者有機會回應上一個。
10. 最後，要確定夢的樂章階段是夢者需要也是想要的，否則它可能會重複而且造成反效果。

實例說明

安是一位六十出頭的女人，在她參與夢團體之前的一年，她的先生去世。這個夢揭露她失去丈夫後所面對的持續性痛苦與掙扎。她是一位非常有才華、有創造力的女人，她正試圖要為自己重新建立新生活。在夢的樂章，成員的連結投射將以仿宋體標明。

安的夢

當安介紹這個夢給團體時，她表示她已經知道這個夢在說些什麼，只不過有幾個影像讓她覺得很困惑。夢發生在一週前（星期四）：

> 我以為我在我的公寓，我以為我從我的房間裡出來，但是當我從房間裡出來，它根本就不是我的公寓。它看起來有很大空間，像是正在建造的公寓，每一間有三面牆。有一面牆不見了，所以你可以看見裡面。我很疑惑我到底在哪裡，我問我自己：「我在哪裡？」
>
> 我看見其中一個半成形的公寓裡面有一位紅頭髮的女人正在油漆牆壁。她用的是一種可怕的綠色——淡黃綠色（chartreuse），我讓她看她應該用什麼顏色。
>
> 然後我開始轉身去找我的公寓，我看到一個非常扭曲的房間（指的是她公寓的客廳，我們正在聚會的地方），好像地板中央有一個圓圈被剪下來，平放在一個地板上，上面蓋著這個地毯（夢者指著客廳的地板），有一部分的地毯被翻起來，所以你可以看到地毯的內裡。
>
> 然後我走進我的臥室，我抽屜裡的盒子不見了，有人說他們已經將它鎖在地下室。我心一直跳，就醒來了。

團體在階段 2 的投射內容不再詳細記錄，從夢者的回應，有一些明顯對夢者有幫助，我將用加*楷體斜體*呈現。

安的回應

「有些東西對我而言是很明顯的，有些則不清楚。」

「*地毯從我的腳底下抽走*——這與上個星期四晚上我對生活的感覺完全

一樣，好像我正在穿越一個轉折點，我以為我正往上走，但是我卻一直撞到一個新的底部。那一天，我覺得很沒有希望，在夢裡，地毯翻面，好像有人已經準備好要將地毯抽走，留下我不知在哪裡。」

「有人說*盒子指的是心*，似乎是對的。」

「*地下室就像是潛意識領域*——這與最後的議題有關，終於接受我先生的死亡。他現在已經在我的潛意識，我必須讓這件事在那裡安息。」

「*有人提到，失去方向感是與感覺隔離*——在他死後，每個人都認為我很善於處理我的感覺，其實我是不承認我真正的感覺。我想要展現堅強與整合，在夢裡我害怕走出去進入這個半成形的公寓[1]，好像是我已經到達一個關鍵點，我在對自己說：『離開那裡，往前移動，不要有任何藉口了。』」

「上個星期有一個很大的展覽，與我的事業有關。過去這一整年，我還沒嘗試讓自己在公共場合露面。我在這個行業[2]很知名，上個星期四，我仍然不確定我是否有勇氣出去，我覺得顫抖害怕，也覺得失去方向感。」

「在這同時，我在想與上次提到那個男人的關係。已經到了我必須做決定的時候，我知道我將他當作是支撐我的枴杖，我也清楚這樣做不好，可是如果我結束這段關係，我會覺得沒有安全感。現在已經到了我必須採取行動的時候，否則我將不會敬重自己。我不知道這如何反映在夢裡，結束那段關係就像另一次將地毯從我腳下抽走一樣。」

「我不知道紅髮女人是誰，她看起來像我認識的一個女人，但是我不明白這如何與夢相關。她是一個非常戲劇性的人，四個禮拜前我在一個聚會遇見她，她與先生一起來，而她的先生是一個侏儒，我很驚訝，因為之前我不認識她先生。這件事讓我窒息，但是我不知道這與夢有什麼關聯。」

「我感覺到夢對我很有意義，因為之後它影響我很深，我開始走出去，大步地走入世界，也讓我的關係恢復秩序。我上個週末真的出門了，開始覺得我並沒有完全乾枯耗竭，也許我的人生又開始有些選擇。」

1　在寫這個夢時，我忽然想到她使用 semi-apartment（半成形公寓）這個字，可能指的是她失去先生。

2　在她的丈夫去世前，安一直從事展示工作。

「我現在的關係處理得不錯，我不希望不友善的結束，現在感覺上好多了。」

「最後，我已經從茫然中走出，告訴我自己，『不要再沈溺了，走出去吧！』對這個夢，在帶到這個團體之前沒想這麼多，但是現在面對它之後，我覺得很驚奇。我可以清楚看到，這個夢如何給我繼續前進所需的力量。這個夢的重大效應就是讓我感覺重新生活。」

「但是，為何地毯被剪裁成圓形的？我是個強調視覺的人，因此我看見我自己站在一幅畫前，沒有方向感，也沒有聚焦，我嘗試要讓它聚焦。過去幾天，這變得很真實。在星期五，我的關係問題已經解決；週六，我回到工作世界，與外界有些良好的接觸，這讓我重拾往日的信心。我不再對我的能力感到害怕。我不知道在走到這裡之前，為什麼我要經過那麼多的絕望，但是我現在不再質疑了。」

「一開始，這個夢讓我很困惑。但是之後因為這些事的發生，更是清楚，這個夢是與我重回世界有關。不過我仍然不了解紅髮女人與圓形地毯的意義。」

安邀請團體進入對話階段：細述生活脈絡

問：你能夠回想並多說一點你週四那天的經驗以及給你的感覺嗎？

回應：上週四非常沮喪，我覺得整個世界就只有我一個人，沒有人愛我，我永遠不可能處理這個關係，我當時身體有問題，我感覺到我已經準備好被丟棄，整個人一團亂，一個處於哀痛中的人。

安邀請播放夢

第一個場景在「我在哪裡」這個地方結束。

回應：現在我能夠連起來了。過去在我的生活裡有一定的安全尺度。我一直認為我是安全的。而現在，我必須想像在沒有先生與過去生活的保護下，進入這世界，它比我原來想像的更難，我的臥房是我的安全盒子。我走進我的客廳，但是那安全盒子已經不在那裡了，而我發現自己又走進世界。

問：那這小公寓為什麼只有三個門？

回應：它讓我聯想到以三個門隔成小房間的展覽方式，我當時有種感覺：「喔！我的天啊！我能夠讓自己去展覽會上嗎？」

下一個播放的場景是夢者告訴紅髮女人應該用什麼顏色。場景一讀完，安立刻驚叫：「我知道了！我對我剛剛提過的那個女人有很強烈的感覺，她是那種很有力量、會讓人淹沒的人，而我卻發現她與侏儒結婚，我的感覺完全改變，開始對她很尊敬，我了解她多麼堅強地在面對她困難的處境。看到她的堅強讓我覺得我應該也有足夠的力量處理我目前的問題。」

問：讓我們回到這個夢——在夢裡，她好像做了什麼不對的事，而你正在糾正她。

回應：她正負責一個我有興趣的方案，我認為她做的一些事情品質應該可以更好，我覺得如果我們兩個可以一起合作，應該可以提升她現在做的品質。我應該是可以幫忙的。

接下來將所有剩餘的夢播放完。

回應：我現在連結抽屜裡的盒子到我的心，它正在激烈跳動著。它與我在地下室裡那個心有關——接受我先生再也不會出現在臥室的事實。他已經走了，而我必須要繼續活下去。他的死亡就像地毯從我腳底下抽走。只是我不知道為什麼地毯被剪成一個圓。

在這個時候，我建議她不須繼續將焦點集中在圓圈本身，似乎是個死胡同，而是觀看整個影像——也就是，儘管地毯被剪了一個洞，仍然有一個扎實的地板在下面。這個觀點的改變，讓她的眼睛為之一亮：

「或許我可以正向地看它。即使那裡有一個洞，但是我將不會掉到裡面去，我不能掉進去。上個星期，在這個夢之前，我沒辦法正向的思考。但是，在這個夢之後，似乎所有這些負向的想法都成為正向的思考。」

安邀請進入夢的樂章

有一個投射是關於圓圈，暗示安已經走完一整圈，已經準備好重新出發了。

另一個以「失落的週末」為參考，認為只有當人到達堅硬的底部，像她在週四晚上一樣，才能開始發現以及使用自己的力量與資源。只有在那個時候，她能夠丟掉柺杖，並讓她不再沈溺於哀傷。

之後，我提出一個紅髮女人出現在她夢中的理由。她對她的尊敬與景仰帶引她質疑自己的弱點。從象徵性的層次來看，這個女人與安一樣，與一個「死去」（diminished）的男人結婚。安對於這個女人的力量非常佩服，讓她自己可以繼續往前走，儘管在她生活中男性所扮演的角色因為她先生的死亡而消失。我對安說的結論是：「你正開始認識到你的無助已經死亡，而它一直被以『蝴蝶症候群』掩蓋。你一直是很傑出的人，像飛翔的蝴蝶一樣，你覺得沒有任何事情能夠挫敗你。你現在正在進行的新旅程所具有的創造性、原創性，以及興奮平衡了你的焦慮。你選擇夢工作，而且也擅長讀夢，你可以認識到它是你另一個創造力的展現。」

安的最後評論

「它總是令人驚奇，它是真的。終究，我分享的是我覺得與一個男人的完美關係。我沒有察覺我沈浸在哀傷中的程度，在他死後，雖然我以為對未來生活適應得很好，但這不是真的。我是經歷了『蝴蝶症候群』，我以為我能夠立刻站起來，重新飛翔，但這只是存在我所想像的世界，不是真實的世界。

「我現在感覺非常好。與上個星期以及這個星期的感覺有很大的不同。」

讀者若要進一步了解夢的樂章交響投射實例說明部分，可以參考第一、二、三、五、六章。

延緩夢的樂章

有些情況是團體時間已經用完了，但是夢的樂章還沒有開始（這種情況會發生在夢很長，而且很複雜，或者夢者提供太多的資料，時間到了，仍然沒有人能協助夢者將夢與生活連結在一起），這時候可以用我所說的**延緩夢的樂章**。這意思很簡單，就是延到下次團體進行之前進行。團體成員要重新考量所有夢者說過的話，看看是否能讓夢境影像進一步呈現它的意義，每一個成員都可以嘗試。它將在下次單元一開始提供給夢者（階段 4）。夢的樂章延緩到下次單元進行是例外情形，並非常態規則。

這階段的基本前提是手上要有夢者給我們的資料，當夢的樂章是在夢呈現的單元進行時，你可能可以依賴記憶或簡單的筆記，但是當它延遲一天或一週之後，我發現我需要有詳細記載夢者說過的話的紀錄，重新閱讀，讓我可以回到整個經驗[3]。當然這讓我在傾聽夢者說話的時候，要不斷地記筆記，我發現筆記對於正常進行團體最後階段的投射很有幫助，而對於延緩的整合連結更是必須的。

延緩的整合連結其好處是成員有更充裕的時間，沒有時間的壓迫，它可能要花一小時或更多的時間詳細閱讀整理資料，我經常很驚奇地發現夢者已

3　我的確試圖寫下夢者每個階段說過的重點，一旦有夢者對每個影像的感覺看法，就比較容易抓住要傳達的隱喻。

經提供了很多線索，讓我們得以理解這個夢，而在當時我們卻忽略了，只有在後來我們仔細地回顧，才能夠看得到。在回顧夢者提供的材料時，要注意下列幾點：

1. 盡量完整地回顧夢者在階段 2 回應時說過的話。
2. 注意在團體與夢者對話階段中夢者所有分享的資料。
3. 注意任何已被大家知道的夢者生活脈絡，雖然夢者沒有在團體中提出。
4. 觀察所得的資料，例如，夢者顯露的感覺。

當我將所有資料記在紙上，而不是依賴大腦的記憶，剩下的唯一工作就是重新整理資料。雖然基本原則與當場提供夢者整合連結是一樣的，但是在延緩的連結投射，要發現夢與生活脈絡的連結需要一點技巧。我使用寬十一吋，長十四吋（legal-sized）的筆記本，將紙面分成三個欄位。這樣大小的筆記本通常左邊欄位足以容納夢境，夢的說明部分可以縮短一點點，省略不影響夢意義的字，它包括了所有夢境細節與順序。中間欄位則寫下夢者說過的話，標示與夢境可能相關之處，第三欄則記下我的想法，夢者分享的內容如何與夢境相關，我常在之後閱讀筆記時發現一些隱喻關聯，當夢正在進行的時候我並沒有注意到。

表 7.1 實例說明一個夢境影像的發展，這是一個非常有創造力的女人的夢，她發現自己在客廳裡，客廳在閣樓裡面，幾乎沒有任何家具，裡面只有一張沙發與一張床。空間充滿陽光，並且非常光亮。在夢裡，她試著想弄清楚如何將床放在沙發的位置。夢在她第一次參加我的工作坊時發生，在夢中，她提到我所使用的團體過程某些面向，例如強調夢者的安全，團體成員以尊重與不侵犯性的方式試著幫助夢者。

表 7.1　準備延緩的交響投射之筆記摘錄

夢影像	夢者的意見	隱喻關聯
床	有人將床連結到夢工作本身，我有同感。我之前曾在一個心理治療團體，而這裡對我而言是全新的經驗，好像是人在英國，必須學習在左邊車道開車。	這影像是這個場景的焦點。對她而言可能有不同層次的意義。表面上，它反應她對讀夢團體過程的正向回應，以及她在賞讀他人夢時的深刻反應。
	我對這個讀夢過程非常興奮。	另一個層次是，它代表她現在生活所需要的空間。
	現在對我很重要的是要多注意自己……我一直擅長照顧他人，昨天在讀安妮的夢時，感到非常興奮，而我自己也對這個新的過程覺得刺激。	她生活上出現的這個新的感覺，她發現她可將夢託付給一個「團體」，她覺得非常正面。
	我覺得很驚奇它如何能有這樣的效果，整個架構如此單純而且非常保護夢者。過程自發性地開展。床是一個對我而言很私密的地方，我很多工作都在床上處理。	她用床替換沙發位置，讓她覺得很放鬆，這象徵昨天夢團體工作之後，她所感受到的新能量。
	我覺得這個夢團體過程對我的夢生活非常重要，我可以信任地與群體一起分享，將床放在原來沙發的位置呈現那樣的需要，我覺得這個夢打開了一些新的可能性。	

我們可能必須讀這個夢很多遍，並一次又一次與夢者分享的資訊對應，才能真正發現夢要表達些什麼。這過程是急不來的。當你全心投入這樣來回溫習夢與夢者分享的材料時，你正在逐漸發展你個人創造性的隱喻潛能，期待有令人滿意的發現。當然，這還是你自己的洞察，對夢者是否有意義，仍然由夢者決定。然而，我的經驗是，當我們很仔細認真發現新的結果，它通常證明對夢者很有幫助。多數情況，夢者通常會提供足夠的資訊，讓我們可

以成功地打開這個夢。夢的樂章延緩只是給我們所需要的時間將資料整合在一起。

階段 4：後續工作

持續性的夢團體是固定時間聚會，可能每隔一週、兩週，甚至更長。帶領者可以邀請夢者在下次聚會之前再將夢仔細溫習一遍，包括這個夢在團體中運作時引發的想法、反應。這時候，夢者自己一個人與夢相處，有充分的時間，而且在沒有團體的壓力下，或許會有新的洞察。同時，在這段空檔也提供夢者重新調整或改變她在團體的一些回應，也就是她原本覺得某些連結是很契合的，後來發現不是如此。下次團體一開始，不要讓夢者有時間壓力，讓她盡量說出在這段時間產生的任何進一步的想法，我們的目標總是希望往正確的方向深入自己的夢，但是每個人能深入的程度相當不同。有人或許很快又被現實生活團團圍住，對夢沒有任何進一步思索。也有人一直持續反覆思索，有很多新的發現，等不及要與團體分享。夢者或許已經很滿足目前的發現，沒有任何進一步的補充。也有可能他會特別提出仍然讓他疑惑的部分，熱切要分享自己新增的理解，這可能讓他更滿足夢工作的結果，也有可能使整個夢有不同的視野。有時候，在這個夢之後會有一個看起來像是後續的夢，讓原來的夢意義更清楚。也有時候，夢者在分享夢之後，在行為上會有一些新的變化，或者做一些決定。

延緩的連結投射要等到夢者有機會補充任何有關這個夢的新想法才開始，因為夢者的想法或新發現可能與你的一致，這時候就不需要再重複，或者你的投射也可能因為夢者提供的訊息而修正。要記得，你在提出自己對夢的想法時，要強調這是你的投射。如此，它對夢者是一個提問，而不是正式聲明夢的意義。一個延緩的連結投射通常會讓夢工作的結束很完整，即使很多時候，夢者已經覺得之前夢工作的發現很豐富。

當帶領者或任何團體成員有延緩的連結投射要提出，它們應該被視為是對這個夢的最後評論，而不是用來打開進一步探索這個夢。

如果有成員對之前在團體分享過的夢有任何新的覺察，或者因為夢工作在生活上有任何新發展，團體也應該接受成員這部分的分享。

這裡有兩個簡短的例子，夢者在階段 4 有進一步的分享。

一位年輕男士有一個很長、很複雜的夢，是有關他對傷害女人的恐懼，其中有一個影像特別是針對這個恐懼。「有一個人開槍，從槍裡跑出一隻杜賓犬開始攻擊女人。」夢者一直對狗很害怕，因為小時候曾經被狗咬得很嚴重。有一個成員投射，他對自己暴力的恐懼可能來自他的陽具，如果它用於異性接觸的情境下。一開始，夢者並不認同這樣的連結，但是之後一星期，整個影像的意義衝擊著他，當團體再次聚會的時候，他興奮地聲稱：「我的天啊！這個槍的確是陽具的象徵，狗從槍裡出來，是我害怕做愛會傷害女人。」在之前一週，這個情緒覺察逃脫，經過一週的醞釀才出現。

另一個例子是夢者沒有在分享夢的當次團體發現引發夢的主要情緒餘留，而是在團體結束幾天後。夢裡有一個場景，她正在找一雙黑色的高跟鞋，在團體與夢者的對話中，她有以下的聯想：「我覺得我永遠不可能成為那樣的女人，我永遠不會將那部分的我表達出來。」當被邀請是否願意多說一點「那樣的女人」時，她補充說：「每樣東西我都必須努力工作才能獲得，穿高跟鞋不可能成為努力工作者。」當她下週回到團體時，她分享之後的察覺，說明這個影像從何而來。在做這個夢的前天晚上有個會議，一群人在腦力激盪一個新的方案，會議裡有一個女人，衣著高雅，穿高跟鞋，戴很別致的耳環。夢者也知道這個女人已經結婚而且有一個小孩，與自己完全不同。原本合理化自己不會嫉妒能公開呈現這些女性特質的人，因為與這個女人的相遇，而產生動搖。

在階段 4 問題不多，只是有時候時間用太多而影響新的夢進行，只要稍微注意就可以避免。

第八章

團體帶領者

當我們進入帶領者的角色與責任細節，很明顯的，將有無限的問題與議題要討論。我們沒辦法期待涵蓋到所有內容，可能只會考量到最普遍的議題。要預備面對這些問題，最好還是先徹底了解團體進行過程每個階段的原理。

帶領者的角色因團體本身的特質不同而有差異，例如團體是持續性團體還是一個新的團體，或者團體是由一個有經驗的帶領者，還是由一群同儕輪流擔任帶領者，一起學習他們所面對的問題。

在分別討論以上的情境之前，讓我先說明帶領者的一般角色。前面幾章，我已經提到一些，現在要進一步詳細說明。

雙重角色

領導者的角色是帶領著團體進行，從一個階段到另一個階段，讓團體在這個結構裡運作，但是他還有另一個角色，他也是團體的參與者，在每個階段都與成員一樣參與夢的賞讀工作，包括分享夢與否的選擇。一個新的帶領者在執行領導者的責任時已經是很艱難，通常很難平衡這個角色。只有在他越來越熟悉帶領者的工作之後，他才能比較放鬆，有多餘的時間執行參與者的角色。同時，團體也需要一些時間才能漸漸適應團體的運作，因此，在團體剛開始的階段，帶領者的技巧是最重要的。

帶領一個讀夢團體的任務並不簡單，在同一時間要注意很多事情。

帶領團體從一階段到另一階段

團體每一個階段以及階段內的每一個小步驟，它們有個自然的結束點。帶領者像是團體的代言人，決定結束的時間點。每個階段的開始都要對團體成員與夢者清楚地說明下個步驟要做些什麼，這些說明指引之前都已經提過，在團體剛開始的前幾次特別要清楚完整地說明。即使是一個已經很有經驗的團體，在進行下一個步驟之前，還是要提醒團體與夢者下個階段將要做些什麼。如果不清楚，即使是非常有經驗的工作者也會混亂。這是帶領者的責任，讓每個人確實知道他們在過程的每個步驟被期待要做什麼，這意味著領導者要清楚說明團體的方向，沒有經驗的帶領者會忽略或者只是敷衍地帶過，他假設團體已經知道要做些什麼。

時間的調配與掌控

一個夢團體工作的單元時間大約一個半小時到兩個小時。帶領者心中要在這個既定的時間限制下，努力完成團體的所有過程。有時候可能必須獨斷地決定結束一個階段，繼續往下一個階段進行，即使可以感覺到如果再多一點時間，可能會發現更多的訊息。在時間的分配上，我只能提供約略的指引，一旦有經驗，帶領者會知道如何適當地分配時間。一般而言，在一個半小時的團體中，最好能留五十到六十分鐘的時間在階段 3，讓夢者回應以及進行團體與夢者的對話。特別是夢者與團體的對話需要較多的時間，它是整個過程最重要的階段。不過當然也有可能夢者在階段 2 感覺隱喻投射階段，就已經覺得夢可以在此結束，不需要進行對話，在這種情況下，團體的進行將在夢者回應之後結束。

在階段 3 之前所有過程應該在三十到四十分鐘內完成（三十分鐘比較恰當）。這包括上一個夢者的回應補充，徵求這次團體的夢，澄清夢境不清楚之處，以及階段 2，團體成員將夢當作是自己的夢。有時隱喻投射階段必須縮短，留時間給夢者回應以及後續的對話。但是一個新的帶領者通常會遲疑打斷團體的進行，花太多時間在階段 2，結果階段 3 沒有足夠的時間，這是在時間的掌控上最常發生的問題。帶領者可以用一些方式來加速團體的進行。

首先，夢境澄清的問題（階段 1B）只局限在那些基本必要的問題。夢者被要求提供夢裡沒有發生的細節或者澄清夢模糊不清的部分。當空間的安排或者某個物體的形狀似乎很重要時，可以邀請夢者描述或畫出大概的影像，這樣可以省略一些問題。

當投射感覺的時間（階段 2A）若持續太長，帶領者可以帶領團體進入隱喻階段（階段 2B），但是仍然可以繼續分享自己的感覺。譬如說：

> 現在是進入階段 2B 的時候，我們開始想像夢境影像的可能隱喻，不過在投射影像意義的同時，如果你有進一步的感覺要分享，可以繼續提出來。

沒有經驗的帶領者會讓團體去決定這個階段結束的時間，夢的影像總是複雜，令人好奇困惑，團體通常可以無止境地玩夢境隱喻投射遊戲，帶領者要結束這階段之前，必須同時提醒團體與夢者，該將夢還給夢者了，這樣的提醒可以讓夢者開始做準備，從一個傾聽者的情境轉換到面對團體，即將要回應在這個階段感受到的經驗。當帶領者覺得團體需要向下一個階段移動時，她可以對團體這樣說：「在我們將夢還給夢者之前，有沒有任何進一步的補充？」在階段 2 結束之前，這個問題可以問兩、三次。然而沒有經驗的帶領者可能會一再地問，直到沒有任何成員有新的補充，所以沒有人會因此感覺受到傷害。問題是，只要帶領者繼續問，總是會有人回應。每個階段花的時間要與其重要性相當。階段 2 扮演一個開始的角色，希望藉此讓夢者投入自己的夢，通常它的功能就是如此，但是我們事先都不知道哪個階段對夢者最有幫助，因此我們必須給每個階段時間，這樣做，一般而言結果也比較好。

一個短的夢在時間的掌握上比較沒有問題，但是面對一個長的夢，階段 2A 與 2B 可以結合一起，留時間給下階段的對話。即使時間仍不足以到達完全結束的階段，夢者也可能從這過程得到很多。

偶爾，一個夢的賞讀會提早三十到四十分鐘結束，這時候可以考慮是否要徵求另一個夢的分享，雖然時間不夠完成所有過程，但是有些很有用的想法可能發生，我通常將這個決定權交給團體與夢者。如果團體有人提出另一個夢，我會先告知夢者，我們可能沒有足夠的時間來消化所有資料。不過夢團體進行還是從容一些比較好，不要有時間的限制。

掌握團體進行過程

在什麼樣的情況下團體進行會脫離軌道？要警覺哪些事情？除了時間的掌控之外，還有一些特殊的問題要注意。對團體整體性最主要的挑戰是，任何人（可能是帶領者，可能是團體成員）將團體進行的主導權從夢者手上接收過來，這可能發生在團體進行的任何一個階段，有時候很公開，有時候很隱約，不易察覺。甚至在團體一開始，夢境澄清階段，夢者可能會被要求回答超越夢境的問題，很明顯的，這些問題的目的只是要支持問問題者的一些想法。任何時候，當夢者被問到一個問題，他會存疑問問題的人腦海裡在想些什麼時，這就表示夢者的主導權已經逐漸被侵蝕了。在這種情況下，夢者的焦慮感可能會升起。如前面一直強調，團體的成功在於不斷幫助夢者盡可能保持最低程度的焦慮。

在階段 2，當團體成員將夢當成他們的夢時，有人覺得可以自由地說任何他們想說的話，這是誤導。團體成員經常要察覺這個夢事實上仍然不是他們的夢，而且透過投射，是希望這些想法能對夢者有幫助。有時候他們假設他們的投射將對夢者有所幫助，因而直接對著夢者說而不是面對團體成員，這對夢者的私人空間是一種侵略，而且危及夢者可否將這些想法視為是成員本身的投射能力。同樣的問題也會在夢者與團體對話這個階段的前兩個步驟發生。團體成員將發現要克制自己提供詮釋，以及不問引導性問題來確認自己的詮釋是否對夢者有用，這些都是很難做到的。探尋脈絡與播放夢這兩個階段的主要目標，是盡量以很中立的方式幫助夢者引出相關的資訊，不要羼入我們的主觀想法。儘管我們的出發點很好，但是為了要提前確認自己看到的連結而用旁門左道的方式取得資料，這樣做會危害夢者的自主性，而且對這個夢的掌控權，將從夢者手上轉移到想要提出整合連結的人手上。

問引導性問題是主要的侵犯者，因為這是將問題當作工具，企圖表明自己對夢的想法。這種問題會讓夢者覺得疑惑，「他對我的夢知道了什麼我不知道的？」不舒服與防衛容易接著產生，夢者的重心開始動搖。當一個人非常確定自己是對的時候，很難克制自己不問引導性問題，不過你們要了解的是，當你們尚未給夢者所有的機會，在他自己察覺之前提出你自己的連結，即使最後證明你對夢的想法是對的，你還是錯了。你對夢與醒著的現實世界覺得發現正確的連結，可以在一個特定的時間裡提出，也就是在對話階段的步驟三，上一章提到的夢的樂章。在這之前，我們只能努力引出資訊，而非產生連結。這點要讓大家了解不容易，因為想要自由自在地詮釋他人的夢，這樣的衝動是很強烈的。

在夢的樂章這個階段的問題又有點不一樣，邀請團體成員提出整合連結，但仍然以投射的角度，而且要尊重一些限制，也就是不能超越夢者所分享的內容。同樣的，我們仍然容易被自己的詮釋所誘惑，即使我們的詮釋與夢者所分享的資訊沒有很大關聯，也有人會賦予某個影像意義，但是這個意義卻與夢者對這個影像的敘述一點關係也沒有，或者與現實脈絡無關。有些成員可能忘記這個夢已經不是他們自己的夢，只是用他們自己的角度詮釋這個夢，而沒有努力嘗試發現夢與夢者所說的話之間的關係。有時候，有人不提出投射，而是進一步詢問夢者，希望能有所發現，但是在這個階段，詢問問題的時間已經結束，夢者已經盡可能在自然的情況下察覺各種可能的連結，以下是我們的工作，要盡我們所能進一步為夢者發現夢與清醒現實世界的連結。

夢的樂章階段也普遍性地被誤用為對夢者的支持與肯定。如同之前提過，對夢者的各種掙扎，我們很自然會有些同理或同情的反應，因此會導致部分團體成員選擇性地看待夢境影像，想要給予夢者支持肯定。當他們這樣做時，他們會忽略了夢真正要說的。而且更重要的是，他們沒有認清真正的支持肯定是來自夢者有能力看到夢涵蓋的所有意義。夢工作真正需要的是誠實，而不是來自外在的支持肯定。

處理來自團體的緊張氣氛

如果團體進行的過程依照一定規則與程序進行，很少有衝突緊張出現。不過萬一有任何情況發生，帶領者還是要有些準備。

在團體中，如果成員之前就認識，有可能會將他們過去存在的緊張關係帶進團體，這些可能會影響他們在團體裡自由分享的經驗，有人可能會擔心因在團體中讀夢而揭露之前的緊張關係，或者隱藏性的對抗或競爭可能會浮現。雖然這些事情偶爾會發生，但是我很少碰到這樣的情形。我曾經有夫妻、兩個親密的朋友，或者父母與小孩同時在一個團體，但是一點問題也沒有。目前一般的團體規則是如果兩個人之前有某種程度的緊張關係，那麼他們就不應該出現在同一個團體裡。但是我們的讀夢團體過程並不是為了解決個體在團體內部的緊張而設計的，我們聚在一起讀夢是要一起合作幫助夢者到最後一分鐘，而不是要處理任何兩個人之間的緊張關係。在我每週的團體裡，成員參與以連續四週為單位，可以隨意無限制次數繼續，在一定時間裡，很明顯就會發現夢團體工作並沒有要回應團體內部成員之間的問題，而最後通常其中一人或兩人同時退出團體。

還有一個之前存在的問題可能只有在夢團體開始之後才會出現，也就是有兩個成員發現他們有共同的心理分析師。這在團體中發生過一次，一開始對兩個人都有些困擾，不過在他們了解團體的過程，了解他們可以控制他們想在團體分享的內容之後，就不是問題了。在這個實例，兩個參與者都待在我的團體很多年。

夢團體與任何團體一樣，會受到任何情緒變化的影響，有時候兩個會處不好，有時候他們可以繼續參與團體而且表現非常好，不去管彼此的關係，有時候其中有一人會離開團體。

比較重要的問題是團體因進行過程而引起的緊張氣氛，正向的緊張氣氛是當夢者深深地被夢分享的過程感動而無法控制地落淚，這可能發生在任何階段，當它發生時，帶領者要做決定，是否暫停進行，直到夢者恢復平靜。團體靜靜地等待就是最好的支持，或者遞面紙以及其他非語言的方式示意。提供夢者自由與時間去處理她自己的反應，會讓她逐漸釋放張力，準備好繼續團體的進行。同樣的情形也會發生在其他團體成員身上，因為強烈地受到他人夢的影響而不自禁哭泣。

當夢者突然想要結束團體也會引起緊張，雖然這很少發生。它可能發生在團體進行中的任何階段，但是只有當它在前面階段發生時才會造成緊張。當團體突然中止，每個人會覺得事情好像沒做完，帶領者要看清楚夢者的願望是否有被尊重，並且要依據基本規則保證她有權利中止團體的進行。所謂掌控過程意味著可以在任何時候停止團體繼續賞讀她的夢，夢者沒有義務要有一定理由解釋她的決定。團體的感覺可能是挫折或者生氣，不過一旦成員能夠理解，團體只能幫助夢者到他想要被幫助的程度，成員的挫折情緒就可以慢慢緩和。通常這只發生在第一次接觸夢團體的成員身上，不過在我的經驗裡，這很少會發生。

團體成員之間也會出現張力，當犯了一些錯誤，團體方向不清楚，或者不斷地誤解該扮演的角色與進行步驟。例如在階段 1，有人或許已經提出夢要分享，但是又因為不是很恰當的理由，退出讓給另一個人，因為她真的很想了解她的夢。這時候，她可能會後悔她的決定，在過程中感受到挫折與怒氣。這種現象最好有事前的準備。當兩個人以上自願要分享夢時，帶領者要讓他們知道誠實的重要性，如果有人覺得因為他人想分享夢而退出很不舒服，這時候可能用擲銅板或抽籤來決定。無論想要分享夢的慾望有多強烈，只要給予公平的機會，每個人都將會接受結果。

在階段 2 感覺隱喻投射時，通常會要求團體成員不要對彼此的投射有不同意的評論。這會引起兩個參與者之間某種防衛性的對話。它要立刻被制止，提醒大家我們必須提出自己的投射而不是評論他人，更不需要去防衛。同樣的道理，這樣的警告也適用在階段 3 開始時，夢者回應團體的投射，如果這些投射是有用的，那很好，如果不適用，夢者也應該尊重這些只是團體成員的投射，不應該以審判或是批評的態度面對這些投射，因為成員只是將夢當成是自己的夢去想像，這點每個人都一定要很清楚。投射本身永遠不應該被審判或是挑戰，但是它們可以被接受或拒絕，以對夢者是否有用為基礎。

在階段 3 團體與夢者對話時，當夢者無法對成員的問題提出清楚的訊息時，提問者可能會過度催促夢者回答，夢者會開始覺得很不舒服，他可能會覺得不能勝任，彷彿自己讓團體失望。一旦察覺這種緊張氣氛，帶領者必須緩和團體的堅持，並且向夢者保證他沒有義務要滿足團體的好奇心，甚至他有權力喊停。像這樣的情境，問題已經超越原本謹慎的目標，也就是問題只是夢者的工具，用來進一步領會他的夢，而不是成為團體成員的攻擊工具，企圖要證明他的想法的有效性或者只是滿足他的好奇心。

另一個要注意的重點是團體中有不恰當的開玩笑。雖然適當的幽默可以鬆動嚴肅的氣氛，但是如果不恰當，它會導致夢者的不舒服與怨懟。夢境經常有滑稽可笑的影像，或奇怪的情節出現。通常在階段 2 的時候，團體在將夢當作是自己夢時會有一些幽默的評論，當團體在哈哈大笑時，這時候要觀察夢者是否也覺得好笑。如果夢者有不同的感覺，這時候夢者可能會怨恨團體的笑聲。唯一能避免這種情境發生的是從夢者身上發現線索，從一開始夢者如何敘述這個夢，以及當團體在進行賞讀他的夢時，他的所有行為舉止，都不難觀察夢者的態度。帶領者還是要常常提醒團體，賞讀夢是很嚴肅的工作，因為夢者很可能揭露個人敏感又脆弱的部分。

對團體過程越有經驗，這些干擾的團體緊張氣氛就會越少，因為一旦過程恰當地展開，它不會產生人際間的緊張關係。我們的注意力完全在於如何讓夢者接近他的夢，縱使任何團體裡都可能有人際問題發生，但它不是我們注意的焦點，我們不介入這個領域。我們只讓自己的方向朝向一個很窄的範圍，也就是夢者的內在心靈這塊田野，它意味著夢者放入夢境中的資訊與醒著意識之間的距離。

團體可能會發生的緊張情況，如以上所討論的，有些會自行解決，但有些需要帶領者的介入。帶領者須考量一些問題，這個張力有嚴重到需要處理嗎？如果答案是肯定的，它是只限於兩個參與者之間還是牽涉到整個團體？如果只是涉及兩個人，帶領者最好建議在團體結束之後再處理，而在這種情況下，帶領者自己也要判斷是否有必要介入。

如果這個緊張氣氛是關係到團體中的每個人，而且嚴重到影響團體進行，那麼帶領者要暫時停止讀夢，先處理團體當前的困境。這種情況只在我的團體發生過一次，因為有一個團體成員指控另一個團體成員的參與是假的，也就是她是一個新聞記者而不是一般的團體成員，而且她使用錄音機。這兩個指控都不正確，但是這位被指控的人非常沮喪，我必須先不考慮時間因素來解決這個問題。事實上，她的確是個新聞記者，為了寫一篇文章，她以參與成員的身分來學習團體過程，但是我附帶一個清楚的條件，它不能包含任何夢境材料。我告訴她可以錄過程中我的說明或講述的部分，但是不能錄夢工作，她必須要遵守這個協定。當事情被說明清楚之後，之前緊張的氣氛就消失了。

現在應該清楚，夢團體一定要在放鬆信任的氣氛下才能進行，而且所有參與者都以協助夢者賞讀夢為任務。我們並不是要在團體中針對個別問題處理，夢者以某種非常特別的角色面對團體，以這個角色從團體中得到助益，也在團體中展現其內在生活。雖然在讀夢的過程，很多事情仍會發生在賞讀他人夢的成員身上，不過所有成員都要義不容辭包含以及處理夢在他們身上爆發的反應。有些時候，當不是夢者的成員遇到困難，有必要的話仍要暫時停止團體進行，但是仍然不適合將焦點從夢者轉移到這個人身上。

關心每個階段的完整性

帶領者在決定往下一個階段進行之前，有責任注意察看每個階段是否徹底完成。在階段 2，團體成員將夢當作是自己的夢，通常集中偏向於令人震撼的影像，忽略細節的部分。這些細節的存在是有理由的，而且也有可能是關鍵重點。這都要靠帶領者的察覺是否有些部分被忽略，並鼓勵團體針對這些影像回應。即使有時候對某個影像已經有人回應，但是如果帶領者覺得這個影像還有更多的隱喻，也可以鼓勵團體成員繼續探索這個影像。

在探尋近期生活脈絡時，比較常見的錯誤是當一個議題被打開之後，無法提出適當的後續問題，直到夢者不能或不想繼續深入。同樣問題在播放夢的階段也會發生，將夢境場景一段一段地讀回給夢者聽並不夠，這只是第一步，接下要檢驗場景裡的每個影像與醒著的意識生活之間的隱喻連結是否確立。在邀請夢者正視這些影像時，我們希望夢者在沒有暗示之下能多說一些，有時陳述夢者之前對這個影像說過的話，或許能刺激夢者進一步聯想。另一個有用的技巧是邀請夢者重新以整個夢的脈絡來看這個影像，是否能提供任何額外的線索。最後，可以邀請夢者針對這個影像自由聯想，在過去經驗中，有沒有任何想法或感覺與這個影像有關。這可以讓她跳脫眼前的焦點，不再只集中於思索為什麼這個影像會出現在當天晚上，讓她有更寬的範圍做聯想。當夢者說出的答案與夢境影像似乎沒有關聯或不同時，帶領者或團體成員要向夢者指出這中間的不一致性。夢是誠實的，夢者醒來努力地想要靠近真相。有時候某個影像的真相一直遠離夢者，這可能只是無法想起與這影像相關的任何經驗，也有可能是因為她在這個特別的領域啟動了防衛機制。如果是第一種情況，相關的聯想可能在團體結束之後會浮現，夢者會在下一次團體聚會時分享。如果是第二種情況，防衛機制會削弱夢工作的力量。

僅僅問夢者這個影像有沒有引發她任何感覺，或許會讓夢者產生突然的領悟，了解這個影像與她做夢前天晚上的感覺之間的關聯。

現在我們應該很清楚，要盡可能完整地探索一個夢，我們需要時間、不匆忙的氣氛、耐心，以及堅持。夢工作不能被壓縮，就像交響樂，一旦開始，要持續演奏到最後。夢與交響樂不同的是，交響樂的演奏是為了滿足聽眾，而夢的演出則主要是滿足作曲者，也就是做夢的人。

擔任團體的發言人

很多人問我，如果團體已經非常熟悉運作過程，是否仍需要一個帶領者。在這種情況下，有無帶領者並不是絕對的需要，但是仍然建議有帶領者比較妥當。這個過程有很多關鍵點，譬如階段間的轉變與移動，最好有人扮演發言人的角色，能在一定的時間限制下，敏感察覺何時開始何時結束，不要讓團體冒險。而在團體結束的時候，也最好有人代表團體感謝夢者的分享與努力。

團體中如果沒有具經驗的帶領者，而且每個人對團體的熟悉度都差不多，這時候最好還是有一個人扮演發言人角色。如果團體同意，可以用輪流的方式擔任發言人。團體成員必須知道他們正處於過程的哪個階段，而且最好有一個人說明每個階段的進行方式，可以防止團體陷入混淆，疑惑下個階段要做些什麼。

促進團體的責任感

當團體一起工作一段時間之後，每個人都應該有責任讓團體在一定的軌道上進行，帶領者雖然要確認每個階段的工作是否有完成，但這並不意味帶領者要做所有的工作才能有最好的結果，如果只有帶領者熟悉團體運作過程，而其他人都不懂，那麼帶領者有教導團體成員熟悉過程的責任。

帶領者分享夢

帶領者可以在適當的時機分享自己的夢，這對團體有很多正向的效果。帶領者的開放會鼓舞團體的開放。當她分享夢時，她的身分不是一個權威的角色，而是同輩，是一般的夢者。這會減少團體成員對帶領者轉移他們過去面對權威的感覺，也能幫助團體成員體會我們是在同一個水平的架構上讀夢，而非有階層分級的結構，是民主的，不是專制獨裁。雖然帶領者以成員的身分參與其他所有過程，某種程度上也有類似的效果，但是只有在帶領者像所有成員一樣分享夢之後，團體才會真正覺得帶領者的權威只在於他熟悉團體運作過程，在當夢者的時候，是與其他夢者沒有什麼不同的。一個熟練的帶領者，她可以同時分享夢又帶領團體。如果是在一個有經驗的團體，帶領者的角色可以由其他成員擔任。

在後續章節，將列出帶領者角色要注意的不同面向。

結語

帶領者的角色有很多不同的責任。最首要的功能是確保團體的過程在一定的軌道上展開，對夢者提供最大可能的協助，不讓任何團體成員脫離界線，做出任何可能傷害夢者或阻礙團體進行的行為。因此需要一個很清楚夢團體工作原理的人來擔任這樣的角色。

帶領一個團體乍看之下很簡單，但實際上卻有些困難複雜，自從我開始運用這種團體方式讀夢，我一直在舉辦帶領者訓練工作坊，讓人們熟悉在從事這工作時所可能面臨的問題，以及了解帶領者角色所必然會面對的困難。為了將安全與嚴謹的夢工作推展到社區，讓想了解自己夢的人在任何地方都有團體可以一起讀夢，我想試著描述帶領者的角色細節，以及我所面臨過的問題，讓想擔任這工作的人面對問題時有大致的因應方針。

我所介紹的夢工作與過去歷史與文化脈絡下的夢工作有很大的差異。傳統上，那些涉入夢的人通常察覺夢者本身已經難以了解自己夢的意義，他們需要另一個人的幫助。而幫助的這個人，發現自己處於可能提供協助夢者的位置，很容易讓自己成為專家的角色，也就是夢的詮釋者，知道夢境影像對夢者的象徵價值與意義。在現今這個時代，因為精神分析理論以及人格成長與發展理論的加強，這個夢專家角色目前以精神心理分析師為主。

我的夢工作也是從一樣的立場開始，也就是同意夢者需要其他人的幫助，但是我重新界定幫助者的角色本質，這個角色並不以專家自居，只是一個幫助者，這個角色僅僅是將我們每個人都自然擁有的資源提供給夢者，由夢者自己決定這些資源是否有用。帶領者不以專家角色介入，他唯一被期待的是非常熟練團體運作的原理與結構，至於帶領者對夢的知識仍然不會讓他以一個專家的姿態面對夢者、夢，或者夢境的象徵意義。帶領者不一定是團體裡最有夢工作經驗的人，他只是具有足夠的讀夢團體進行的知識而帶領團體，他與其他成員一樣參與每個步驟，當他分享夢的時候，也與其他成員一樣的方式分享夢。

第九章

夢團體帶領者守則

讀到這一章，讀者應該已經很清楚帶領者的角色必須關照很多面向，從僅僅是改變某人的座位，讓夢者能處在比較好的視線範圍，指引一個新團體並示範帶領運作過程，直到團體準備好可以自行運作。在這一章列出帶領者要注意的重點事項清單，帶領者可以隨時參考。有些問題很少發生，而有些卻經常出現，它們的重要性也有不同。如果沒有認清團體問題，問題一旦持續，團體的焦點將會從夢者身上轉移到帶領者或是團體。一般而言，帶領者的工作是一些說明、鼓勵、示範、確認，以及參與。下列清單將一一說明，以便讓帶領者事先參考。

整體考量

1. 你在團體的位置是否可以很容易看到夢者，以及團體的每一個人？
2. 你是否一直清楚帶領與參與團體兩者並進的重要性？
3. 你是否有密切注意夢者，是否提早發現任何沮喪的訊號？
4. 你是否有密切注意其他團體成員，是否提早發現任何沮喪的訊號？
5. 在你帶領團體進入每個階段時，你是否一直注意時間的分配？
6. 在轉換每個階段的時候，你有沒有給予清楚的說明？
7. 在指引與參與之間，你有沒有保持適當的平衡？
8. 你對在團體中升起的緊張氣氛有沒有保持敏感度？
9. 萬一團體有人情緒崩潰，你清不清楚該如何面對（也就是暫時停止團體進行，給夢者一些時間，不要問夢者沮喪的原因）？
10. 你有沒有堅守不打斷夢者說話的原則？除非沒有聽見或不清楚夢者的意思時，團體可以邀請夢者說明或再說一遍。
11. 你是否成功地讓團體不過度依賴你，成員能看到團體運作仰賴每個人的貢獻，需要彼此緊密配合。
12. 你能夠處理團體中很明顯不適應的成員嗎？
13. 團體成員經常會問有關夢與做夢的問題，你對夢與做夢的知識足夠回答關於夢的一般性問題嗎？例如，同一個晚上的夢是否彼此有所關聯？夢是不是總有象徵性？什麼是夢魘？

14. 當團體發生問題的時候，你自己是否有足夠的信心介入？
15. 你清楚這個過程的局限嗎？

現在我們將從一般性注意事項進入個別階段要注意的問題。

階段 1A：分享一個夢

1. 當團體領導者的你，是否準備好要分享你自己的夢？雖然帶領者不宜在團體早期階段分享夢，不過當團體熟悉過程之後，帶領者分享夢對團體的開放有正面效果。在每個人，包括團體帶領者都分享夢之後，是整個團體感覺最舒服的時候。
2. 當沒有人自願分享夢時，你該怎麼辦？在一個新的團體，只能像之前描述一樣等待，但是如果在一個持續進行的團體，這是帶領者分享自己夢的機會。
3. 你會盡可能做到只有那些自願分享夢的人才能參與決定誰要分享夢，以及讓想自願分享夢的人都覺得自在嗎？
4. 夢者是否清楚在敘述夢的時候，要盡可能描述細節，包括夢裡的感覺？
5. 夢者是否明白他有責任誠實地敘述他的夢，盡可能將他所記得的夢境內容呈現出來？
6. 夢者了解他可以繪草圖幫助他說明空間的分配嗎？
7. 團體是否明白在第一次團體之後，可以分享無論多久之前所做的夢？
8. 當成員提出一個舊的夢，你是否讓夢者警覺，團體在賞讀這個夢時可能面臨一些限制？
9. 當賞讀一個很長的夢而又有時間限制時，你是否讓夢者警覺，團體在賞讀這個夢時可能面臨一些限制？

10. 夢者是否知道他可以選擇對團體一句一句朗讀夢或者自然直覺地描述夢？

階段 1B：澄清夢

1. 問題是否合宜？
2. 當夢境影像不清楚時，夢者已經不可能說得更清楚了，卻仍然被催促要澄清？
3. 是否確認夢境裡的人物角色是真實還是虛構的？
4. 如果人物是真的，夢者是否有簡單敘述這些人物與她的關係？
5. 如果夢者沒有主動提及，是否問了夢者在夢裡的感覺？夢境出現的色彩？
6. 夢者是否回答了所有團體提出的問題？
7. 是否花了太多時間在問題上？

階段 2A：夢境感覺投射

1. 有沒有清楚地說明團體與夢者在這個步驟裡的角色？
2. 團體成員與夢者是否知道先將焦點集中在感覺，暫時不提出影像的意義？
3. 團體成員在談論夢時，是否將夢當作是自己的夢，在成員之間互相對話，而不是面對著夢者？
4. 成員在提出感覺的同時，是否開始在這階段提出隱喻意義？
5. 夢者是否明白在什麼情況下他可以插話？（參考第三章）
6. 感覺投射這個部分是否用掉太多時間？

階段 2B：夢境隱喻投射

1. 有沒有對團體成員清楚說明他們在提出影像的意義時，如果有進一步的感覺浮現，也可以繼續補充？
2. 團體成員是否意識到夢中無法被辨識人物的可能意義？例如他們可能象徵夢者自己的某些面向？
3. 團體成員是否意識到夢境裡可以辨識人物的可能意義？例如可能象徵他們過去的一些特質，或是夢者本身的一些面向？
4. 團體成員是否知道，他們可以自由運用每個成員都已經知道的現實生活脈絡，來探索夢境影像的意涵？
5. 團體是否太刻板地僅就夢的表面圖像思索，而沒有考量夢的隱喻性？
6. 團體成員是否努力談論到夢境所有細節？
7. 團體成員知道他們可以就夢的一個影像、一個場景，或整個夢回應嗎？
8. 這個階段有沒有進行得太久了？
9. 當團體中有成員認識夢者比其他人還多時，他是否有敏感到保密的議題？
10. 團體成員是否察覺他們可以從自己的生活、對夢者的認識等各種不同的資源發展他們的投射？
11. 擔任團體帶領者的你，是否提出了你的投射？
12. 在夢將要還給夢者之前，是否有發出訊號暗示？

階段 3A：夢者回應

1. 在邀請夢者回應時，你有沒有花少許時間，讓夢者知道她有完全的自由決定想回應的內容與範圍？
2. 你有沒有對她確認，她在對團體回應時沒有時間的壓力，只是完成之後，要讓你知道？

3. 團體成員清楚知道他們不應該打斷夢者？
4. 夢者有沒有一些誤解，例如她必須回應所有來自團體的投射，無論是對的或是錯的，或者她不能提出對最近生活脈絡的一些想法，以為這部分只能等到下階段的對話階段？
5. 你有沒有預備好給予夢者充分的時間，儘管中間有可能沈默？
6. 當夢者完成後，你有沒有詢問她是否願意繼續對話階段？
7. 如果夢者不願意繼續，你有沒有謝謝她分享夢以及在這過程所有的貢獻？
8. 你有沒有表達你的想法，對話階段可能提供進一步的幫助？
9. 你有沒有讓夢者自己做決定？

階段 3B.1：探尋脈絡

1. 團體成員是否清楚他們的問題應該要簡單直接，主要目的是要幫助夢者回憶更多在做夢之前生活上的情緒氛圍？
2. 你是否清楚問題從夢者睡前最後記得的事件開始，然後逐漸倒回到前一天夜晚，白天，如果必要的話，擴大到更早之前？
3. 幫助夢者回憶的問題包括有沒有特別地指出在睡前讀些什麼、看電視的內容、任何電話等等？
4. 團體是否意識到參與夢團體會有些期望或者預測，這些感覺在入睡前可能仍然強而有力，夢者將餘留的感覺帶入夢境（對夢團體的預期心情包括：要揭露感覺、分享自己的困難、在團體中感覺到脆弱易受傷害、覺得自己將要被評斷、害怕成為受害者、防衛、競爭感，展現自己的需要等等）。當一個新成員第一次提出夢時，有沒有人問到她對於參與團體以及可能分享一個夢的預期心情？
5. 你是否給予夢者足夠的時間運用問題當作工具探索她的心靈？
6. 有沒有問相關延續的問題？

7. 你是否開始詢問夢境裡的問題，而不是將焦點集中在最近的脈絡？
8. 夢者是否清楚，如果所有人都知道某一個可能的近期脈絡，可以向夢者提問這方面的問題？
9. 你有沒有問一般「試探」（fishing）性的問題？
10. 簡而言之，夢者是否清楚團體正在努力幫她尋回任何接近做夢之前的想法、感覺，或關注的事？
11. 團體知道有哪些類型的問題不能問嗎？要避免的問題包括這些：
    - 要給資料的問題
    - 要求資料的問題
    - 讓夢者疑惑的問題
    - 夢者尚未自己打開的領域
    - 追蹤夢者已經明顯不願意繼續深入的問題
12. 你是否一直注意時間的掌控，如果有必要，可能要限制團體繼續提問，留時間給後續階段？
13. 在這個階段完成的時候，你有沒有詢問夢者是否繼續進行下個階段——播放夢？

階段 3B.2：播放夢

1. 你是否已經教導團體成員如何將夢讀回給夢者？他們是否清楚哪些內容構成一個場景？他們有將場景以戲劇性的方式讀出，引起夢者的注意嗎？是否強調看起來不調和、不尋常的影像？他們有幫助夢者回想夢者已經分享的相關資料，並邀請夢者察看這個場景如何與之前場景相關聯嗎？
2. 你有沒有讓夢者放心這個階段的工作是要引出新的資料，而不是要求他重複說過的話？
3. 在播放夢時，有沒有完整地將整個場景，包括夢者提供的所有細節，讀給夢者聽？

4. 有沒有將某些尚未完全發展出來的具體影像呈現在夢者面前，讓夢者有機會面對？
5. 有沒有對夢者提出適當的延續問題？
6. 有沒有經常問「還有要補充的嗎」？
7. 你是否一直有適當的持續韌性，可是卻不強硬堅持？
8. 夢者回應的內容與夢想要表達的是一致或者是分歧的？如果與夢有所差異，這部分有沒有邀請夢者注意？
9. 有沒有給夢者足夠的時間整理他的聯想？
10. 有沒有幫助夢者從象徵性的角度來察看她的夢，而不是依照字面意義來理解？
11. 夢者有沒有正視夢裡的感覺？
12. 你有沒有讓無法有任何進一步聯想的夢者覺得安心？
13. 你是否明白團體成員只要對夢者有問題，每個人都應該有機會提出？
14. 隨時注意時間，考慮是否有足夠的時間進行夢的樂章以及結束整個過程？
15. 你有沒有詢問夢者是否想要進行夢的樂章？

階段 3B.3：夢的樂章

1. 團體是否清楚這個階段的角色是提供夢與現實之間的連結，而不是進一步問問題？
2. 團體成員提出連結是否以夢者說過的話為基礎，而非只是自己的構想，與夢者說的內容一點關係也沒有？
3. 團體成員是否面對著夢者談她的夢，不再將夢當作是自己的夢來談？
4. 在每個整合投射之後，是否給予夢者充足時間回應？
5. 團體成員是否清楚他們可以對某個影像、某個場景，或者整個夢提出連結？

結束本次單元

1. 你有沒有給夢者機會提出最後想法？
2. 你有沒有謝謝夢者分享夢以及對這個夢所做的努力？

階段 4：後續

1. 你有沒有記得邀請上回夢者是否有任何進一步的覺察或評論要分享？
2. 有沒有任何人對於上次夢在團體結束之後，發現新的連結要分享？

以上所列涵蓋了所有夢團體過程應注意的要點。對於一個沒有經驗的新帶領者，一方面覺得沒有安全感，一方面又要努力熟練團體進行過程，或許會發生一些錯誤，引起團體爭論或困境。每個帶領者的人格性情不同，有人不堅持，讓團體過度拖延，也有人對團體過度強硬。對一個新的帶領者，前者比較普遍，可能會產生下列的困難：

1. 害怕從一個階段轉移到另一個階段。
2. 讓團體停留在某個階段過長，特別是在階段 2。
3. 無法控制團體任何不合宜的舉動，例如，只是為了滿足個人的好奇，問夢者一些不合宜的問題。
4. 無法掌握時間，以至於沒有足夠的時間進行對話。
5. 在播放夢階段沈默無言，不能讓夢者面對夢境一些細節或感覺。

問題

一個帶領者應該讓人覺得不過度逼近，或者承擔所有的責任，這將阻礙團體的參與動力，團體過程要由整個團體執行。除了帶領者對於團體結構可能過於鬆弛之外，也有人過於嚴謹刻板，對於過程的重視甚於夢者的感受。在讀夢團體，敏感夢者的感覺永遠比完成過程的衝動還要重要，要記得的是，在團體進行的任何階段，任何時間點，夢者都可能產生想結束的感覺。當夢者感覺要結束時，有可能被帶領者忽略，因為帶領者過於強調要完成讀夢過程的所有步驟。

一開始，沒有經驗的帶領者會有困難，一邊要扮演領導者的各種不同角色，又要同時執行參與者的功能。當過度認真看待領導的責任，帶領者可能無法了解團體也有責任。有沒有夢要分享以及如何主動參與讀夢，這是每個人都要分擔的責任。我曾經看過新的帶領者，對於是否能成功地引出一個夢感覺無助。由於逐漸加深的焦慮，一個新的帶領者可能向團體個別地詢問有沒有夢要分享。如果他這樣做，他將施壓給有夢但不一定想分享的人。帶領者在這個階段最重要的責任是以恰當的態度引出一個夢，當沒有人覺得想要當夢者時，團體很快就會感覺到責任的分擔，當然，每個成員對於徵求夢的反應程度也是不同。

當團體有超過兩個人想要分享夢時，誇大帶領者角色責任可能會帶給領導者麻煩。他可能會忍不住積極介入決定誰是夢者，而不是將問題留給想分享夢的人自行決定，或者用公平的方式達成協議。這類不適當的介入譬如：「我認為瑪莉比珍妮更急於分享她的夢。」帶領者應該事前讓團體清楚，一旦有好幾個人自願分享夢時，近期內一直沒有分享夢的人有優先權，然後帶領者應該讓那個人自己決定是否要使用這個優先權。

對沒有經驗的帶領者，另一個困難情境是閱讀自願分享夢者的訊號。很多時候，自願分享夢是以很直接的方式表達，但也有很多情況，夢者很模稜兩可，以下是夢者如何論斷自己夢的一些實例[1]：

「我有一個夢，但是或許其他人有更重要的夢。」

「我有一個似乎不是很有趣的夢。或許我應該等到有比較好的夢時才分享。」

「我的夢似乎很清楚，但我不知道我是否應該讓它占用團體時間。」

「我幾天前有一個夢，可是或許它太舊了。」

「夢我只記得一部分，之前還很多，但是我不記得，所以它可能不適合。」

所有上述這些想法可能源自夢者在考慮分享夢時的矛盾心情，能辨識這個矛盾以及試圖解決是很重要的。夢者應該被告知，以上這些考量都不足以成為不分享夢的理由。依照夢者提出的問題，下列的說明可能有所幫助。

「所有的夢都是很重要的，有些夢可能特別重要，但是沒有所謂不重要的夢。更何況在夢沒有被賞讀之前，我們無法判斷它的重要性。」

「同樣的，所謂單調乏味的夢經常有令人驚訝與奮的面向。」

「無論夢者覺得夢是否清晰，團體工作將會讓夢更豐富與深入。」

「如果夢者真的想分享一個夢，夢發生的時間先後則是次要的。」

「我們沒有任何人可以完整記得一個夢，任何記得的部分都是適合在團體中分享。」

然而重要的是，夢者一定要知道，他沒有任何義務要分享某一個夢，除非他很清楚，他真的想要分享。

一般而言，我們不會同時碰到這些困難。我已經濃縮大約二十年的問題在這幾頁裡，一旦運作的技巧成為習慣，帶領者將覺得比較自在，而且更有

---

1 參見第二章所列的實例。

自信處理偶爾發生的問題。她能更游刃有餘地致力達成保護夢者的使命，帶領團體進行，以及像成員一樣參與團體。

規則：可犯與不可犯

這個團體過程提供一個結構，在這個結構下安全的夢工作得以運作。但是結構並非刻板的容器，當我們很清楚結構的目的時，可以有一些彈性。更明白的說，結構的目標是提供夢者所需要的協助以及她所想要被協助的程度。在這個結構裡，只要記住目標，所有人仍然有自由可以在適當時間，以適當的方式說他們想說的話，唯一不可打破的規則是：「你們不可以傷害夢者。」只要夢者的權威與控制權被威脅，傷害可能會發生，例如對夢者提出引導性問題。引導性問題會觸發夢者尚未準備好的議題，或者還不想進入的領域，這會帶來風險，任何企圖催促夢者超越她所設定的界線，都會有相同的風險。同樣的，在夢的樂章階段，如果成員的連結投射是基於推測或理論知識，而非來自夢者所揭露的訊息，也一樣會威脅到夢者對夢的主導權，而傷害夢者。

在面對一個很長的夢時，團體過程有足夠的彈性可以因應時間的局限。例如感覺與隱喻投射同時進行，如果分開，也可以分別縮短時間。結合這兩個步驟同時進行，對只有一個影像的夢也是權宜之計。事實上，在發展一個影像的可能隱喻時，通常更容易發展出對這個影像的感覺。如果到了播放夢時，時間已經到了，此時可以不需要一個場景一個場景朗讀，只要引發夢者注意尚未充分開發的影像。

在階段 3 的任何時候，夢者可能會對團體說，除了某一個影像之外，他已經很能了解他的夢，他表示希望團體回到階段 2 的遊戲部分，請團體針對這個影像，提供更多的隱喻投射。在團體聽過夢者的回應與部分的對話之後，這個後續的投射可能會更切入中心。在這種情況下，就沒有必要繼續深入對話。

有的夢者可能想要呈現兩個發生在同一晚上的夢。如果時間許可，應該尊重夢者的願望，同樣的，夢者也可能想分享兩個相關的夢，雖然發生在不同的夜晚，這個也可以接受，如果兩個夢都不長而且時間足夠。

領導準則

這個部分應該分成兩種領導型態分別討論。第一類領導，整個團體是同輩團體，對於夢工作的熟練程度相當；第二種則是對外公開、學員要付費的專業團體。對於前者，我一直鼓勵一般人能組成夢團體，盡量地熟悉團體過程的原理，盡可能一起學習，雖然有很多要學，但是學習來自持續的經驗，因為業餘的方式，沒有人可以比其他人擁有更多的權威。一個扎實的夢工作原理將會提供團體自我修正的機制，很多團體是這樣開始的，之後團體總有一個或兩個會尋求專門領導訓練，再將所學帶回團體。我已經看到以這種方式成功地組成團體。最終極的目標是幫助更多的人與夢這個創造性、有價值的、攸關自身的資訊接觸。

任何夢工作的方法都可能被誤用，這個夢團體過程也是一樣。但是在夢團體，強調夢者的獨特情境，以及重視夢者角色因在公眾場合分享而產生的脆弱性，這個強調夢者權利與權威的過程大幅減低夢工作的可能風險，它不提供舞台給任何類型的權威演出。團體只要在既定的方向運作，當任何一個人跨過夢者的界線，成員很快會敏感到。因為我極度強調安全，另一種相反方向的問題可能會發生，也就是團體面對夢者可能過於戒慎恐懼。

我們來看第二種領導的處境，帶領者想要運用這個過程專業的從事夢工作時，它的標準又是什麼？我一直被問到這個問題，也一直覺得很難具體回答，提供清楚一致的標準。我只能描述一個專業工作者，如同我一直在做的，在夢團體工作裡所被賦予的權力以及所要面對的責任。在教導他人之前，基本的技巧一定要很熟練。除了如何傾聽夢者，以及幫助夢者轉化夢境的象徵意義到真正生活上的感受經驗，這些基本技巧之外，帶領者也必須能辨識任何在團體中升起的緊張氣氛，以及何時需要透過適當的團體過程處理這些張力。

當然，我經常被詢問的主要問題是，帶領者是否要具備心理衛生的專業訓練，才可以專業地帶領夢團體工作？以能真正達到上述所列的帶領者原則為基礎，我並不認為一個能被信賴的團體領導者，只能來自那些具有助人專業學位的人。但另一方面，我也認為如果夢工作要獲得公開的重視，專業工作者將會扮演一個關鍵的角色。有助人專業訓練的人應該有兩個發展可能：第一，以熟練夢團體工作技巧學習心理治療的藝術；第二，因為他們專業地位的優勢，這些人更有機會接觸對夢有興趣的人，更有可能得到機構的支持，也更可能被大眾信任接受。一個專業者也應該更知道他自己的局限。我個人覺得任何人想對外收費帶領夢團體工作，無論是助人專業工作者或者門外漢，他們都應該專精領導訓練與督導。

不過有專業助人背景的人從事夢團體工作也有不利之處。要離開治療師的位置與立場，並完全接受讀夢過程與正式心理治療的差異，這並不容易，他們可能會面臨巨大的困難。很多他們過去所學的東西要捨棄，在這個團體當帶領者表示要放掉治療師的角色，而且能接受永遠不引導夢者，總是跟隨夢者（其實這是不錯的治療，但不是所有治療師都能容忍）。治療師對病人比我們對夢者習慣運用更多的知識與歷史文獻，這些是她詮釋的基礎，但是在夢團體並非如此。

總之，一個專業助人工作者，因為他們的訓練，應該更有能力處理來自團體的複雜處境，以及具備必要的技巧催化團體過程。然而另一方面，他們有一部分的訓練與經驗可能是阻礙。一個非專業者也可能透過適當的領導者訓練經驗，精通團體過程，熟悉任何可能出狀況的問題，直到他覺得有足夠的知識與經驗專業地從事夢團體工作。我不發給任何人合格證書，無論他們參加多少次我帶領的領導者訓練，我認為這屬於個人的判斷與良知，這是目前在美國的情況，我可以想像不久的將來，對於帶領者的檢定或許需要更明確的說明。

記錄說明

在團體中記筆記並非義務，但是我會鼓勵最好能記錄一些。帶領者要自己決定多少的筆記會有幫助，以下是我自己的偏好。我的筆記包括：(a)逐字記下夢境以及階段 3 所有夢者說過的話，簡短地記下對話的問題，並盡可能完整地寫下答案，以及(b)簡短地記錄團體與我自己的想法。我非常依賴這些筆記協助我整合連結夢與夢者生活之間的關係，以及作為下次團體的回顧。我一直發現這樣重新溫習筆記常常讓我對這個夢有新的想法，在下次團體開始的時候提供給上次的夢者。我發現如果將筆記本分成兩個欄位，一邊記錄夢者說的話，因為手臂不須大幅移動，手寫的速度會快一些，另一個好處是留一欄的空間記下自己不斷出現的想法與團體評論。

有一些參與者過度仿效我的風格，在階段 2 並不需要寫下每個來自團體的投射。我比較在意的是盡可能寫下夢者說過的話，我不知道是什麼會引發我後來的深刻領悟。然而，當一個沒有經驗的帶領者過度投入記筆記時，可能無法對夢者或其他團體成員保持高度的機警。在做筆記的部分，選擇自己最舒服的方式，如果你的記憶力很好，你可能連夢都不需要記下來，如果夢很短，可能不會有問題，但是依賴一個人記憶經常導致在後續階段沒必要以及不恰當的詢問。

在階段 2，夢者也沒有必要寫下所有來自團體的感覺與隱喻投射。有人說他們發現寫下來對於之後的回應很有幫助，不過最重要的還是這對夢者是否適用，有些夢者在階段 2 喜歡不做筆記，發現要記得對他們有影響的團體想法並不難。

總之，帶領者的責任如下：

團體進行過程方面

1. 帶領團體通過不同的階段。

2. 掌控時間，將時間依重要性適當分配在各個階段，在指定時間內完成整個過程。
3. 處理任何可能在團體中出現的緊張狀況。
4. 一旦團體進行過程脫離軌道，有能力辨識因應。
5. 扮演團體的代言人，感謝夢者的努力。

夢者的部分

1. 對於進行中的夢工作如何影響夢者要保持知覺。
2. 要準備隨時中斷團體，萬一夢者處於困境中。
3. 確定夢者在每個階段都很清楚他的角色、責任，與特權。
4. 適當運用團體幫助夢者。

團體的部分

1. 對於進行中的夢工作如何影響團體每個成員要保持覺察。
2. 在每個階段適度地刺激團體反應。
3. 確認團體成員是否了解他們的責任與局限。
4. 處理任何違反結構的問題。

帶領者本身的角色

1. 實現帶領者與參與者雙重角色。
2. 與所有團體成員一起分享完成整個過程的責任。
3. 準備好分享夢。
4. 當團體開始進行時有責任控制自己的反應。

團體領導最容易犯的錯誤

1. 沒有傾聽夢者。
2. 不知道夢者在哪裡，處於什麼樣的狀況。
3. 在進行過程方面過於制式化。

4. 無法了解團體過程的完成是每個人共享的。
5. 為了結果的成功，過於用力催促。
6. 時間控制不好。
7. 不能尊重夢者的局限。
8. 沒有給予適當的說明。
9. 沒有保護夢者不被中斷，避免引導性問題等。
10. 無法辨識每個階段自然結束的時機。

帶領讀夢團體的技能需要時間與練習。如果你能遵照既定的原則，你犯的錯誤將不會很嚴重，最重要的是能夠辨識錯誤並從錯誤中學習。幫助夢者的任務需要很多細微精巧的技能，這樣的工作會碰到很多不預期的變化與曲解，我們可以預期的，每一個新夢都將是一個新的挑戰。

第十章

帶領一個新團體

在開始一個新的夢團體時，除了已經提過的所有繁複事項之外，有兩部分的說明是必須的，首先要讓參與者熟悉夢是什麼，以及它的療癒力量在哪裡。其次是完整介紹團體過程，包括每個步驟的原理，以及團體成員在每個階段的角色與責任。

教導團體過程也包括示範帶領。在階段 2，帶領者首先將夢當成是自己的夢投射感覺，然後鼓勵其他人也如此做。到了對話的階段，我對大家解釋，我不只會示範問一些該問的問題，也會分享我之所以問這問題的背後想法。雖然在對話階段的三個步驟我都這樣做，但仍然鼓勵團體成員參與。我邀請團體參與探索脈絡，參與播放夢，以及提出任何他們發現的連結。但是我會預先告訴成員，如果提問的問題有任何不妥或者時間不宜，我會將問題指出並解釋我這樣做的理由。

新團體一開始的幾次單元可以當作是學習經驗，教導最好的時機就是團體中有錯誤發生的時候，可以從錯誤中學習。透過示範帶領，帶領者可自己判斷團體是否就緒，成員能接受帶領者也是一個參與者而非承擔團體所有的工作，與帶領者一起分享團體過程的責任。直到團體對過程相當自在，帶領者可以運作這過程，並讓參與者熟悉他們在團體中要做些什麼。帶領者要讓團體過程在一定時間內完成、警覺任何可能發生的事情、讓夢者持續扮演主導位置，以及有必要的話，要提醒夢者的權利等，這些都需要時間學習。儘管一個團體已經進行了一些時間，參與者仍然可以從見習帶領者的帶領技巧中受益，看帶領者示範如何在階段轉換的關鍵時刻引領團體進行，對夢者有某種程度的敏感度，知道什麼時候可以繼續提問一連串的問題，以及當夢者不願意回應某個提問者時，有能力察覺夢者的態度。以下依階段分別列出一個新團體第一單元夢工作應注意的事項。

第一次團體

針對第一次團體，帶領者向團體說明，她有雙重的目標。首要的目標是期待夢者能藉著不同類型的團體互動獲得最大的幫助。其次，清楚地示範整個過程的運作。為了要完成教學的部分，第一次團體與未來進行的團體有點差別。首先，帶領者會尋求一個短的夢，而且最好是當次團體聚會前一天的夢，而不只是徵求一個夢，然後向團體解釋這樣做的理由。來自前一天晚上的夢能讓帶領者透過對話階段的提問，讓夢者重新建構睡覺前的情緒狀態，對這個部分的工作，近期的夢比起幾天或幾個禮拜前的夢容易多了。至於要求一個短的夢也基於實務的考量，在第一次團體，帶領者必須積極地教導過程，每面臨一個新的步驟，她要描述將發生的細節，處理任何可能發生的問題，並確保每個人了解團體進行的原理。這些工作都要花上可觀的時間，如果是一個長的夢，在時間的掌控上會有很大的困難。

關於徵求一個短夢，基於我的實際經驗，我要請帶領者特別謹慎，當在第一次團體徵求一個短的夢時，帶領者要保持懷疑甚至很有技巧地確認夢是否真的很短。要小心的理由是常常成員認為是一個短夢，結果竟然很長。我們如何辨別夢是否真的很短？首先，帶領者可以解釋，一個短夢指的是用很慢的速度，在二到五分鐘內可以說完。其次，如果寫下來的長度超過半頁信紙，那可能已經是太長了。有時候，夢者很真誠地相信他有一個短夢，可是，當他說出來，結果總是比他想的還長，不過這時候已經沒辦法改變，一旦我們開始一個夢，我們就要持續下去。偶爾，有人過於急著要分享夢，以至於沒聽到你強調的**短**這個字，有意或無意識地就提出自己有一個短夢，但是當我們開始才發現夢太長了。我會指出這個夢比我預期的還長，我們可能無法在有限的時間裡完成，至少先與夢者溝通實際的處境讓她了解。

當有人的確有夢，但是猶豫是否分享，如果他的理由是夢比他記得的還長，但是其餘的都不記得了，這時候帶領者應該向他說明，多數的夢都是如此使他安心，我們很少能捕捉夢裡所有發生的事。對於第一次團體，我比較喜歡有兩個影像以上的夢，不過，我仍會堅持基本格言，夢絕對不會因為太短而不能被賞讀。

有了上述考量之後，在第一次團體徵求夢時，帶領者給團體的問題是：「有沒有人昨天晚上有一個短的夢願意與團體分享？」如果有一個人，而且只有一個正面回應，那麼帶領者第一個關心的問題，也就是要有一個夢可以讓團體賞讀，就立刻獲得解決。不過比較常發生的情況是當這個問題在一個新團體中一拋出，迎面而來的是尷尬的沈默，參與者害羞地彼此凝視，看看是否有任何人要自願。

這裡有幾個情境可能會發生，帶領者要有心理準備。

沒有自願者。沈默一直持續，帶領者要等多久，又該怎麼做？我建議等待至少一分鐘，什麼都不要做，這可以產生足夠的團體張力影響某個成員分享夢，然後再一次例行性的詢問，但是做夢的時間改為前天。團體可能繼續沈默，一樣重複之前的步驟，但是這回只問有沒有最近的夢。如果沈默仍然繼續，感覺上似乎要放棄了，帶領者問說：「好吧！有沒有人有任何夢願意分享？」

團體到這個情況的機率不高，讀夢團體的平均成員大約是六到十個，在這樣的小團體，在我的經驗當問到第二或第三個問題時，通常會有人自願分享前幾天的夢。看起來要解決這樣的兩難，一方面想分享自己的夢，一方面又希望別人先自願，有一定程度的緊張氣氛是必須的。

有兩個以上的自願者。相反的，在帶領者第一次提出問題之後，就有超過兩個人回應。這時候我對自願者這樣說：

> 我要請你們兩位（或三位或更多）試著自行決定誰將要分享夢。我不清楚這個夢對你們的重要性，以及你如何迫切地想要呈現它，只有你們自己明白。你們是否彼此分享，表明你們想要在團體賞讀這個夢的程度有多強烈，盡可能地坦白與誠實告訴對方，如果你們兩位（或三位或更多）感覺一樣，我們可以讓機率決定（如果是兩位就擲銅板，超過兩位就抽籤）。你唯一不應該做的事就是忽視你自己的感覺，為了禮貌而退出，之後你將會後悔。單純地讓你的感覺引導你，在聽了他人的感覺之後，再決定是否真的要退出。

當超過一位自願者時，重要的是要鼓勵所有自願者盡量坦白地分享他們的感覺，分享為何想要讀這個夢。我一直看到有人因為不正確的理由放棄他們的機會（例如禮貌、害羞、不想讓自己看起來有攻擊性）。之後他們因為很沮喪自己的選擇，以至於在團體進行時難以集中注意力。

在那些自願者正在彼此分享他們的感覺時，帶領者要特別注意不要讓團體任何人中斷他們的討論。團體其他成員經常好意地提供他們認為有幫助的建議，但是通常幫倒忙。例如，有人可能建議團體兩個夢都分享，這來自他們對團體過程與時間的無知，在一個半小時至兩個小時的時間裡，依照流程，通常只能賞讀一個夢。即使時間夠用，團體想徵求另一個夢，之前自願提供夢但沒機會分享的人也有可能會改變心意。此外，其他一開始沒有自願提夢的人，也可能在第二單元想要分享夢。要清楚的是，當在前一次放棄或失去機會分享夢的人，在下一回並沒有特殊的選擇權。

在一個新團體，所有參與者我都不認識，當有兩個以上成員自願要分享夢，在他們彼此討論做決定時，我會進一步對團體說明我期待的夢。例如有兩個自願者，我將保留做決定的權利，並對團體說明我的理由，主要是基於哪個夢最適合用來示範這個團體過程。我會強調，在第一次團體過後，我再也不會決定誰是夢者，而且，我的選擇絕對不是基於夢的重要或不重要性的價值判斷。一般而言，我盡可能不要做決定，因為我不喜歡讓任何人處於說出自己的夢但是卻沒被團體賞讀的處境。只要情況可以，我寧願讓那些自願者彼此協調做決定。

有一些夢不適合示範過程的功能，它有幾項原因。基於我的經驗，第一次團體的夢最好是短的，但又不太短。一個幾乎沒有細節或只有一個影像的夢，無法提供團體足夠的機會練習後續階段的全部讀夢策略。例如探索夢的連續性變化，夢中出現不認識人物的象徵性意義，有關早期階段的生活等等。當帶領者完全不認識這個團體的成員時，另一個影響選擇的因素是團體總有可能存在不適合團體的成員，有人精神狀態不穩定，需要的協助比夢團體能提供的更多，在我的經驗，這種情況並不常發生，不過如果它真的發生，帶領者能透過成員個人的行為或夢境內容來辨識，這時候，由帶領者來選擇夢是很恰當的。一般而言，我們很難從任何夢境推斷心理病態，但是，在第一次團體，我寧可選擇一個不過度令人困擾異於尋常影像的夢。在第一次團體，還沒有什麼機會觀察到團體成員的行為，但是仍有些可以幫助辨別的訊號警告我們謹慎，例如一般的外型、語調、在自願提出分享夢時的行為、發表意見等。有關在幾個自願者中選擇夢這個問題，有時候我也被自己的直覺打敗，我以為我的決定是對的，結果夢者不是非常防衛，就是根本無法在團體結構下運作。這對帶領者當然造成問題，無法適當地令人滿意地示範團體每個階段。

新團體的第一個單元總是有點冒險。一個驚慌、防衛的人很輕易在過程的階段 2 就停止，或者在團體開始對話階段就不願繼續。被個人問題所困住的人可能利用夢當作尋求團體支持的出發點，或者將團體當作回聲板，越來越偏離夢，夢不是他參與夢團體的真正目的，只是附帶事件。這時候我唯一能安慰帶領者的是堅持，期待下一次會好轉，好的示範終究會完成。

即使當夢者與夢看起來非常適合示範的目的，在我的經驗裡，有時候也不一定會很順利。要事先預測一個夢能敲入一個人多深入的程度是很難的，什麼樣長期沈潛的衝突會暴露，什麼樣有力的反應會發生，以及什麼樣的防衛機制會被啟動，這些都很難預知。一旦第一次示範進行順利，團體就有好的開始；萬一不順利，總是還有第二次機會。

我已經提過，教學是第一次夢團體非常重要的部分，帶領者指引團體成員在過程的每個階段扮演他們的角色，以及每個階段的原理，在一開始簡介時，這些過程雖然全部被說明過了，但是現在他們身歷其境，整個過程變得更有意義。

帶領者不應該在第一次團體分享夢，雖然之後她也可以隨時自願分享自己的夢，但是最好等到團體已經熟悉運作過程。團體必須發展信任過程，這來自第一手的見證，夢者如何主控團體的過程，而不是由帶領者主導。一旦團體成員每個人都有機會分享自己的夢，團體的信任將會更加鞏固。以下列出每個階段帶領者需要考慮的事項。

階段 1A 注意事項

1. 經常，一個新的帶領者在一個新的團體，一旦確定有自願者要分享夢，立刻覺得很放鬆，以至於忘記事先問做夢的日期，這對於剛開始參與夢工作的人特別重要，因為夢可能與夢者考慮是否在團體中分享夢有關。
2. 對團體過程仍是陌生的夢者可能會立刻開始拋出聯想，除非帶領者請她暫停。
3. 新團體成員有時會彼此注視，好像在詢問：「你有沒有夢？」或者直接問對方。帶領者要強調，是否分享夢，每個人都要自己做決定。

階段 1B 注意事項

在夢的澄清階段，允許問太多問題會讓團體拖延猶豫，無法前進。

階段 2A 注意事項

1. 幾乎總是有成員沒聽到帶領者的說明，邀請團體先投射感覺，他們會直接談論夢境對他們的象徵意義，帶領者此時可以詢問他們對那影像意義的感覺，並激勵團體成員試著將焦點停留在夢所引發的感覺。
2. 團體成員一定要清楚地了解，他們可以自由談論任何對夢產生的感覺，但是不一定完全局限在這個階段才可以提出，下一個階段的焦點雖然是夢境隱喻投射，仍然可以將夢當作是自己的夢，繼續提出感覺。成員也可以提出他們認為真正夢者可能會有的感覺，只要他們以自己投射的方式拋出想法。

階段 2B 注意事項

1. 如同之前提過，團體對名詞的使用會有疑問，例如**隱喻**、**象徵**、**詮釋**。帶領者必須非常清楚這些名詞的意義，象徵不同於符號，符號本身有明確特定的指標意義，例如一個路標符號可以讓你清楚前方道路是彎曲的。但是象徵傳達某種抽象意涵，較少具體範圍指標，例如一個國家的國旗，可能會喚起不同強度的愛國精神。隱喻可以視為象徵之使用的一個概念，隱喻是詩的本質，布里格斯和摩納哥（Briggs & Monaco, 1990）定義詩的隱喻與夢境視覺隱喻可以相通：「簡單地說，一個詩的隱喻就是一些不相似事物的結合（圖片到觀念，觀念到感覺，感覺到物體，物體到圖片等等），就這樣我們的心智發現不預期的關係，出現新的洞察。」（p.3）譬如說，在夢裡，房子可能是自我意象，房子的閣樓代表意識記憶，而地下室可能代表潛意識，或者它可能暗示某個具體的房子，喚起過去的感覺。而詮釋則具有技術性的意義，如之前描述，比較適合用於心理治療，以普遍性的方式解釋詮釋者所觀察到的某個行為面向，這行為與夢並無立即性的關聯。治療師通常比我們知道更多夢者的歷史，關於夢如何顯現夢者的人格與問題，他們比較會描繪廣泛性的涵義。
2. 可能需要重複強調這個階段成員對夢的感覺與想法並沒有任何限制，只要團體成員將夢當成是自己夢的方式談論，以成員之間彼此分享投射的方式呈現。

階段 3A 注意事項

1. 當將夢還給夢者，邀請夢者回應時，有些夢者的反應熱情，聲音高昂，而有些夢者很害羞，遲疑甚至防衛。對於後者，帶領者要經常向他們保證，在自我揭露部分，他們有權利與特權自己主導與控制，要夢者很清楚，她可以說很多也可以說很少，就看她自己的意願。她也可以自由地提出任何聯想，也可以連結到任何生活層面，包括最近的或很久以前。她也可以自由說出這個夢對她的意義。有時候，夢者對於團體對她的期待會有一些錯誤的印象，例如，她只能回應來自團體的投射，或者她不能談最近生活情況，錯以為它們必須等到團體提問才能分享。

2. 如果夢者因為說得很少而覺得很抱歉，帶領者應該鼓勵她，在對話階段可能會出現更多想法，使她安心。

階段 3B 注意事項

1. 這個階段可能出現的問題大都已經被討論過了。在詢問夢者問題的部分，帶領者要找到不過度堅持但也不過於鬆散的中間之道。帶領者的責任是要示範高難度的詢問技巧，譬如要如何才能讓問題盡可能以簡單與開放的方式呈現，如何辨識後續問題的指標，如何感覺夢者是接納某個問題還是將某個問題請出去，不想回答，以及最重要的，如何察覺一個議題是否完全被觸及，夢者對這個議題已經沒有進一步補充，帶領者能決定自然結束的時間點。
2. 一個新的成員，因為不熟悉過程，或許會難以決定是否要繼續夢的樂章階段，由於沒有經驗夢的樂章能做些什麼，他或許會不確定該怎麼做。帶領者總是可以在這時候介入，讓夢者表示他是否覺得聽聽成員看法對他有幫助，最後的決定權仍然是留給夢者。
3. 一般而言，在一個新的團體，帶領者通常先主動提出一個連結投射，雖然提出一個有效的連結需要很多的學習，但是團體成員通常不會羞於嘗試。我們似乎都很熱切能有機會「詮釋」其他人的夢。有時候我會想，它似乎已經是我們內在既存的驅力，幾乎是不可控制。

第十一章

夢　者

現在我們已經準備好進一步詳細考慮夢者剛開始在團體裡探索自己夢時的某些特質。我們將跟著夢者從決定加入夢團體，一直到分享夢過程的最後一個階段。在他們學習如何運用團體過程讓他們得到最大利益的同時，我們將要注意夢者在面對每個階段的主觀反應起伏。

參與夢團體的決定

來參加夢團體的人有許多各種形式的理由。因為有很多不同種類的團體從事夢工作，下列的觀察是來自我所帶的團體或者我所訓練的人所帶的團體。雖然有些人是被參與過夢團體的朋友影響，因為他們的朋友對夢工作熱烈回應而來，但是大部分的人想投入夢工作是源自內在需要。在最近幾年，我所有的專業活動一直聚焦在夢，我一直遇到長期追蹤自己夢的人，記錄它們，了解它們，以及依賴夢提供重要的洞察。夢團體的經驗在他們持續的個人夢工作過程增添豐富的筆記，他們是真正熱愛夢的人。

有人因為在心理治療的時候偶然遇到他們的夢，才發現自己是愛夢者。有人在治療完成之後進一步探索夢工作，很多人在參與夢團體的同時也伴隨治療，也有些人發現在心理治療將要結束的階段，夢團體的角色功能是介於治療師的支持與個人獨立自主之間的銜接橋梁。

有些人是潛在夢愛好者，也有的是躲在衣櫃裡的隱秘夢愛好者。前者是沒有察覺自己的興趣，直到遇到一個朋友對夢有興趣才燃起愛夢的火花。而秘密地愛夢的人則有不同的問題，他們很清楚自己對夢的興趣，但是基於某種理由，他們猶豫將這個愛好公開，他們的抑制或許來自膽怯、羞恥感、任性，或是他們可能預期會得到同儕嚴苛或負向的回應。在美國，特別是在都市地區，基於文化上的壓力，傾向支持這樣的興趣，而非抑制。然而在瑞典，我已經在很多偏遠地方帶過夢團體，經常遇到秘密探索夢的人，因為他們害怕來自同儕的負向回應。

真正熱愛夢的人是組成一個夢團體的支柱，他們是準備長期承諾留下來的人。有一群人可能會也可能不會成為夢的熱愛者，這些人通常之前有一點夢的經驗，因為朋友、伴侶，或少數因自己小孩或父母而來，在開始嘗試了四週之後，或許會、或許不會發展出真正的興趣[1]。

偶而，有人發現自己來到夢團體的理由是錯誤的。有人雖然需要心理治療，但猶豫不前，這樣的人可能發現夢團體是一個比較沒有威脅性的選擇。參與夢團體的動機可能由於各種不同精神疾病的需要，而非真正對夢生活有興趣，例如將團體當作是自我表現的出口，當這種情況發生，操弄團體符合這些需要已經凌駕於夢工作之上[2]。

我碰過一個相當不尋常的情境，有一個團體在一起研究某個與夢無關的領域，後來他們決定將原來的團體改成讀夢團體。發現有兩個參與者並不情願這樣的改變，他們潛藏的怨恨不久就在夢裡出現。

心理治療師剛開始到我的團體表面上是為了增進他們的專業技巧，得以探索案主的夢，結果他們大都成為真正夢的熱愛者，也很高興分享他們自己的夢。只有少數人沒有勇氣分享自己的夢，他們的參與局限在賞讀他人的夢，然而一旦他們緊黏著他們本身治療師的身分不放，會很明顯地出現問題。他們會進入夢者尚未打開的領域，因為治療師自己覺得有相關，或者使用佛洛伊德理論或榮格系統來詮釋夢，儘管這些概念已經超越夢者所分享的特定意義或無關於夢者的任何聯想，這些都將奪取夢者自己夢的主制權。我們的目的就是要幫助夢者，讓她夢中的影像能夠契合具體的生活經驗，最好不要使用一些專有名詞，像是**戀母情結**、**安尼瑪**、**安尼瑪斯**等，除非夢者自己引介這些名詞，否則你將冒險將夢拋入一個沒有明確保證的參考架構裡。

總而言之，來參與讀夢團體的人，有的出於興趣，有的出於需要，或健康的理由，或其他等等。大部分人的目標是想學習如何更有效的了解他們的夢，有些人只參與夢團體，享受團體帶來的收穫，就覺得滿足，有些人則被

---

1 參與我的團體的人一次要簽約連續四週，四週過後，他們可以繼續或離開。

2 如果有人精神狀態過度不穩定，而且需要專業的協助，他們的行為通常在一開始的四週就可以辨識出來，如果再過一段時間，這個人看起來很明顯的需要正式心理治療，我將私底下與這個人接觸，同時也讓他自己決定是否要繼續留在夢團體。

團體的過程所著迷，進一步參與帶領者訓練，最終目標是自己帶領團體。心理治療師則精進自己，能更有效的運用夢幫助案主。正在接受心理治療的人在夢團體分享夢比在治療室裡放鬆自在。最後，也有人來參與夢團體是基於宗教的動機，他們意識到他們的夢生活是屬於心靈的面向。

對夢工作的初始態度

隨著來到夢團體的動機不同，成員對夢工作也有不同的準備。人們對於夢的概念與重要性看法不一樣，他們有不同程度的養成背景，有些人可能根深柢固忠誠於某個詮釋夢的學派，是否準備好放棄既有的概念，每個人的程度都不同。也有人之前有不同類型的團體經驗，結果形成他們對團體有一定的期待。對於能記得多少夢的差距也很大，有些人幾乎連一個片段都沒有，有些人有清楚短的情節，也有人的夢是有很多場景、情節詳盡的長夢。更關鍵的是，他們對團體過程的開放度也不同。

團體能否成功，完全要依賴信任的發展：信任夢境影像是誠實可靠，信任團體進行過程，信任團體，信任帶領者，以及信任自己。所有的動機因素間接影響團體的放鬆與信任的深度，它們也會影響成員一開始對夢團體工作的態度。有些人很有信心也很熱切接近它，有些人會焦慮。有些人很大膽，很快跳入，感覺放鬆，一開始就相信它。有些人克服焦慮，很快分享夢，急切要完成第一次的經驗，有些人則小心退縮，寧願先測試水溫。

對權威者的態度在我們的文化裡扮演一個重要的角色，它會很快在夢團體裡顯現出來。每個參與者或多或少都有些難以接受最終、也是唯一能決定自己夢意義的權威是自己，而不是帶領者。

有過團體心理治療經驗的參與者有時候會發現自己很難適應夢團體結構，心理治療團體成員之間有較多互惠性交談流動，而夢團體的過程有一定的運作規則，團體過程設計是以符合夢者的需要為導向，是要幫助夢者，而不是在於探索任何其他成員的問題，一般而言，心理治療師要花一些時間才能適應這之間的差異。

決定分享夢

在回應帶領者徵求一個夢時，每個有夢的人都將面臨是否要與團體分享自己夢的決定。每個人決定分享夢與否的掙扎程度與實踐的方式都不盡相同。夢者在團體的自在程度有多少？她會擔心太過私密的個人生活被公開嗎？夢對她有多重要？這些考慮都將影響夢者的決定。除此之外，其他可能影響夢者決定是否分享的因素還包括夢是否清楚，是不是重複的夢，最近還是很久以前的夢，如果是一個舊夢，這個夢是否從來沒有被放下，或者是一個出現令人震撼不尋常特徵的夢，激起了夢者的好奇心。在團體中分享第一個夢也是影響因素，夢者可能會等待，直到她有一個她自己認為「安全」的夢。有時候，感覺上她已經滿意自己對這個夢的理解，只是好奇團體還能發現些什麼。

在試著要分享夢的時候，如果在同一天晚上有一系列的夢，夢者可能會茫然到底要選哪一個，以及是否包括同一天晚上相關的其他夢一起分享。這個問題必須與帶領者商議，通常要看夢的長度以及時間是否許可。

在決定是否分享夢的時刻，就像站在斷崖預備要往下跳一樣，知道下面有水，但不知道有多深？是否安全？她將會發現什麼？探索的是一個新鮮有趣的世界，還是有怪物正等著要吞噬她？如果她發現水太深，有沒有足夠的協助可以幫她回到岸上？

這些狀況無疑地會讓部分的人猶豫是否分享夢，至少是在第一次。我們曾說明過，猶豫來自焦慮，有很多方式可以合理化這猶豫，例如夢太短、太無聊、很不重要等等。當然也有不少人有很緊急或有趣的夢分享，當一個夢者決定要分享時，另一個可能面臨的難題是有其他人也想分享。第一個自願者可能採取利他主義的態度而退出，因支持他人而延遲自己的夢，表面上的反應是鬆了一口氣，但是，相反地，他也可能覺得很沮喪失去分享夢的機會。夢者要避免低估或高估自己的需要與欲望，這是需要坦白表達與維護自己權利的時候，而不是禮貌性的承讓。要提醒所有自願者，如果每個人想分享夢的熱切程度都相等時，可以用機率的方式來決定，例如抽籤或擲銅板。

一旦決定分享夢，每個夢者分享揭露的程度也不一樣。有人可能很高興有這個機會，熱切地要敘述夢，也有人仍然很猶豫。夢者可能會與團體進行拔河，一方面想讓大家認為他很樂意分享，一方面又希望有其他自願者可以拯救他，讓他免於即將來臨的嚴苛考驗。矛盾與自我反對的態度會投射在夢上，夢者在提夢時會有點不好意思。

描述夢：階段 1A

一旦所有的干擾因素平息之後，夢者的任務就是盡可能完整詳細地說明夢境，這意味著要抗拒自我審查、偏見、刪除，或編輯夢的誘惑，或者用各種方法竄改原來的夢。記憶本身已經有一點偏離真實的做夢經驗，若是在敘述的時候又改變一些，可能會危及它的本質。通常夢境裡較明顯的影像，夢者在分享上沒有困難。在意識上需要的努力是盡可能地包括夢境的背景，夢中的心情、感覺，色彩的察覺，在夢中的年紀，或者人與物的位置安排等。

在敘述夢的時候，可能也會引起保密的議題。當夢者認識的人出現在夢裡，夢者可能想要保護這個人的身分，團體成員可能有人認識這個人，也有可能是基於個人因素。然而，夢中出現的人物有時候他們的名字本身可能有雙關語，可能對夢者有特殊意義，因此，是否要克制不讓夢裡人物姓名曝光，要讓夢者自己決定，看要顧全哪一方。

在敘述夢的時候，要讀自己的筆記或自然而然地回想，這由夢者自己選擇，也可以自然地回憶，然後再察看筆記，是否有遺漏之處。重要的是，盡量完全地將夢境翻譯出來，而且要慢慢地說，讓想記錄的成員有足夠的時間寫下來。如果是短的夢，有時候可先以自然的、自發的方式描述一遍，然後慢慢一句一句重複讓團體寫下來。但如果是個長夢，這樣做則太消耗時間。我發現最迅速的方式就是讓夢者只說一次，但是速度放慢，讓其他人有時間寫下來，無論是讀原先筆記或是自然地回想。

實際的夢工作從夢的分享就開始，讓夢公開本身就已經交出某種程度的個人隱私，啟動了「開放」過程，就僅僅是與他人分享夢這一簡單的舉動，就可能導致突然的領悟，當這種情況發生，會明顯地顯露在夢者的表情上。偶爾，在敘述夢結束的時候，我會聽到夢者說：「我想我知道這個夢的意義了。」這是比較戲劇性的結果，不過一般的夢者即使再怎麼與這個立刻頓悟的結果疏遠，當夢者將焦點重新放在夢上，就已經開始了他的內在旅程，一步一步朝向夢的起源。

一個沒有經驗的夢者可能在這個時候感覺到一些焦慮，甚至後悔將夢說出來，當過程慢慢開展，這些疑慮通常會消失。在我的經驗裡，後悔分享夢的人很少很少。

澄清夢：階段 1B

這部分要注意兩件事：團體每個成員是否對夢清楚了？有關夢，團體成員是否知道所有應該知道的？所提的問題要以這兩個目標為範圍，在澄清夢境時，夢者可能被要求重複部分夢境，當有些部分已經間接地被提到，但是不清楚時，我們可以問夢者，對於這部分有沒有進一步的補充。如果是空間安排不清楚，可以鼓勵夢者畫草圖。

我喜歡一開始的問題是確認夢中的人物有沒有真實的人，以及夢者是否在真實生活中認識他們。如果是，請夢者簡短地描述與夢中人物的關係。這應該是簡單的回應，夢者不應該藉這個機會對夢中人物做自由聯想，發現他們出現在夢中的理由。有人可能會詢問夢中人物的年齡，如果是年紀大的，是還活在世間，還是死去的人。團體要清楚夢者在夢中的年齡，要詢問夢者在夢中的感覺，任何出現的顏色等。

在回應問題時，夢者必須小心，限制自己的回答在夢境澄清範圍，檢查是否有想要給團體其他與夢相關聯想的衝動，有時候需要很高的自我控制才能克制想要說出的衝動，因為夢者覺得她所想到的可能對團體有幫助。無疑地，有些聯想可能有幫助，但是伴隨而來的很可能是誤導。尤其在階段 2，成員將夢當作是自己的夢投射時，他們可能會追蹤團體成員的思考，限制成員的想像空間，影響成員探索。

不應該讓夢者覺得有壓力，讓他覺得他必須將夢境模糊混淆的事件說得比夢境經驗得還清楚，任何不一致或不調和都應該被接受，夢境影像與情節的特質就是經常不是很調和的。重要的是，夢者要知道這些指引，不要覺得必須回應不恰當的問題，或太堅持要對夢境不清楚與沒有邏輯的部分建立清晰與邏輯性的了解。

對於沒有經驗的團體成員，可能要經常重複說明，才能讓他們了解這些基本方針，對詢問夢者的問題有所限制，不追問過多細節。而新的夢者也可能必須要花一些時間，才能學會在夢境內容與夢醒之後的想法之間劃出清楚界線。恰當的問題不但能豐富夢境細節，也能刺激夢者回想更多的片段。

玩夢：階段 2

現在可以開始遊戲。我特意地使用**遊戲**（game）這個字，因為這個階段，成員將夢當作是自己的夢，努力描繪他們的感覺與想像，像是遊戲，但是它本身卻是嚴肅恭敬，希望成員的反應對夢者有所幫助。夢者在這遊戲過程，他在團體的外在角色是消極被動，但是他的內心是主動活躍的。夢者在遊戲期間並不參與團體，除非團體對夢有誤解的時候，夢者可以提出糾正，或者補充任何突然想起有關夢的資料，夢者也可以要求某個團體成員重複他沒聽清楚的部分。至於夢者內在活動方面，在同一時間，他要積極處理許多迎面而來的資訊。

關於階段 2 團體工作的本質與衝擊，之前在第二章已稍微扼要提及如何對夢者說明，以下則是詳盡的說明。

對夢者的說明

你可以記錄任何來自團體成員針對你的夢所產生的回應，他們提供的想法可能經常會讓你產生極大共鳴，也有可能無法引起你的注意，而也有的投射可能讓你感動，但你卻不清楚它與夢如何相關。你有可能發現自己用不同的心靈層次在回應你所聽到的。有時候，你會特別覺得所有出現在團體的想法感覺都與你有關，你可能覺得非常驚訝團體對於你的夢的反應有如此豐富的結果，而你原本以為這個夢幾乎不值得分享。

你可以自由地接受或拒絕任何你聽到的，你的任務是分辨出何者是真的，對你是有效的，而不只是意識上覺得可能或邏輯的，這部分你是唯一的裁判。你將獨自一個人在團體的協助下感受你自己的夢，沒有任何外在干擾，或者對團體有任何義務。如同你有自由接受與拒絕任何你聽到的，你也必須允許團體可以自由地投射他們對你的夢，包括對夢的感覺與夢境隱喻。在實踐上，這意味著不要將任何團體成員的投射當作是針對你，如果它造成你的反應，你必須自己負責，成員的投射可能碰觸到你真實的面向，團體成員對他們的投射負責，而你則對你自己的反應負責。當遊戲繼續進行時，你或許發現自己覺得焦慮、威脅感，或是生氣，但是這種情況發生時，通常是因為兩個原因：(a)你已經將團體成員的投射當作是詮釋你的夢，以及(b)你正感覺到有些事情是真的，開始焦慮它將被知道，你不了解只有你自己才能決定它是否將被公開。一般來說，大部分的夢者在遊戲期間，大都覺得很安全，而且也很擅長掌控當時的情境，也能夠處理自己的反應。通常，夢者會越來越感謝團體成員的協助，對團體成員的認真探索夢給予深度地回應，感謝他們對夢所投入的關懷與興趣。

另一個有趣的事件將平行地發生。你將發現當團體在探索你的夢時，你也開始對影像產生自己的聯想。事實上，團體提供沒有威脅性的協助似乎有降低你個人防衛的效果，並且能打開冒險的潛能。換句話說，在一個你覺得安全的社會環境裡探索夢，會產生連帶效應，讓你更接近你的夢。這個效應也將隨著來自團體任何能擊中核心的投射而增強。非常有趣的是，即使成員所提的投射對夢者而言是錯誤的，也會有幫助，在幫助確定影像並非某種意義時，他們讓你更靠近真正的意義。夢的流動已經開始，動力來自內部，也同時來自外部。

夢者在傾聽團體的同時，也在探索自己的夢。團體成員可以自由地選擇任何方式面對夢，因此，他們對夢者的貢獻是有點隨機的方式。夢者面臨的任務是篩選這些貢獻，檢驗他們是否違反自己的想法，接受某些，也拒絕某些。即使是小心的反對，夢者有時候會對某個投射有個人反應，無法明白團體成員有特權形成他們的投射，在某種程度上可以自己選擇，不須接受任何挑戰。夢者唯一要關心的是賦予影像意義，以及尋找問題的答案，也就是，為什麼在這個時間點上做這個夢？

夢者在這段期間並沒有必要完全面無表情。他可以很自然地有非語言的反應，提供團體線索某個投射已經引起夢者的反應。有時候他可能被自己的情緒與需要困住，需要團體協助處理。這時候，一般而言只需要暫時停止團體進行，給夢者沈默地支持即可。

在遊戲進行的過程，夢者能體驗到自己對團體成員提出的想法所產生的反應變化很大，從驚訝團體能給他如此豐富資訊與助益一直到感覺失望，因為夢仍處於黑暗不明狀態。多數夢者感覺從團體得到一些東西，有時他被團體的輸入訊息所淹沒，覺得無法進一步開放而希望團體停止遊戲進行，他應該覺得有這樣做的自由。偶爾，當遊戲進行得很熱烈，夢者不能克制衝動，打斷團體進行，開始與團體分享自己的發現。

針對團體的遊戲投射，夢者如何反應要看他自己的態度與經驗。他的態度可以是充滿興趣與好奇，也可以是防衛地關閉。透過練習，他會學習有效地傾聽團體，並且區辨哪些投射能引起他的共鳴，哪些不能，以及哪些是他抗拒、不允許自己有所同感。他開始了解，成員的投射能夠在很多不同層次觸動他，同時，他也會考量之後哪一部分要與團體分享，哪一部分將要保留。

接受與拒絕成員投射的標準不是看投射的人，而是投射的內容是否能讓影像具有意義。夢者自己管理所有因團體投射所引起的反應，無論好的或是壞的。他能在沒有任何限制下，自由地依自己的想法面對這些投射。

有時候，夢者發現自己處於緊張狀態，特別是與成員的投射有所衝突時，或是他感覺到團體對某個重點似乎有了共識，這時候似乎很難告訴自己：「但我的感覺並不是這樣子。」

當來自成員的投射被拒絕，通常有三個理由：

1. 它真的與事實不合。
2. 它是對的，但是引起太多的焦慮。
3. 它是對的，但是夢者還沒有辦法看見。

雖然夢者在遊戲階段感受到一些焦慮是很平常的，但是很少因為焦慮而停止遊戲進行。夢者越能感覺到來自團體的投射給他所需的推動力量，讓他開始接近自己的夢，他就越會更熱切地想要進一步靠近自己的夢。

夢者回應：階段 3A

當遊戲結束，夢者必須改變他的心智狀態，從向內關照到對外分享。對團體過程不熟悉的成員，在這個時候，可能對成為團體的中心有所焦慮，關心自己的表現，不確定要如何組織他的反應，不知從何開始，以及猶豫什麼該分享，什麼不該分享。她應該呈現自己對夢的想法還是回應團體的投射？帶領者只須簡單向夢者說明她可以依照自己的意願進行，讓夢者安心即可。

夢者在回應之前，可能需要一點時間獨自整理他們的想法。有時候夢者有太多的感覺以至於難以開始說話，因此帶領者可以提供一個簡短的間隔，讓夢者適應這個過渡期，夢者利用這個間隔組織她的想法，準備好接管與回應。她現在是整個團體的焦點，每個人的眼光都在她身上，她面臨著自己對自己的期待，以及對團體的期待。讓我們更靠近地來檢視在這個時候可能讓夢者困擾緊張的因素。

夢者對自己反應的期待被幾個因素所決定，包括(a)她覺得有多安全，(b)她從團體中得到多少，(c)夢內容隱私的程度，(d)夢對她有多麼重要。此外，她是否有團體工作的經驗以及她與團體的其他成員的熟悉度都會有所影響。她可能誤以為團體對她的表現有某種期待，不正確地覺得自己對團體有某種義務，可能會導致自我批判，特別是當很多夢境意義仍然與她很疏離。

一般而言，夢者大都又驚訝又感恩團體給她的刺激，感謝團體給她的禮物，更重要的，它讓夢者更自由、誠實、開放地分享。夢者通常很驚訝地發現，出現在團體的想法與自己一般的生活竟然如此相關。

然而，夢者對團體的想法與感覺反應差異很大。對於夢團體過程不熟的成員，他們回應的焦點傾向於長期盤旋在他們心中的議題，這些問題如何被團體的想法所觸動，這是很自然的傾向，因為團體的反應的確容易撞擊夢者各種不同層次的生活，打開舊有與最近的生活議題，這對於夢的了解可能很有相關，讓夢者有機會能盡量具體地將發生在做夢之前的生活脈絡列入考量。但是，當夢者累積了更多經驗之後，熟悉夢團體工作之後，會將更多的注意力放在夢上，搜尋與夢相關的生活脈絡。

沒有經驗的夢者習慣將回應聚焦在夢境中最明顯凸出的元素，有更多經驗之後，會努力嘗試針對夢中每個元素回應，無論它們看起來是多麼的不重要。有時候從意識的角度看起來很微不足道的元素，可能具有深遠複雜的涵義。

夢者的回應有很多類型，就像夢者本身有很大的差異一樣，每個人在這個階段的收穫是不相等的。個體的人格在這個階段會很顯著。有些夢者一定要將他們所有聽到的套在夢境裡，假設其他人比他們自己還要有智慧或者更有看法，或者覺得他們有義務回應團體成員的所有想法。而事實上，他們唯一的責任就是他們自己，要關心的是去發現哪些想法感覺對他們是有幫助的。有些夢者非常自由，有些則謹慎拘謹。雖然多數夢者會強調他們得到了些什麼，但也有少數夢者較關心的是他們沒有從團體得到些什麼。有些夢者誤用團體，讓回應落入戲劇性或引人注意，對於夢境影像的意義不太關心。也有些夢者讓自己主觀判定的需要付諸行動，接著表達對團體表現的失望，批判團體的貢獻。有些人可能會尋求支持，或者讓他們的依賴需要更加明顯。有些則非常抑制，很不願意過度與團體分享。從過度順從，接受所有團體的想法，一直到固執地拒絕任何團體的觀感去影響先前對夢的看法，夢者在這兩個極端態度之間的差異非常大。有些人無意識轉移團體焦點，離開了夢做聯想，因此他們分享的與夢境沒有什麼關係。當夢者出現「啊，我發現了！」的反應時，通常會很急切地想要與團體分享。有時候夢者可能會猶豫不決是否要分享，如果不分享會有不舒服或罪惡的感覺，後者的反應只要再次保證夢者的權利就沒有問題，她的合法責任就是要克制分享任何讓她覺得擔心的事情。夢者可能會表達她的驚訝，因為有些事情對她而言似乎已經很明顯，但是團體卻沒有提起。

在回應的時候，夢者可能會注意到團體成員在將夢當作是自己夢投射的時候，忽略了某個影像，如果夢者真的想要，她可以要求團體回到遊戲階段，用一點時間集中探索那個影像。

有時候，夢者會好奇為什麼某個團體成員會提出一個特殊的投射，這時候夢者可以提出這個問題並獲得成員的回應。

在夢者要回應的時候，通常她對夢已經有比較清楚的想法，或記起尚未與團體分享的其他夢境片段，她可能藉這個機會說明以及糾正一些團體對夢的誤解。

我們曾經談論到，有時候夢者在這個階段覺得從團體獲得很多，在她將所有成員投射統整之後回應團體，夢看起來似乎已經打開，達到令人滿意的程度。夢裡的元素已經連結到最近生活事件刺激出來的議題，並與過去情緒餘留有關。夢者已經非常近距離地碰觸她的夢，不需要團體進一步的投入。帶領者要讓夢者很清楚，她沒有任何義務要完成後續階段，不管是對自己的期待或是團體對她的期待。夢者如果想在這個地方中止，覺得她可以自己往前走，這絕對是可以理解的。一個夢的意義總是比我們已經知道的還多，而團體對成員夢的協助也可能有局限，總是有些領域比較適合在私下探尋，在夢者回應結束的時刻，如果已經有完成結束的感覺，這時候夢者所需要的只是帶領者的確認，夢者想知道其他成員是否也同樣有結束的感覺。

有些例子，特別是剛接觸團體過程的夢者，在這個階段會表示已經從團體獲得一些幫助，但不想要繼續深入。她想在這個時候停止的決定應該得到帶領者的支持，即使下個階段的對話可能會很有幫助，也不管團體是否熱切地想要繼續，最終仍應該以尊重夢者的決定為前提。

大多數的夢者都很歡迎後續的對話階段，進一步深入夢。儘管已經有部分收穫，她仍然對於夢境某些特定的元素很困惑，或者仍不能理解整個夢的意義。

提問與答覆：階段 3B

在階段 2 回應之後，對於夢的理解，夢者已經盡了力，現在輪到團體啟動與夢者的對話。在這個階段，最重要的是要了解基本運作規則，特別是有關夢者的權利與責任。他有權利回答一個問題，但是他也有責任自己設限決定什麼是屬於個人隱私，不想與團體分享。如果夢者決定要回應一個問題，他的義務是在他覺得自在的自我揭露程度內，盡量誠實地回答。最重要的原則就是夢者仍然主控對話，處理他想處理的問題，以及有絕對的自由結束對話。因為對夢者的提問是用來當作探索的工具，夢者可能需要時間，有時候是很可觀的時間，甚至有時候是一段長時間的沈默。

前兩段的對話，也就是放大最近生活脈絡與播放夢，這兩個階段主要是致力協助夢者盡可能完整地發展出與夢相關的所有聯想母群體，夢者當然也有自由分享任何新的領悟以及與夢相關的聯想。只有在最後階段的對話，團體成員可以自由地以投射的方式提出自己的看法，也就是夢如何與夢者生活連結。

在每個階段進行過程，有時候很順利，但有時候不見得順利。通常要看夢者的動機與經驗，也要看團體成員問問題的技巧以及是否遵守運作規則而定。

現在讓我們進一步檢視夢者在面臨來自團體問題時可能感受的經驗。在

第一階段的對話，他被請求重新建構做夢前的心情以及盤據在他腦海的一些想法。這時候最大的問題，很可能是忽略或輕描淡寫與做夢前引起情緒餘留的近期相關事件。只有在夢者有一些夢工作經驗，見證過餘留的感覺與想法如何扮演引導一個夢產生的重要角色，否則一般人都會忽略它們的重要性。沒有經驗的夢工作者通常會遮住某些最近的生活事件，有意無意的，他似乎已經做了判斷，這些事件與夢是不相關的。我們必須要學習為何這些最近的殘餘會在夢裡顯露。有時候多一點的堅持是必須的，很溫和地引領夢者回到他自己的生活，認真地對待與最近生活經驗相關的感覺與想法。日常的殘餘不會很大膽地自行表露，它們需要被曝光，這要花時間才能察覺它們的重要性，以及它們在形塑夢時所扮演的角色。

在下一個階段的對話，當團體某個成員將夢讀給夢者聽時，這時候夢者重新與自己的夢對質，通常會引出更多的聯想。如果沒有進一步的聯想，帶領者可以提醒夢者之前對一些影像的聯想，或許能給夢者多一點刺激。如果這個方法仍然沒有辦法讓夢者產生更多的聯想，夢者或許會苦惱自己的無能，沒辦法產生更多的聯想。這時候帶領者要讓夢者安心，向他說明這整個過程的意圖只是要開發更多的聯想，並不意味一定要有。此外，當夢的播放繼續時，對於之前沒有任何聯想的影像通常會有新的聯想產生。

當夢者在猶豫是否要回應一個問題，帶領者應該向他確認他有不回答的權利。他可能覺得團體對他有權力，發現要表達不想回答的意願是很困難的。或者他不想因為沒有回答問題而傷害或與問問題的人敵對，這時候夢者需要帶領者的幫助，確認這些感覺是不恰當的。夢者也可能想要在播放夢這個階段結束，但仍發現這樣做很困難，因為夢者錯誤的想法，覺得自己對團體有義務。

少數的夢者在對話階段非常的防衛與抗拒。在這種狀況下，即使是非常謹慎小心表達的問題，都可能引起防衛，夢者決定說得越少越好。不過大部分的情況，夢者很正向地回應前兩個階段的對話並回答必要的問題。他們學會使用問題當作尋求答案的工具。當他們發現他們的聯想使他們得以建立橋梁，溝通夢境與醒著生活時，他們的回應變得越來越自由。當夢的播放非常成功時，通常讓夢者覺得深深碰觸到自己的夢，覺得之後的路，自己可以獨自前進。

直到此刻，過程的每個面向都一直在將隱藏在夢者心靈的訊息引到檯面上，期待夢者自己能夠跨越隱喻的鴻溝，連結夢境影像以及它們所要表達的意義。不過有些時候，來自團體成員的覺察洞悉，以投射的方式呈現，對夢者的領悟有所幫助。雖然，夢者與夢在夢的播放完成之後有很深的碰觸，但是可能仍困惑於整個夢的意義，或者淹沒在資料裡，很難有系統的組織。

在對話的最後階段，當成員提供自己的連結投射，夢者要將成員的投射當作是一個問題來處理，就像對話開始的階段，夢者可以自由地決定是否回應。

當一個投射擊中核心，會促使夢者有反應而且通常釋放更多的有效聯想。第三階段的成員投射如果很成功，能提供夢者對夢意義更有一致性的觀點，以及夢一連串的隱喻如何與生活上某個特定議題相關。

當對話第三階段的結果進行得很成功時，夢者會清楚表示完成結束的感覺，這種感覺可以從夢者豁然開朗的表情或明顯鬆一口氣的姿勢看出來，有時候，如果沒有達到這種結束的感覺，很可能是時間的限制與複雜的資料讓團體成員很難產生有助益的連結投射。

獨自工作：階段 4

仍然有兩種方式可以繼續邁向結束。第一是關於夢者自己在當次團體結束之後以及下次團體聚會之前所致力的進一步工作，在這段時間，夢者獨自面對自己或許能較自由地運用她所有的資料，捕捉更多夢的意義。團體的努力能有長期的衝擊效果，夢者可能經過幾天期間的咀嚼，發現更多隱藏的意義浮現。分散的資料可能聚在一起，使夢更有整合的感覺。結果是，夢者正在學習連結自己的夢與醒著生活之關係。

第二個有助益的方法是帶領者或團體的任何一個人主動致力探索，於下次聚會與夢者分享遲來的連結投射（參考第七章），在兩個連續的團體單元期間重新探討夢與所有引出的資料。在沒有時間的壓力下，以及對資料還有鮮明的記憶，或者重新建構自己的筆記的過程中，可能會產生新的領悟，或發現全新的方式看待這個夢。

在下次聚會時，下個夢還沒開始呈現之前，先邀請夢者與團體分享任何額外的想法，也是在這個時候，帶領者或任何團體成員可以提供他們遲來的連結投射，夢者再一次處於試用他人投射的位置。如果它與夢者的感覺契合，很好！但是如果不契合，不要覺得困擾。一個遲來的連結投射，特別在小心謹慎的態度下完成，有時候會戲劇性地消除之前沒有達到結束感覺的挫折。

問題區

這部分的問題大部分已經間接地提過。然而在夢工作，問題可能會不斷地發生。在這個階段，有一些是可以預期的。

夢者可能會對團體有不切實際的期待，夢團體工作並非代替心理治療，將夢團體當作是心理治療的人很快就會察覺到它們的不一樣。需要心理治療的人所需要的個人注意力與專業的處理，遠遠超過夢團體工作的運作結構所能提供的。這並不是說，這類型的人不能從讀夢團體中獲得幫助，但僅僅是夢團體是不夠的。

另一個不切實際的期待來自夢者認為每個夢都應該深入，也就是，深入埋藏已久的心理情結，暴露某些全新的自我，導致像地震般的效應。雖然夢工作經常碰觸我們心靈深處，但這並不是夢工作一定會發生的結果，我們的夢生活也同時既寬又廣地映照迎面而來的日常生活問題。多數的情況，它們只是讓我們面對自己很少察覺的真相。因夢的協助，我們得以更清楚、更有感覺地看到與某個特定生活脈絡相關的真相。夢的特性是它將某些自己不確定的議題與近期某個特定的生活事件連在一起，這些問題我們或多或少已有些評量，而且這些議題也已經在我們過去的生活中出現過。在團體結束的時候，夢者常會出現一種感覺：「雖然我一直知道它的存在，但是我現在的感覺不同了。」

夢者的防衛機制無論意圖再怎麼好，都可能導致誤用團體過程。一旦防衛被啟動，通常伴隨一些不舒服的感覺，要消除這種不舒服感，夢者可能要求助一些自我挫敗的動作，例如他可能表面上分享，但實際上非常存有偏見地選擇要分享的內容，或是將分享的內容抹上一些色彩，讓它們看起來明亮一些，或者操弄他對團體的回應以尋求支持肯定。比較極端的例子是他可能徹底地認定他先前對夢的想法，以至於對團體的刺激完全封閉，無法接收任何來自團體的想法。

另外一個難題看起來似乎是防衛，但也可能不是。我指的是托拉斯（Jon Tolaas[3], 1978）所提到的「隱喻盲目」。夢者除了將夢境影像從表面形式來理解之外，完全無法有其他想像。將字面上的意義轉化成抽象意義並將夢境影像視為是隱喻性意涵，似乎超越他的能力。他不能看到夢境與生活之間的連結，因此很快就覺得挫折不願繼續努力。有些人可能會慢慢學習，慢慢帶引他們不要局限於字面上的理解，漸漸欣賞隱喻的本質。

[3] 他是我的同僚，挪威籍，出版很多有關夢的文章。

第十二章

團　體

在這一章，我想要詳細說明團體成員在每個階段所要扮演的角色，有一些重複是不可避免，我過去長久的經驗說服我，有些要點需要重複的強調。

夢者的需要已經敘述完畢，一個安全又同時充滿刺激的社會環境最能符合他們的需要。團體若要回應夢者這些需要，必須要清楚它在每個階段的角色與功能，從開始到結束的策略都是一樣，也就是讓夢者覺得安全，不侵入的態度，裝備夢工作所需的內在探索工具。然而，團體在每個階段所需的戰術不同，團體的工作是協助揭開資訊，而夢者的工作則是使用資訊。團體只能協助夢者到她想要被協助的程度，能夠辨識兩者之間的相互依賴關係是最重要的。對於一個不熟悉團體過程的夢者，在團體與夢者之間可能有些暗流，一旦有經驗，會逐漸相互接受與欣賞而化解暗流。要找出致使夢浮現的某個重要生活事件，夢者與團體之間的緊密結合是先決條件。

團體聽從夢者的指示，團體成員追隨夢者而不是領導夢者，而且永遠不可以從夢者手上奪取控制權。然而，這並不表示團體成員沒有積極又清楚的責任，這些將個別地在每個階段勾勒輪廓。透過團體成員對夢產生感覺、隱喻與想像投射，以及他們提出問題的方式，團體成員創造一個理想的夢工作環境。他們提供夢者所需的空間、時間，與隱私的尊重，讓夢者得以誠實地檢視自己。很自然地，這個進行過程將暴露並包含可能升起的焦慮。在一個持續進行的讀夢團體，彼此分享夢以及分享的深度，致使每個人接近彼此共通的人性，這種很深的共同感並不需要很長的時間就會產生。很多參加夢團體的人有過不同類型的團體經驗，他們很驚訝地表示，團體彼此的信任與深刻的親密感竟然能如此快速產生。我經常覺得很疑惑，精神病學的社群為什麼沒有多一點察覺，發現夢團體工作能夠減低防衛機制，以及喚起個體更真實碰觸自己的獨特能力。

傾聽夢：階段 1A

團體成員要將夢者所有說過的話視為有潛在重要性。這涉及到一種主動的傾聽過程，從起初有人自願要分享夢就開始。在主動提出要分享夢之後，夢者的想法是什麼？他們是熱切、猶豫、覺得不好意思、後悔，或矛盾，希望有其他人自願？他們是否有價值判斷，指出夢如何重要或不重要？他們會將自己的夢與別人的夢比較嗎？這些觀察可能在之後夢境影像中被增強。

一旦夢者開始講述夢，我們的心智準備是非常重要的。夢者在敘述夢的時候，他同時也正在將一個圖像翻譯成語言，夢裡的圖像元素並不會依循一般的邏輯規則，因此也可能很難用文字傳達。而且，言語翻譯的困難也來自夢境影像本身的奇異、難以理解，或任何不熟悉的特徵。雖然你的目標是盡可能有一個清楚實際的夢境，但是你必須有心理準備接受某種程度的模糊或不清楚，以及包含任何迷惑的感覺。

如果你能費心將夢寫下來，事實上我很強烈建議你這樣做，在後續的過程中，你將有所參照。我強調這點是因為我發現依賴記憶沒有將夢寫下來的人，在後續階段必須再一次問夢者讓他們恢復記憶。這樣做將占用團體時間，而且會干擾夢者。除非我們聽不清楚夢者說什麼，否則我們不能隨意打斷夢者說話。如果你不清楚夢者說的話，最好是等到他說完之後再找機會問他。

在夢團體中，無論是賞讀什麼樣的夢都有某種嬉戲好玩的本質。夢工作本身充滿刺激與挑戰性，而且持續著某種創造的緊張氣氛等待被解決。夢好玩的特質應該保留但不應被誤用。在分享夢的時候，夢者可能會暴露許多不同的心靈層次，這些並非直接在表面上出現。我們必須察覺並且能感受到夢者的感覺，這種敏感度會克制任何衝動的反應或言語。

澄清夢：階段 1B

團體對夢應該有的一些資訊，有時候可能沒有出現在夢者的敘述中。一般的通則是任何實際發生在夢境裡的經驗應該盡可能地詳細分享，之前已有些說明，在此重複強調，內容包括下列幾點：

- 夢者能記得任何夢境裡的感覺嗎？
- 夢境的人物夢者在真實生活中是否認識？他們的關係是什麼（夫妻、朋友、親戚、同事等等）？
- 夢者在夢境中的年紀（如果從文字脈絡仍看不出來）以及其他角色、名字或其他（夢者能說的）？
- 夢裡有沒有指出特定的顏色？如果沒有說明，可以問夢者是否有任何顏色出現在夢中。
- 夢裡空間關係是否清楚？如果不清楚，邀請夢者畫一個草圖。

在實際進行的時候，有某些考慮要謹記在心。在這個時候，搜尋的資料要有限制。舉一個很明顯的例子，如果是配偶出現在夢中，夢者可能察覺很多想法感覺與這個影像相關，夢者除了說明與人物的關係以及在夢中被這個影像所引發的感覺之外，不應該被迫說出其他資訊。如果夢者對於某個夢境元素並不清楚，也要避免繼續要求夢者澄清。在這種情況下，我們只能接受模糊與不一致。有時候，這些影像的特徵可能含有訊息價值，這時候比較常發生的錯誤是企圖引出夢者醒著時對影像的聯想，它們雖然很重要，但不是在這個時候，它的理由之前已經說明。

澄清夢境的基本規則就是問題盡量少且簡短，並嚴格限制在之前提過的要點範圍。夢工作要花很多時間，將時間花在後面階段比較有益，在一個新的團體，成員會覺得一直問問題要比下個階段扮演主動的角色，將夢當作是自己的夢來探索，容易多了。在這個階段，我們要避免探尋夢者的聯想，這個部分對於心理治療師而言特別困難，尤其在他們還沒有完全了解這個過程的原理之前，他們的挫折是可以被理解的，因為在正式的心理治療，通常從夢者的自由聯想開始。然而在這個團體，在後續的階段 2，當團體成員將夢當作是自己的夢來探索，如果成員能完全自由想像，包括他們自己的生活事件與各種張力，團體出現的資訊會比較豐富，夢者會因此而獲益。他將一直會有自己的聯想，而且他也一直有充分的時間被允許發展他的聯想。在團體成員提供了他們的想像與聯想之後，夢者的聯想一定更加豐富，時常讓夢者感到不可思議。

借用夢：階段 2

為了方便參考，這裡整理一個在階段 2 運作的通則。團體成員可以從兩個面向自由地發展他們的投射。他們可以認同夢者的位置，就他們對夢者過去參與團體的認識引導他們的投射，這將包括夢者之前分享過的任何議題以及夢者已經在團體公開的生活脈絡。以這個方向為出發點時，我們從夢者汲取較多的暗示發展感覺與隱喻，而不是夢本身。這可能會有效果，但是要注意的是，這些線索可能會與最近脈絡無關，而且一定是不完整的。

另外一個取向是以夢為基本樣板，回顧自己的生活，過去是否有特定的感覺、經驗，以及議題因為夢而勾起。這裡要注意的是不能挑戰夢，而是相反的，過去記憶被夢碰觸而升起。這通常相當有幫助，因為團體彼此的分享開始發生，而且更多真實的感覺被表達出來，這些聲音來自個體真實的存在，唯一的問題是有人可能會分享過多自己的過去而讓團體偏離方向。

以上這兩個方法並非相互排斥的，事實上當我們能自由地運用兩者，它的效果會更好。

這個階段對成員的挑戰就是：透過你創造性的想像，你能與夢者的創造相契合，讓夢境影像整合，發現它們的首要意義。你要善用自己比夢者優勢的部分，也就是這個夢不是真的屬於你的，你所說的話產生的後果，你沒必要與它們繼續相處，你可以自由地看到夢者還看不到的真相。你的投射可能揭開她眼前的面紗。當然，夢者是自由的，她可以立刻換一個新的面紗遮蔽自己，但是她更可以採取一個健康的態度看待已揭開的部分。

團體自由運轉探索夢境感覺與影像的能力會讓夢者得到很多好處。這是開發影像產生的感覺與隱喻意義的練習，它可能引發夢者的反應，它提供一個獨特的機會，讓夢者私下揣摩各種不同影像意義，並且評量它們是否契合自己的感覺。夢者不須公開自己的評量，因考慮團體的反應而限制自己。當團體在致力賞讀夢時，這個夢對夢者將更有真實感，也更引起夢者的關注。

這就像榮格所說的，當團體暴露在一個共同的潛意識領域，集體潛意識就開始起了作用。當團體成員以自我揭露相互回應夢，以投射的方式提供給夢者時，感覺上就像輕輕敲起集體潛意識。

對於遊戲的精神，團體成員理解的能力大不相同。他們面對的是一個「借來」的夢，一開始總是很困難使用第一人稱**我**來投射，有時候，某些人特別有困難將夢轉化成自己的夢，會讓自己說的話沒有任何個人主觀色彩，譬如說：「在那種情境下，人可能會覺得……」而不會說：「這個場景讓我覺得……」

這階段的團體互動應該是相互刺激，而不是競爭或挑戰。我們能以彼此的投射為基礎，繼續發展，但不能對成員的感覺或想法有所爭論。更不可以改變夢來符合我們的投射。我們從各種不同的角度將箭射出，但應該來自相同一致的弓，以及一定的射擊距離，雖然我們不知道靶子在哪裡，但是在這範圍內，我們可能會有些箭射中目標。

另一個比喻也可以說明遊戲的功能。夢者正面對一個神秘、難以理解的謎要解開，她需要協助發現線索，團體成員是眼睛看不見的偵探，因此沒有直接的通道進入神秘的場景。但是他們有集體的經驗，而且有夢境的指引暗示，他們互相交換想法，找出可能的線索，希望能幫助夢者發現一點曙光。最後，夢者或許仍處於黑暗中，也有可能突然解開秘密，或者發現自己仍介於兩者之間。

這個遊戲最常發生的違規是有團體成員直接將自己的投射指向夢者，忘記此刻夢是自己的，不是夢者的，或者為自己的投射躲避責任，在談論的時候，以非個人的口語，好像他的投射是屬於匿名的第三者。

影像與感覺：階段 2A

我們在這個階段所談論的感覺可以是我們抽象的想像，或者是真誠的感覺。這兩者都可以達到刺激夢者的目標。前者的感覺是來自夢境影像的聯想，或者成員想像夢者對影像可能產生的感覺，而非自己真正對影像的反應。當成員能夠認同夢時，將喚起更多自發性的感覺，真實的感覺也因此被釋放。即使沒有那種認同感，夢仍然可能引發小時候的感覺，或者是還盤據在心中的感受。當感覺是來自個人的生活經驗時，通常比來自影像的想像對夢者更有意義。

夢境影像能以某些方式引發感覺。夢的情節可能引起特別的感觸，例如一個人晚上在黑暗的巷道會覺得恐懼，或者某個特定的影像可能會喚起某種力量，這兩種情況都是對夢境字面意義的反應。不過我們能以更間接的方式感受，也就是發展隱喻的反應，捕捉與它相關聯的感覺。例如，一個火車頭可以被認為是一個強大力量，足以移動滿載貨物的火車，但是也讓人覺得意志力堅強，很有決斷力。

我們可以很有創意地描述感覺：

「我覺得我好像置身於柏格曼（Ingmar Bergman）電影情節。」
「我覺得像是愛麗絲夢遊仙境。」
「我夢境的感覺就像是仙女的故事。」
「我覺得自己像是二流電影的一個演員。」

或者更直接的，

「我覺得十分驚慌。」
「我覺得很幸福。」
「我覺得生氣。」

在提出這些短的回應時，最好能夠避免一個字的答案，例如**焦慮**（anxiety），應該盡量與夢境連在一起，例如，「當我轉身看到那個危險的身影，我覺得焦慮。」

初學者有時候很難在影像的感覺與意義之間劃清界線，他們會開始發展影像的隱喻意義，而不提到相關的感覺。當這種情況發生時，可以進一步邀請他們辨認在他們所表達的想法背後是否有一些感覺。

有時候，即使是很有經驗的團體成員，也會著迷於影像的可能隱喻，他們可能會偷偷摸摸地將隱喻藏在感覺背後，忍不住在這個階段說出來。例如，有一個攝影師分享他的夢，夢中他在暗房工作，但是黎明破曉的晨光滲入暗房，干擾他工作。當團體開始探索自己對這個夢的感覺時，有個成員回應說：「我覺得我開始看到光亮。」這是個很漂亮完美的隱喻，但是它的感覺範圍很大，例如鬆一口氣、興奮、感覺事情突然整合在一起、清晰明朗的感覺等等。當我邀請她嘗試說出她想要表達的感覺時，她回答說：「最近，生活一直過於分散，無法掌握，現在事情漸漸明朗，**我覺得鬆了一口氣**。」雖然夢中的光對夢者並不一定是這個意義，但是團體成員可以表達她對這個影像的感覺。

團體成員可以問自己下列的問題，幫助發展自己的感覺：

- 當你在聽夢者描述夢的時候，你的立即感覺是什麼？
- 這個夢與你的生活有沒有一些關聯？如果有，這些影像是否引起你某些特別的感覺？
- 夢境的情節以及情節之間的變化是否引起你任何特殊的感覺？
- 仔細思索夢境每個影像，有沒有喚起任何特定的感覺？
- 你是否能以夢者公開的生活脈絡為線索，體驗夢境的感覺，例如，夢者第一次在團體分享夢的焦慮？
- 這段時間有沒有任何非私人的外在事件（例如，夢發生在聖誕節期間）可能與夢相關，並引發某種感覺？
- 夢者過去分享的夢可否提供任何線索連結最近這個夢的感覺？
- 如果我是夢者，我在那個特別的晚上有這樣的夢，我可能會有什麼感覺？
- 假設我和夢境中的人物打成一片，會產生任何特殊的感覺嗎？
- 我能夠捕捉到夢的整體感覺嗎？

總而言之，我們能以多重的管道回應影像的感覺本質，例如，夢中出現貓的影像，它可以讓人覺得溫暖、毛給人柔軟感覺，或者你會想到貓有九條命，是生還者，或者在生活中因為貓而引發的任何感覺。

影像與意義：階段 2B

當團體要轉向隱喻的探索時，要提醒成員可以繼續發展對夢的感覺，如果有進一步的感覺，仍可以自由地提出。在這個階段，我們像遊戲一樣，自由運轉，透過團體成員相互交換想法，影像意義不斷地發展與變化。以彼此的投射為基礎，每個人的想法因此更豐富。在這裡，團體開始扮演積極的角色，除了暫時假設擁有這個夢以及只探索既定的影像之外，沒有其他任何限制，可以藉著各種不同的路徑輸入各自的想像，自由漫遊於寬廣的隱喻田野。團體很容易進入狀況，但是當時間到了，要喊停卻是不容易。

與前階段一樣，成員可以從兩個路徑發展他們的隱喻意義。你可以從夢者的角度感受他在夢發生那天晚上的情境，或者你也可以參考自己的生活，問自己在什麼樣的生活情境下你會選擇這些特定的影像。我們從過去夢者的分享知道越多夢者的生活，越能以第一種方式幫助夢者，但是無論我們對夢者知道多少，我們仍然會用第二種路徑發展我們的想法。

即使是非常有經驗的團體，仍要提醒團體夢境的每個細節，注意顏色的可能隱喻、雙關語、一個字可能有雙重涵義，而且要特別注意不尋常的影像以及不協調的地方，例如缺乏合宜的感覺，或者出現不合宜的人。此外，當夢者對某個影像提供很多的細節時，要特別注意這個影像。我們可以單獨把玩一個影像，也可以將影像放在情節中或者一個特定的場景，或者是從一個場景移動到另一個場景。最後的場景可以視為是對開場的回應，或夢境一開始的衝突與緊張氣氛的解答。比較或對比夢境開場與結束的場景，可能會產生新的想法，上下或左右思考都可能提供有效線索理解夢境意義。空間結構的安排可能比喻身體或者不同層級的心靈層次，例如對於潛意識的領域，一般人經常以地窖或者地下結構、寬廣的水面，或者黑色的區域等等形式表達，不能辨識的人物可能代表某部分的自己。身體的各種不同器官也可以用其結構的形式表達，例如各種不同的容器象徵女性的生殖器官，而武器或者凸出的物體被視為男性的生殖器官。簡而言之，從事越多的夢工作，將更能了解我們的夜間語言，這是將我們的感覺高雅精巧地轉化成影像形式的語言。我們越是精通這個語言，我們越能大膽熟練地翻譯。

參與夢團體的期待可能會製造某種緊張感覺，它可能出現在夢裡。反映這種緊張感覺的影像包括剛開始修一門課、要去旅行、一個新班級的開始、要在公開場合表演，或者夢境出現暫時的睡覺處所，例如住在飯店裡、或者夢境影像可能參考前一天看電視或新聞報紙的圖片。影像也有可能是關於從私領域到公領域之間的轉換，例如在自己的臥房或浴室出現其他人，或者家裡在沒有預期下，突然出現客人。

與夢團體有關的感覺在剛開始分享夢的時候比較容易出現，或者夢是發生在團體要聚會的前一天晚上（雖然不一定是局限在前一天晚上）。夢團體提供一個普遍性的情境脈絡背景，它可以非常有力的碰觸與揭露相關的議題，包括被侵入的恐懼、有關個人自我價值感等等。通常參與團體所引起的焦慮，只是夢者內在深層問題的表面顯現而已。

與夢團體帶領者相關的影像也是很普遍而且各式各樣，要看帶領者的人格以及他所造成的衝擊。一般比較常出現影射團體帶領者的影像包括夢中出現老師、火車列車長、警察、法官、飛行員，或者是政治領袖。在他人的夢裡，我有各種不同的形象，從一個有智慧的老人一直到好色愚蠢的老人。在這之間，我也曾被當成是飛行員、列車長，或是老師。

要判斷因參與夢團體本身的緊繃感而引發出的夢境，是否與個人的工作或生活有關，經常可以從夢境中出現的人物與場景推演出來。雖然所有的夢推演到後來都是個人的議題，但是在這裡，我們要談促使這個夢的因素，例如若是有關家庭，通常會包括年紀大的人、嬰兒、小孩、配偶，或者其他家庭成員、朋友等。如果夢境出現的是辦公室、辦公建築、同事、督導或老闆等，夢境則由工作引起。

夢可以被看作是透過一系列的圖像場景說故事。場景之間可能沒有很明顯的關聯，但是，它有其本質性的連貫性，主要是依據夢者所關心的議題以及這議題所引發的感覺所串連。因此，在組成自己的投射時，我們可能可以稍微感覺到這個夢者關心的議題是什麼，當我們進一步檢驗場景的順序以及探尋情緒的一致性時，我們或許能發現場景之間的關聯性，夢從一開始的緊張呈現，逐漸運作，到最後的解決，這過程有某種變遷的流動節奏。

團體成員有時候會猶豫要不要提出某個投射，因為他覺得這個投射可能會過度困擾夢者，讓夢者覺得不舒服。這是不必要的考量，主要的理由有兩個：第一，我已經強調過，如果我們能夠記得一個夢，就表示我們已經準備好面對夢境涵蓋的訊息，不管我們的意識願意或是不願意。第二，如果我們不想在團體裡處理某個訊息，我們仍可以自由地持續我們的防衛結構，無論是有意識或無意識的選擇。在團體情境中，我們總是可以將某人的投射放在一邊，拒絕運用到我們身上。通常人們到夢團體的目的是找尋真正的自己，他們對於感覺很敏感，很有警覺，他們會因為某個感覺對他們而言雖然很真，但是他們不想處理相對而來的焦慮而拒絕嗎？或者因為這個感覺會讓他們在團體情境中不舒服而不願意面對嗎？或者這個感覺根本是錯的，不適用於他？有經驗的團體工作者都清楚，如果他們能夠暫時停留在不舒服的感覺，自己私下探索或是在團體的協助下繼續深入，將獲得最大的利益。

當你在探索夢境影像時，記住下列要點：

- 仔細地檢查夢的佈局，你是否能尋獲任何主題、張力或矛盾？
- 檢視夢境每個元素的潛在隱喻。
- 有沒有引起聯想的童年時期資料？
- 影像有沒有顯著的不完整，是否在暗示著什麼？
- 有沒有哪個大家都已經知道的生活脈絡與影像相關？
- 影像有沒有暗示任何可辨識的社會刻板印象——例如一個有攻擊性的年輕黑人？
- 場景的接續有沒有暗示任何故事情節？

- 你有沒有檢查雙關語或是任何雙重意義的名詞？
- 你有沒有試過夢裡的人物角色可能是夢者自己的一部分？
- 你有沒有試著探索夢者所有的細節？

總之，在整理階段 2 的投射時，下列的守則是很重要的：

- 將每個團體成員的發言當作是他們在談論他們自己——也就是團體成員所說的被視為是他們個人對夢的投射。
- 要執行這個原則，他們將夢當作是自己的夢，以第一人稱的方式發言。
- 他們彼此分享投射。
- 在他們提出投射時，避免注視夢者。
- 積極鼓勵他們，不要因為擔心自己的投射不恰當而壓抑任何投射，或者覺得自己投射過度與他們自己的生活相關而不敢提出。我們都沒有辦法事先預測夢者將如何反應。
- 這階段的目標是盡最大可能運用團體成員的想像力，讓夢境的感覺與意義自由跳動，不考慮成員提出的投射對夢者是否是真的。
- 遊戲本身有好玩的成分，即使我們面對的是一個很沈重的夢，遊戲是在一種玩耍與挑戰的氣氛中進行。
- 有些夢或多或少有明確的性別（例如，夢聚焦在夢者與一位異性的關係上）。在這種情況下，團體成員即使本身並不是與夢者同性別，也可以自由地認同夢者，從夢者的角度想像夢境的感覺與影像意義。

傾聽夢者：階段 3A

從團體的角度，這個階段是真正與夢者對話前的準備。在之前的階段，當我們將夢當作是自己的夢時，我們的姿態是積極的，我們必須讓自己對夢境喚起的情緒與感覺很敏感，而且要學習如何順著隱喻的軸線引導我們的想像力，我們盡可能地將我們自己置身於夢境，經常，我們因此發展出一些中肯的感覺與想法。現在，當夢者開始她的回應，我們必須假定自己是能接收容納的姿態，我們需要一套不同的裝備，也就是有關傾聽的技巧。這指的是讓自己擺脫對夢的看法，開放自己，以不評斷、沒有偏見的方式接收來自夢者的訊息。從現在開始，你回應夢的基本假設是立基在夢者身上，你能否幫助夢者的能力端視你是否能聽見夢者所說的話。

如果我們要讓自己從夢者的角度重新看待這個夢，這樣心態上的改變是必須的。成為一個完全的接收者通常比表面上看起來還難，它意味著要將之前對夢的概念，認為夢可能的意義是什麼暫時放下來。然而，我們很容易被我們原有的看法黏住，固定於既有的想法，這經常妨礙我們調整自己的角度。從夢者的觀點讀夢，我們必須將我們對夢的想法連結到夢者的某個特定的生活事件。與階段 2 比起來，這樣的轉變幾乎是一百八十度的變化，但是如果要豐富與夢者之間的對話，這樣的轉變是必要的。

以下要點是你在傾聽夢者回應時要謹記的：

1. 仔細聽夢者一開始回應的內容，它們不僅代表團體工作在階段 2 對夢者的衝擊，它們經常是追蹤夢發生前一天晚上，夢者的感覺與腦海所想議題的重要線索。
2. 記錄夢者能辨認最接近夢發生之前的事件到什麼程度，有時候他們很樂意給大量的細節，有時候他們完全不提。無論如何，記下任何最近情緒脈絡的線索，準備在對話一開始時探索。
3. 記錄任何對夢者似乎是重要的，例如他言語一再強調，或者從他的語氣感覺，或者重複提到的部分。
4. 夢者是否能連結正在表達的感覺與夢境中的感覺，如果不能，而你覺得這中間似乎有些關聯，將這部分記下來，在之後對話時進一步探索。
5. 夢者是否已經看到現實生活事件與夢境之間隱喻性的連結？如果沒有，而你卻已經感覺到這樣的連結，記下來在對話階段進一步探索。

6. 記錄所有夢者尚未碰觸的夢境要素，它們有可能是過度沈重，或者太令人迷惑，或只是被夢者忽略。不管是什麼原因，它們都將在下個階段團體與夢者對話的時候被列入考量。

有些夢者在回應的階段非常開放，釋放很多訊息，有些則相當保留，直到他們非常信任這個過程以及團體。小心的傾聽會提供你一些線索，知道夢者比較想要保留個人隱私的部分，也讓你比較清楚團體與夢者對話將如何展開。團體並沒有要企圖將一個比較保留的夢者轉化成一個很開放的人，我們接受夢者任何開放的程度，這是我們的原則之一，也就是跟隨夢者，而不是引導夢者。

對話：階段 3B

從這裡開始，在夢者的邀請下，對話階段分為三個步驟。整個過程的設計都是要讓夢者能夠更接近他的夢。我們完全無法預先知道對話的哪個步驟將對夢者有幫助，也無法預測能幫助夢者到什麼程度。在階段 2，我們用隨機的方法或許對夢者不一定有用，如果是這樣，那麼一切就要靠階段 3 對話的技巧以及對話如何能徹底的開展。因此，對話階段對夢能打開與否的重要性差異很大，有可能只是消耗時間，也有可能是團體能否幫助夢者的最後關鍵。

團體在這個階段的使命是盡量協助夢者挽回足夠的訊息，使他能與意識生活建立連結，感受到夢的意義。這並非是理智的操練，過程的每一步驟其實是由夢者的感覺所調整，團體的任務是探索那些感覺以及促進這些感覺的浮現。這個階段提供必要的設置讓這個任務可以達成，這個階段的第一步驟是要為這個任務做準備。

探尋脈絡：階段 3B.1

在夢者完成她的回應之後，我們應該已經擁有一個非常豐富的基礎進行對話。夢者的回應通常會提供我們一些線索，例如最近生活事件的角色，夢者最關心的議題，夢者對夢境每個元素關照的程度，夢者對於自我揭露是輕鬆自在還是很困難，以及她辨識夢境影像潛在隱喻的天分。

對話一開始的焦點是放大形塑夢境的近期感覺餘留，透過對話一開始的問題，團體成員教導夢者如何探尋與辨識引發夢境的最近生活事件。即使夢者已經提供大量她覺得與夢相關的最近生活事件，仍然有進一步探索的空間。問題的功能是協助夢者回想夢當天晚上的情緒脈絡，我們關心的是如何幫助夢者盡可能地回憶她睡前的感覺與腦海裡想的事情。夢者經常錯誤的以為她只要說與夢相關的生活面向，帶領者應該提醒她不要有這樣的局限，因為在這個階段根本無法得知最後與夢相關的事件是什麼。

無論夢者是否說了很多最近的生活情形，第一個恰當的問題（只適用於最近的夢）是：「你能記得在入睡前的任何感受，任何想法，或者在心中盤據的事情嗎？」（如果夢者已經說了一些，補充：「除了你之前說過的以外。」）這些後來想起的感覺餘留來自白天事件的混合，在做夢時重新浮現，形成夢境。夢者可能已經描述很多導致這個夢所有發生的事情，然而，詢問上述這個問題能協助夢者聚焦在那些最堅持的事件或感覺上。萬一這個問題沒有引起夢者任何回應，還有其他問題可以刺激夢者的記憶。

「那天晚上有沒有讀什麼東西或看電視而餘留任何感覺？」像這樣簡單、直接的問題，能幫助夢者重新捕捉一些已經脫離他注意力的感覺，我們可以沿著這樣的問題追蹤夢者的個人生活或工作。當她在回顧最近生活經驗時，她可能會突然明白某個家庭的處境，一個朋友的拜訪，或者一通電話如何與夢相關。有時候，一開始的收穫很小，偵探的工作必須擴大到一段較長的時間，例如夢境前幾天甚至一週前。

「你能回顧夢發生前幾天的事件，有沒有任何事情讓你留下特別的感覺？」經常令人驚訝的是，在某個回顧過程，看起來似乎沒什麼希望，竟然喚起某個對夢有重要意義的特別事件。這類問題對最近的夢比較有用，如果是幾週前、幾個月前、甚至幾年前的夢，夢者通常只能大概的回想當時生活的脈絡。越是久遠的夢，越難搜尋之前特定相關的生活事件。

還有其他方式探索最近生活事件所引起的感覺餘留。團體可以詢問一個大家都知道的脈絡，也就是夢者在團體裡面，而且正分享一個夢，如同之前提過的，分享夢的時候會引發很多焦慮，特別是第一次經驗。我們從來沒有教導在公開場合分享我們的夢，或者與不認識的人一起追尋它們的私密意義，想要分享夢的預期壓力可能會成為一個強而有力的感覺殘餘，想在公眾場合探索夢的念頭可能碰觸到個人私密生活即將公開的潛在焦慮，夢的確碰觸到我們不願為人知的秘密，如果我們將自己脆弱的地方曝光，別人將如何看待我們？他們會因此看不起我們嗎？或者他們會因此而占我們便宜嗎？換個角度想，夢工作可能會讓我們滿足被注意的需要，表現好的願望，或者讓團體認識我們的渴望。無論如何，我們對參與夢團體的期待可能會攪動很多的感覺，可以問問題確認是否如此。

「在入睡前任何時候，你是否有想著夢團體？你對於在團體中分享夢的感覺如何？」一個新加入團體的夢者可能會經驗到衝突，在想要分享又擔心夢不知會揭露什麼樣的掙扎矛盾。如果她在團體已經有一段時間，但一直還沒分享夢，她可能在入睡前決定要有一個夢分享。在回應團體這方面的問題時，她或許能夠看到夢中的自己如何處理這些焦慮。

最後，團體可能有成員知道夢者某個特別的生活事件，他希望使用這個事件探索一個可能的脈絡，如果他覺得這樣做可能會侵害夢者的隱私，他必須先私下得到夢者的許可（例如，傳紙條給夢者）才公開。

讓夢客體化：階段 3B.2

在播放夢時，團體要將夢從舒適自在的主觀位置轉變成高度外在明顯易見的客體，夢影像被賦予擁有它們自己的生命。現在它們彷彿脫離夢者，卻又讓夢者出乎意料，帶領夢者打開新的聯想路徑。

在這個時候，團體成員開始成為夢的擁護者，他們的工作是協助夢者面對自己的夢，將夢當作客觀的實體，它出自於夢者生活的脈絡。團體成員不僅要傾聽他的回應，也要積極協助夢者對夢境每個元素集中聯想，影像之間如何相互關聯，以及與他分享的生活故事之間是否有任何連結。就某種意義來說，夢開始成為團體的工具，用來探查夢者的聯想網絡。但是夢者在這個過程可以自己控制探查的程度以及意願，不像手術時完全由外科醫生主導控制權。將夢讀回給夢者聽，夢在某種程度上客體化，讓夢者產生一個新的視野。在這個階段，夢結合已經引出的意識生活訊息，通常會刺激夢者更深層的回應。

在讀一個場景給夢者聽時，很重要的是不能敷衍馬虎，要有點戲劇性效果，能感覺到夢的神秘特質，指出夢者在夢中感覺的相稱與不相稱之處，引起夢者注意尚未注意的影像，並且注意夢者如何回應在夢境中展開的故事情節。

要決定一個場景的範圍並不難，夢者通常在敘述夢時會說：「後來場景就變了。」這種改變可能是周圍環境變了，或是引進新的人物，或者有新的活動。有時候是一個有很多場景的長夢，在時間已經將要用盡的狀況下，有時候可能被迫一次讀幾個場景，才能完成整個夢。

當你仔細聆聽夢者，將發現夢者這些進一步的聯想與夢境影像有明顯相關，或者你可能發現它們似乎與夢所要表達的感覺或意義矛盾，你以夢的倡導者角色，可以對夢者指出這樣的矛盾，將夢者帶回這樣不一致之處，經常可以打開更多相關的聯想。要注意的是，每個夢者想要探尋夢真相的程度不同，他們可能無意識地否認這樣的不一致，你唯一能反制的工具是不斷地邀請夢者注意夢在說什麼。這是不能被否認或拒絕的事實。指出不一致性絕不是對夢者的挑戰，而是一種邀請，讓夢者更深入探看。如果一次不成功，只能繼續播放夢，期待後續的聯想會讓夢的意義更清楚。

在進一步討論播放夢的藝術之前，我想強調一個基本原理，這將有助於防範問題偏離主題。在某種程度，夢者與自己創造出來的影像源頭是相連的，而且也是唯一能碰觸到這個源頭的人。將這個原理謹記在心，可能會讓提問題的人克制自己的企圖，想讓夢者認同我們對夢的看法。這就像是我們要從一個裝滿東西的桶子裡取出一些東西出來，還是假設那個桶子是空的，必須從外面倒入東西，團體的任務是要知道從何處可以讓裡面的東西出來，而夢者的任務則是讓自己更能察覺桶子裡的東西以及控制它向外流出。

這聽起來很弔詭，在某種程度，夢者是碰觸到自己某個尚未意識到的面向。不過，他是在睡覺的時候碰觸它，他缺乏能力面對它，除了以具體的影像在夢裡表達之外。它是潛存的知識，可以在夢者的意識生活中恢復其適當位置。我們針對夢境元素提的每項問題，其背後假設是夢者早已經知道答案，只是這個答案潛存在夢者心裡的某個層次，無法輕易地或立刻讓夢者使用。在醒著的時候，夢者沒有察覺他對夢知覺的程度。我們的工作是透過問題去輕敲他對夢的潛在知覺，讓它曝光浮現出來。只有透過以夢境影像這樣濃縮的表達形式為基礎，慢慢建立起來的聯想網絡，這樣的知識對夢者才有用。問題絕不是用來當作間接的方式，暗示夢者夢的意義，引導性的問題本身就是一種暗示，應該要避免。開放性問題則是為夢者鋪路，讓他接近資訊的內在源頭。我們的目標是將夢者帶到一種誠實的狀態面對他的生活，就像他在做夢的時候一樣地誠實。

我們當然清楚要完成這個任務或多或少有些困難，夢者需要協助。但是絕不是減低夢者對夢的權威。團體成員絕不應該允許自己覺得對夢所知道的比夢者還要多，我們當然可以覺得自己的發現是有效的，但是除非夢者最終承認你的領悟對他有意義，否則它仍然不見得對夢者有幫助，而且我們也不能確定它如何有效。我們只是一直在提出假設讓夢者自己來測試。

在播放夢時要達到最佳結果，請注意下列幾點：

1. 先整個讀完一個場景，然後聚焦在尚未被開發的單一影像。
2. 當某個影像需要多說一些才能理解它出現在夢裡的意義時，邀請夢者多說一些：「你還沒說任何（或是你能多說一些）關於夢境中車子、房子、狗等。對那個影像，你有沒有任何進一步的聯想或者為什麼它在你的夢裡出現？」如果這些問題仍沒有什麼結果，你可以試試看下列方法：
   ⑴幫夢者想起對於某個影像所有說過的話。
   ⑵為夢者強調與某影像有關的夢裡所有細節，以及與這個影像出現的相關脈絡。
   ⑶如果影像是一個夢者認識的人，邀請夢者從與那個人的關係為角度，客觀地看這個影像，夢可能因為那樣的關係而有新的意義，或者可能發現那個人人格的另一面向，也可能激起過去強烈未處理好的感覺。
   ⑷考量另外那個人或許是反映夢者的某個面向，用來表達夢者自己的某個特質、需要，或感覺。
   ⑸常常，夢中的人物不是可以在現實生活中辨識的人，未知的人物可能是夢者部分的自己，他們可能反映尚未被夢者意識察覺的心情、感覺，或衝動。他們的匿名是表示醒著自我與他們所要代表的任何潛存意義之間的距離，他們在夢裡就像是夢者創造出來的演員，藉著他們的出現與行動，表達夢者各種不同人格面向之間的互動。一個不知名的人物可能隱約讓人想起曾經認識的某人，如果是如此，最近生活的脈絡，兩人之間關係的感覺正在浮現中。
   ⑹當影像是某種動物時，建議夢者從動物身體上的特徵，它的本質，以及夢者本身過去與這個動物之間的關係等方面來探索，如果是沒有生命的物體，則探索物體的功能與使用性。
3. 有時候夢者會卡住，因為他以表面上字義的方式來面對某個影像，協助他看影像本身的可能象徵意義。
4. 建議夢者檢查夢裡任何顯著的感覺與他最近生活事件可能相關。你可能可以這樣問他：「你描述某些與這個場景相關的感覺，你可不可以想想在最近生活上有沒有碰觸到這樣的感覺？」

5. 我們的夢經常使用誇張的手法呈現一個重點，在醒著的時候沒有注意到的感覺可能更生動地在夢裡經驗到。夢裡強烈的感覺提供線索，讓我們察覺在醒著時候忽略或模糊的感覺。在清醒中一個看起來可能只是一個小小的不愉快，但是反應在夢裡的結果可能是狂怒與攻擊的畫面。
6. 同樣地，協助夢者探索夢者某一個特別的情境，可以如此問：「在夢中，你描繪一個情境，在這個情境中，你發現你自己在敵人的陣營。你能想到在生活中有任何類似的處境嗎？」這可能會成功地引出有效的聯想，建立夢與生活的連結。經常，進一步的聯想會產生，即使夢者在那個時候還沒有看到任何連結，他之後可能會看見，如果沒有，在夢的交響樂章階段，團體能以投射的方式提出這之間可能的連結。
7. 有時候，從相反的方向，也就是從醒著生活的角度來看夢也會有幫助。這時可以如此邀請夢者：「回應你之前說過的情境，你有某些感覺，記住這些感覺，然後重新察看夢境裡的影像，是否有任何進一步的聯想發生。」

在向夢者提出以上的問題時，我們已經不僅是引出訊息，而是更積極地想要促進夢者自己能連結夢與生活之間的關係。雖然我們事實上並不是替夢者連結，像我們在下個階段夢的樂章時的任務一樣，但是我們可能選擇夢者說過的某些事情，邀請他進一步聯想，我們可能正在暗示著某種連結。如果問題的方式像前面提出的例子一樣的開放，它能促進夢者自己了解夢的意義，而不必指導夢者。同樣的情形，如果夢者無法對某個影像進一步聯想，可以提醒他之前對這個影像說過什麼，在這裡問題也要很謹慎小心，要促進夢者的連結，但不要有指導性。當夢者仍然無法做連結，提問題的人不應該企圖要夢者證實他的想法有效，在追求更多的聯想與挑戰夢者之間有一個微妙的界線，儘管提問者覺得自己很清楚地看到連結。

正確的提問方式：「關於這個影像，你說過一些事情（列出所有夢者說過的）。想想看，這些是否能幫助你發展任何進一步與這個影像相關的聯想，以及它們為何在那天晚上出現在夢裡？」

錯誤的提問方式：「關於這個影像，你說過一些事情（一樣列出所有夢者說過的）。想想看你是否看到你所說的以及影像的意義之間有任何連結？」

後面的問題會讓夢者覺得太直接，像是個挑戰。問題是最原始的探針，主要是引出訊息，讓夢者自己自由地做連結。到後來，問問題的方式如果暗示一個很明顯的連結，但是夢者無法看到這樣的連結，這種感覺可能會讓人很挫折。

8. 是否有邀請夢者注意夢裡某個字可能暗示一語雙關，或者有雙重意義？或者夢裡出現的數字是否有任何意義？顏色是否有隱喻性的力量？
9. 記住，你是夢的倡導者。你能指出夢者對某個場景說的話與夢所要表達的不一致之處，介入只是為了將夢者帶回夢境所說的，有時候夢者的聯想明顯地偏離主題時，這也可以幫助夢者聚焦。當夢者太過冗長或分散時，這類型的聚焦特別重要。

夢的樂章：階段 3B.3

因為這個階段在第七章已經深入地說明了，這裡能補充的已經不多。提出連結投射要運用到各種才藝，它涉及到已經學到的技巧以及大量的練習。一旦我開始鼓勵整個團體參與提出他們的連結，他們很快學會所需的技巧，學習如何運用他們的敏感與想像力，在結構的限制範圍內，提出非常有用的看法。全體自願參與是這階段對話的特色，我通常是先給所有成員機會說任何他們想說的，然後才提供我要說的。很多時候，團體說完之後，我能補充的已經很少，他們所說的有可能比我更肯定，或者以更完整的方式呈現。有時我會提出與團體完全不同的方向，夢者仍然是最終的裁決者，他自己決定什麼是對他有用的。

有關發現議題的補充

我們擁有兩種語言：一種是我們醒著的時候與他人的溝通，一種是我們睡覺的時候與自己的溝通。夢工作的任務是要連結兩種語言，讓它們彼此不陌生。了解影像的意義其實是找出這兩種語言的共同點，這比解開壓抑更重要。當然，在夢工作的過程，被壓抑的資料會浮現到表面，但是過度強調這個面向可能會低估夢者。因為當夢者處於一個充滿支持，對他很有幫助但是沒有侵入性的社會環境，夢者的權威受到尊重，他天生的好奇心自然會出現，許多隱藏的感覺或訊息很容易就浮在表面。一旦團體學會如何傾聽夢者，以夢者的想法優先，並且學會以「引出資料」的方式問問題，成員將驚訝地發現，平常被認為是壓抑的許多事情竟如此自然地出現。繼續以兩個語言做比喻，團體只是提供夢者字典，讓夢者可以翻譯，夢者自己要查字典，找出與影像有共鳴的字。這是非常特別的字典，它提供文字的新意義，夢者原本以為自己已經知道這些文字的意義。

團體成員在加強探索發現這部分的策略可以歸納如下：

- 他們對夢有興趣，而且沒有主觀偏見。
- 他們在進行的過程，一直關心夢者的安全感。
- 他們以自己對夢的感覺與想法，透過遊戲的方式刺激夢者聯想，好像團體成員以隨機的方式打開字典，這個過程，或許夢者能夠捕捉一些對他有意義的字。

有關安全議題的補充

團體過程是否能順暢成功端賴信任的發展：信任夢本身的價值，信任團體，信任帶領者，相信團體過程是可靠的，以及信任每個人對夢的探尋方向。這團體不會有心理治療師以特殊的治療介入帶領你，是你自己進入你想去的地方，團體成員試圖了解你的方向。你的動機和好奇心提供一探究竟的能量與勇氣。

團體經常提出關於夢者是否會過度自我揭露的風險。理論上，它是有風險，但是真正發生的情況卻很少。因為有好幾個團體運作原則在降低這樣的風險，例如團體本身的進行採取非侵入性的運作方式，夢者掌控進行過程，其他團體成員也因此而安心，當他們要分享夢的時候，他們也能夠自己保管自己的秘密。夢者不需要面臨一個外在權威，沒有人會使用夢者所不知道的知識理論或技巧，夢者從來不會被迫分享他的想法，他總是可以依照自己的時間表運作他自己的療癒機制。

一般而言，一個人卸下秘密的感覺遠比繼續保留秘密還要放鬆許多，我們終究要學習的課題是當一個人在分享自己的時候，他的誠實開放與他的洞察能力、放鬆，以及與他人深入接觸的程度直接相關。當一個人的防衛減低，他的情緒視覺將更銳利與深入。信任會讓夢者打開，讓探索成為可能，而探索的舉動也會加深一個人的開放程度。

避免的陷阱

蘇格蘭有一個冰上玩的古老遊戲，叫作冰上滾石，在蘇格蘭與北美都有熱愛此好的人。一邊遊戲者對準跑道的盡頭丟出磨好的石頭，當石頭開始滑動，同一隊的兩個成員開始用刷子掃石頭前面的冰，讓石頭繼續在冰上移動，努力讓石頭保持直線，不要彎一邊。我忽然覺得我們的團體成員可以將這個遊戲當作我們在問夢者問題時的隱喻。滾石遊戲中掃冰雪的人永遠不能直接碰到石頭，不能直接推它，他們清理石頭前面的雪，石頭因與雪摩擦而自己移動。在夢團體，我們永遠不能以我們的問題直接推動夢者，問題是用來打開路徑，夢者必須以自己的步調繼續前進。問題應該將摩擦（抗拒）減到最低，而不是讓它增加。我們尊重夢者的重要性，與夢者的路徑在一起，而不是讓他轉向到我們自己創造的道路。

這些原則要提出很容易，但是要實踐卻很難。團體成員有很多方法可以將石頭推到他們想要它去的方向，我們已經間接提出兩個困難的來源，一來我們無法將我們自己對夢的看法放下，二來也因為我們不能放下自己的先見，我們無法很注意夢者的回應（階段 3A），認真看待他所有的分享，這些習性推動團體成員努力要確認自己觀點的有效性（推石頭），而不是往夢者所暗示或鋪陳的方向探索（清掃堆在石頭前面的冰雪）。在後面推動夢者將引起反作用力，因為夢者的防衛機制會因此而被喚起，而出現反擊的力量。

推的策略有很多形式，其中經常出現的一種我稱為「假冒心理治療」姿態。我說**假冒**是因為我不認為這個姿態對成員有任何療癒效果，當成員對一個夢早已認定它的意義，這個認定是以某個特定的理論觀點為基礎，事先認為某個影像的意義，成員自以為是地接近夢者，我稱為假冒心理治療的姿態。有些想法來自理論是沒有關係的，也很正常，但是若只因為影像看起來似乎與某個理論一致，就假定它們一定是有效，這是錯誤的。將源自理論的想法提出來的時間是在階段 2 感覺隱喻投射遊戲的時候，他們以個人投射的方式呈現，這讓夢者有空間，可以自由選擇跟隨或拒絕。如果對夢意義有先入為主的假定，容易導致操控性的問題，升高夢者的防衛機制。

實例說明：在某個夢，一位年輕的男人發現他自己在一個老女人的臥房，這個老女人也出現在臥房裡。夢者完全沒有提到他的媽媽。如果問問題的成員以一個假冒心理治療的姿態，他假設這個老女人是夢者的母親，夢境則反映某種戀母情結。因此這位成員問：「你可以告訴我一些你與你的母親之間的關係嗎？」

這問題不在於提問者的假設是對還是錯，這問題就是不合宜，因為夢者並沒有將這個老女人與他的母親連結在一起。下面的問題或許會比較適合：

「你有沒有任何概念這個老女人可能代表誰？」

「你曾經有過任何緊張感覺是與老女人有關的嗎？」

「最近你有過與老女人任何相遇的經驗可能解釋夢中的影像嗎？」

另一種狀況是追蹤夢者某個生活領域，這在正式心理治療中或許可以接受，但是不適合在夢賞讀工作。我們來思考下列的例子：假設夢者已經覺得夢中這個老女人與他母親相關，而且想起最近發生的事件與這有關，心理治療師可以選擇將夢者帶回到過去：「多告訴我一點你年輕時候與你母親的關係。」

在夢的賞讀團體，我們與夢保持親近，夢者尚未打開的領域我們不會主動進入，無論從心理治療的觀點，這樣主動驅入多麼有好處，在夢團體還是不宜。夢與夢者分享的內容依舊是我們問題形成與內容的基礎。這些問題應該總是將焦點引導到夢，而非我們自己心裡先想到、但是夢者尚未提到的其他生活層面。

要避免這些陷阱，最簡單的方法是遵守基本規則，也就是你問夢者的問題要**明顯地**與夢相關或者與夢者已經分享過的內容相關，它的意義、內容，以及可能的引伸意義，就不會讓人覺得很突然。任何讓夢者覺得直接或者有操縱性的問題都會觸發夢者的防衛機制，破壞已經建立的信任關係。如果夢者很順從或者受到威脅而膽怯，他可能會被引導到他不想去的地方，而最後結果他會覺得被操弄而怨懟。我們的目標是要帶領夢者與他自己的夢對話，任何不符合這個目標的都是讓夢者的注意力離開夢，轉移到提問者身上。任何努力要讓夢者超越他自己的速度移動終究都會引起反作用。當一個提問的人變成一種心理治療的姿態，它一開始看起來好像很有幫助，夢者甚至想要跟著這個議題，但是就長期而言，它都將會破壞這個過程。它將造成一種治療師與夢者之間的互動，這樣的互動會排除團體其他成員，將夢者拖離他自己的夢，導引夢者進入這位扮演治療師者所想要追蹤的領域。有時候看起來很簡單、天真、有用的問題，可能徹底地轉變團體過程，從一個夢賞讀的經驗變成一個臨床心理治療的訪談。在心理治療，我們可以脫離夢進入任何對案主最有收穫的領域，但是在夢團體，我們的任務是與夢在一起，推選夢本身為這個空間裡唯一的心理治療師，目標就是將治療的工具放在夢者的手上，幫助他以他自己的方式運用這個工具，這與假設治療的責任是不同的。

還有其他的方式讓對話階段脫離軌道。其中之一是個體很容易經驗到團體的力量與權威性。對於一個自我輕視、容易受到暗示，或者順從的個體，他們太膽怯而不能運用他的權利去控制對話的方向，這種情況更容易發生。他們可能會覺得被強迫不帶有任何批評地回應團體提出的每個問題。當這種現象發生，帶領者應該介入，提醒夢者他本身的權利，並且緩和團體成員試圖推著夢者往他們認為夢該去的方向。有時候，團體成員真的難以放下自己對夢的看法，而且他們還會持續地以欺騙的手段，將他們的想法出售給夢者。當對話進行一段時間，夢者似乎仍然處於黑暗中，不知夢在說些什麼時，這時候更容易發生這個問題。當團體的成員感覺到他們沒有能力幫助夢者時，團體的緊張氣氛逐漸升起，在絕望的情況下，有些人可能會努力將自己的想法套在夢者身上，不再看見我們的規則是追隨夢者而不是引導夢者。我們的角色是揭開線索，而不是將它們賣給夢者。

有時候，團體成員會給予夢者支持或安慰，但是這些敘述與夢沒什麼關係，這樣的努力效果不會如他們所預期，反而對提問者的安慰勝於對夢者的安慰。通常對團體過程有一定經驗之後，才能了解只有讓夢者能夠感受、能夠看見，以及欣賞他自己透明誠實的夢境，這對夢者才是真正的安慰或支持。夢裡蘊藏的訊息或許是很讓人困擾，甚至恐慌害怕，不過如果夢者有勇氣去面對自己的夢，這仍然比有人提供不真實的安慰以掩蓋夢境隱藏的真相更有意義。無論夢境內容是什麼，要認識到夢是我們的同盟、我們的朋友，而且如果我們恰當地靠近它，它是我們的心理治療師，這是困難的功課。

關照「夢者」的團體過程

我們每個人都關心自己。在夢團體工作，我們必須學習如何考慮到夢者的需要，將對自己的關心用在夢者身上，以夢者為優先，這表示要管理我們自己的反應。大體而言，這並不困難，但是這些反應可能會以很微妙隱約的方式不恰當地闖入團體過程，這可能在任何一個階段發生。在階段 1B 澄清夢境的時候，你可能會對某個對你特別有意義的影像或夢境要素問夢者很多問題，而非這個影像需要被澄清。在階段 2，你也可能偏離，因為你對夢的反應而發展出很長的個人傳記式說明。而在對話的前兩個步驟（探尋脈絡與播放夢），也可能隨著自己的反應引導出一個不成熟的連結投射，努力證明你對夢的感覺想法是有效的。或許這些努力都是出於好意，但它們仍然會讓賞夢過程出軌，而且也不一定引起夢者的興趣。如果沒有注意，這些將逐漸改變團體過程，成為團體治療的取向，在團體心理治療，每個人的個別過程都被重視，而且都得到平等的注意。在夢團體工作，我們要求參與者具有某種程度的利他主義，這表示以夢者的需要為優先。夢者深深感受到被賦予這樣特殊的地位，這對於夢者得以自由地與團體分享，扮演很重要的角色。

當團體中有人具有很多團體治療的經驗時，有時會發生一個嚴重的問題，他們可能會不顧夢團體的運作結構，堅持要團體注意他對夢、對夢者，以及團體其他成員的看法或感覺，他的經驗讓他很難保留自己的想法，很難以夢者的利益為優先，持續地將注意力放在夢者身上。這種情況與團體成員深深被夢者的夢影響暫時無法平靜大不相同，如果是後者，團體可以暫時停下來給予支持，直到情緒不穩的成員平靜下來再繼續。

運作細節上的誤解

1. 在階段 2 要求成員提供感覺與隱喻投射的時候，眼神不要注視夢者，這一點經常被誤以為在這個階段永遠不要看著夢者，事實上並非如此。不僅是帶領者，團體的每個人都要意識到夢者的狀態，這表示你可以不受限制地注視夢者，唯一的例外是當你正在提出你的投射時。察覺夢者的處境不僅讓團體警覺夢者是否有任何困難，也提供團體線索哪些投射對夢者是有效的。當團體成員在探索夢時，夢者經常忍不住會產生非口語的語言，例如表情、身體姿勢等，回應團體的投射。
2. 團體成員有時覺得他們必須對團體每個階段有所回應，這並非如此。例如，在階段 2，如果成員沒有任何話要說，那就沒必要發言。在對話最後階段夢的樂章，當團體成員被邀請提供他們的連結投射時，成員如果沒有自發的產生夢與現實之間的連結構想，不應該覺得有義務要在這時候發言。
3. 在階段 2 探索夢時，有人有時候不敢發言，因為擔心自己提出一個「詮釋」。無論「詮釋」這個字對這位成員具有什麼意義，帶領者都應該向他保證他可以說出任何對於這個夢的觀點與感覺，只要他在發言的時候將夢當作是自己的夢，以第一人稱發言，內容不要偏離夢境脈絡即可。
4. 當夢者邀請團體進入對話階段之後，團體不應自動假設夢者已經同意進行全程三個步驟。帶領者應該在每個階段完成之後，問夢者是否願意繼續。

其他考量

以下是一些有用的提醒。首先，在階段 2，團體成員可以運用任何已知的夢者生活脈絡來組成他們的投射，只要他們覺得有用。即使團體成員已經被告知，任何已知的脈絡都可以運用在他們的投射上，通常都要等到帶領者提供實例證明對夢者是有幫助的，否則成員經常不知如何使用已知的訊息。這類已知的脈絡應該包括團體明顯的特徵，例如參與團體的人數出現在夢境，最近的世界事件，或是夢發生前後的假日節慶意義。換句話說，夢者與團體都已經知道的任何最近發生的事件，都可能與夢有連結，這些都可以包含在投射中，提供給夢者參考。如果團體已經持續一段時間，夢者之前已經分享過很多夢，那麼已經揭露的材料也可以使用。有時候夢者之前分享的東西可能與最近的夢有關。

第二，要學習辨識與尊重每個人在探索自己夢的風格不盡相同。基本上有兩個比較明顯的風格，一種是很樂意經驗與擁抱從探索夢過程浮現的感覺，他們比較信任，防衛比較少，通常較容易碰觸到自己的感覺。另一種是比較謹慎小心，儘管他們對夢生活很有興趣，他們總是與夢維持一定距離。他們猶豫陳述感覺，比較多的防衛，傾向否認自己的感覺。這些否認的策略可能以下列的方式表露出來：

1. 對於探索個人的內在歷程，可能會出現無助的態度，不恰當地依賴團體提供所有必須的資訊，期待團體告訴他夢的意義。夢者的舉止猶如她無法看見夢與她實際生活之間的關聯，即使這連結已經是非常明顯。雖然完全依賴團體提供隱喻投射，但是夢者仍然覺得從外面來的投射與她一點關係也沒有。
2. 另一種否認夢的方式是表面上看起來夢者擁抱她的夢，說很多有關夢的話，但是團體的努力仍然無法滲透，幫她揭開夢要表達的意義。夢者只停留在她覺得安全的部分，不能誠實地面對夢要表達的所有訊息。夢者無意識地排斥團體，只以自己原來的方式理解夢，藉以保護自己，不要讓夢出現任何新的訊息。有些夢者甚至更誇張，他們對於挑釁團體的興趣甚於探索夢。

3. 傾向疏離自己感覺的夢者，可能會依賴理性化，模糊在夢裡的感覺。她可能會採取從知識性的觀點來看影像，忽略任何與她生活之間真正的連結。
4. 有些人擁有很大的潛力探索夢，但是過度地膽怯而抑制自己的行動，雖然有能力但是沒有勇氣表現出來。

以上這些防衛機制都不需要被處理，不像在正式的心理治療團體，心理師或許會處理個案的防衛，在讀夢團體，剛好相反，如果夢者繼續留在團體，學習相信過程，相信參與的團體成員，看到他人的深層分享，以及慢慢地讓真正的自己浮現，這些防衛通常會逐漸消失。持續夢的探索工作會對內在過程的真正本質產生更深的察覺，比較不害怕自我揭露，以及促進自我分享的能力。當一個人感覺到團體的支持、關懷，以及尊重，就會更自在地分享深層的自我。

第三，要記得你有責任讓夢者注意到夢裡的每個細節，當團體將夢當作是自己的夢探索時，你要嘗試用夢境中每個元素來形塑你的投射。在播放夢的階段，你關心的是夢者進一步的聯想是否使他更接近夢要表達的意義。如果不是，你要準備後續問題，直到夢者無法進一步深入或不願意繼續。我們必須學習區辨什麼情況下是貿然結束一個話題，或者什麼情況已經超越夢者的能力與想望，如果繼續往某個方向前進，將侵入夢者的界線。

另一項要注意的事情是在團體與夢者對話階段，這部分有兩個面向要準備。第一是很注意的傾聽所有夢者分享的內容，而且能夠讓這些資訊隨時可用（不管是存在你腦裡還是在筆記本上）。你總是要從夢者本身直到他最近情緒脈絡中去發現夢的形成線索，這包括正在發展的議題，夢者已經發現的連結，以及夢者在自我揭露時的放鬆程度。仔細的傾聽是你唯一可靠的方針，引導你察覺尚未探索的區塊，以及如何避免重複。第二要準備的是如何幫助夢者豐富夢境涵蓋的資訊，並促進資訊的流動。在這個協助過程，你不要讓夢者覺得你在侵入他的界線。

此外，也要切記在對話開始的兩個階段（探尋脈絡與播放夢），是夢者自己要盡可能地去發現影像的隱喻意義，而不是團體提供他們的發現。很多時候，團體成員經常看不到這點，會直接或透過問題的形式提出他們發現的連結給夢者。

最後，我要簡略論述有關規則的彈性運用問題。如果夢要在安全與有效的狀況下展開，團體運作結構是必須的。不過，當有必要的時候，結構規則還是要有些彈性，但這基本的前提是要徹底了解結構的原理是什麼。有些人非常地嚴格刻板處理團體過程，緊緊抓著結構不放，毫無合理彈性。在某些特殊情況，規則可以調整以適應新的處境。譬如當夢很長，而我們的時間只有一個半小時到兩個小時，階段 2A 與 2B 可以同時進行，以縮短時間，也可以限制一定時間，大約十五到二十分鐘，留時間讓夢者可以自在地回應與對話。因為時間的限制，我們可能失去一些東西，但是當面對一個長夢時，我們實在沒有辦法。

有些規則被打破雖然不會傷害夢者，但是如果持續地不被尊重，團體過程的效果會有所局限，這些情形如下：

- 在階段 1，夢者無論在敘述夢過程或是回應成員的問題時，他給出很多廣泛的聯想。
- 在階段 2A，提出隱喻投射而非感覺投射。
- 在播放夢時提供連結投射。

有些規則一旦被竄改，對夢者有潛在的干擾：

- 問引導性問題。
- 在階段 2 提出投射時，無法將夢當作是自己的夢。

- 在對話階段沒有讓夢者清楚他隨時可以中止任何議題或過程。
- 在最後提出夢與生活連結時，投射個人與外來的材料。
- 不能保密。

最後要將下列事項列入考量：

- 不要超越夢境涵蓋的內容，也不要忽略夢境裡任何一個元素。
- 當一個協助者，你將從夢者身上汲取所有你需要的資訊以協助夢者。
- 在傾聽夢者時，訓練你自己區辨夢者表達出來的感覺是真還是假，也就是說，有些表達出來的東西像是感覺，但是它不是真的。

有關夢主義

我使用**夢主義**來表示我們醒著的意識負面性地評斷夢的潛在價值。當夢不能滿足夢者的期待，不是夢者想像的模樣，夢者會鄙棄他的夢，認為夢沒有意義，或過於平庸，或者他會認為夢要表達的訊息已經很明顯，不值得團體努力去探索。這是非理性的偏見，不能反映夢的潛在意義，因此用**夢主義**這個名詞。夢是被賞讀的，而不是被審判。我們對夢的評斷來自醒著的自我，然而夢存在的方式完全不同於醒著意識，在還沒開始探索之前，我們不應該評斷任何夢，一旦我們讓夢慢慢展開它的意義，將很明顯發現與之前的判斷無關。我們所有的夢都要對我們說些東西，雖然它在我們生活中的重要性可能因時空不同而有所差異，但是你仍然不能知道它真正的重要性，直到我們用方法去探索它。它的重要性並非以夢的表面上長短或刺激與否來判斷，即使是夢工作者老手，包括我自己，仍然會有這種普遍性的偏誤。以下是實例說明：

有一位新到團體的夢者，她猶豫是否要自願分享她的夢。後來她決定了，但是很抱歉地說：「這個夢並不是很有趣，好像很貧乏。」

> 地板上有一個粉紅色絲帶，我只是一直跟隨著絲帶，好像沒有盡頭，沒有任何人在附近。

如果你同意夢者的話，認為這個夢缺乏實質意義，那麼你將大錯特錯。這個夢者是個心理治療師，引發這個夢的事件是夢前一天治療師與一個小孩晤談，而這個夢也讓他們之間的互動關係更加明朗。小孩有明顯的問題，治療師在努力因應這個處境的過程覺得非常孤單，因為她還沒有任何督導來協助這個個案。粉紅色是這小孩喜愛的顏色，這個線索讓這個夢連結到夢者與小孩的治療關係。在團體讀夢過程，這個小孩對夢者激起的所有感覺逐漸出現，在描述小孩的行為時，她強調小孩突然無故的情緒擺盪，她一會兒很可愛很開心，但下一分鐘就可能突然凸槌，行為很暴力失控。當夢者談到此，她突然了解她的母親也有相同的行為，面對母親的行為讓她覺得無助、挫折與憤怒。在夢中，她有挫折的感覺而且無法抵達目標，在探索夢的過程，她開始察覺自己的反轉移（小孩喚起她自己面對母親的感覺）。因著她個人完美主義傾向的驅使，她看不見她更需要單獨處理這個個案的事實。她必須更積極尋求督導的協助，解決面對這小孩時那種沒有盡頭的感覺。

醒著意識對於夢的反映讓我們對夢塗上一層色彩，我們以自己最容易了解的方式看待一個夢，並且讓夢契合我們醒著時候的情緒狀態，如果我們很沮喪，我們容易選擇性地讓夢符合我們現在的沮喪心情，其他與現在情緒不相符合的夢境元素則不會進入我們的意識，或者會被忽略。只有徹底的探索整個夢在說些什麼，才能平衡這單方面的反應。

最後補充

夢境影像所包含的資訊與情緒範圍比我們想像的還大，夢者是唯一可以測試這個範圍的人，但是這個任務需要其他人的情緒支持與訊息提供，只有夢者可以冒險進入這個未知的領域，但是團體的貢獻讓這個任務更可能完成。

夢者處於從醒著意識觀看自己與此刻從夢的角度看自己兩個不同觀點之間，他總是處於緊繃拉鋸狀態，在面對自己方面，他的道德、他的誠實能力，已經被放置在線上，立刻要被決定，自己是否真的能誠實面對自己。在與團體互動方面，他要面臨設定私密的自己與公共場合中的我之間的界線。夢工作的目標是要終結這兩者之間的鴻溝。

夢賞讀過程的每一階段，都在考驗夢者對於發現的興趣以及對於安全的保護這兩者之間的平衡。在自發誠實回應與想要保留自己隱私的衝動之間，我們可以明顯感覺到夢者的焦慮緊張，當一個人累積較多夢工作經驗，他會逐漸往誠實的面向游移。夢者已經見證到相互分享，他很快會發現他的誠實如何努力抓住與維持團體的興趣，並且賦予團體自由，使團體能提供最大的協助。

即使有人在夢工作裡什麼也沒學到，他也會發展出對個體誠實能力的敏感度。在某種程度，夢工作是修復的努力，也就是說，恢復我們最初的、一來到這世界就擁有的誠實與純真。在這裡我將純真包含在裡面，是因為我們來到世間所學到的不幸的課程之一，就是純真讓我們容易受到傷害，因此我們變得不誠實（防衛）來保護我們自己。然而，我們這些童年時期的德性永遠不會死亡，雖然它們只出現在我們的夢境讓我們知道。在夢工作，修復就是復元已經被廢棄萎縮的誠實與純真。每個我們記得的夢影像可以當作是像身體義肢一樣的裝置，讓我們能重新捕捉一點點純真開放與天生的誠實。

這並不是很簡單的任務，也不是毫無恐懼，當人們開始夢工作時，他們的焦慮是可以理解的。當他們潛入沒有標明深度或性質的水域時，他們發現的魚是來滋養他們的，還是像怪物一樣把他們吞噬。夢團體過程所有安全的考量就像讓夢者繫著救生索一樣，而團體的協助就像夢者帶著潛水的裝備，提供夢者比較清楚的視線，觀察水面下的風景，並且讓夢者更清楚安全與發現之間的平衡點。夢者帶著混合著洞察、展望，與透徹的情緒回到水面，這之間也攪拌著新奇與熟悉感，有人可能之前就已經在這些水域裡釣過魚，因此他所看到的魚非常熟悉，也有人遇到完全不預期的海底生活。無論是哪一種狀況，他都不會空手而歸。

分享夢之後，團體所產生的共同性讓人覺得舒服。套用比我年輕的同僚希爾曼（Deborah Hillman）的話，或許我們來到這世界是要來療癒彼此的，夢工作會讓我以更慈悲的心對待他人。當一個人分享一個夢而且誠實地去探索它，要不喜愛這個人是很難的。

第十三章

組織讀夢團體

夢團體可以由一群彼此認識的人開始，只要他們對夢有共同的興趣，並且覺得他們對團體運作過程有足夠的知識。在實務上有幾項要點需要考量。

團體的大小

持續進行的團體，最理想的人數是六到八人，包括帶領者。如果超越這個數目，成員要等很久才有機會呈現一個夢。而當人數少於六個人，又有人缺席，團體投入的動力會大量減少，讓出席的人有必須分享夢的壓力。我自己一直有開放持續進行的夢團體，有時候團體人數十人或十一人，進行並沒有太多困難，有時候團體很小，包括我自己只有四個人，仍然可以進行。

團體的組成

團體在年齡、性別、教育與共同文化背景方面，需要有多大的同質性？

年齡

因為我接受任何想要參與團體的人，我自己的團體有非常大的年齡差距，從比較大的青少年到八十歲以上的人都有。夢工作的本質是誠實以及深度地自我揭露，年輕人與年紀大的人都喜愛，無論團體出現的議題有多大的差異。通常我是最老的一個，但是當我分享夢時，比我年紀輕的人經常提出具有滲透力的洞察，年輕人與年長者的視野以互補的方式促進夢工作，每個人從不同的觀點前進未來，年輕人充滿能量、開放、熱切關注，而年長者極力打開過去的種種糾結。每個人工作都需要一點點他人的觀點，同時，夢工作暴露出兩代之間的議題，對兩方面都有好處。

一個比較有同質性的團體，例如由同輩組成的團體，也有它的好處，當彼此的共同性增強，相互的支持也更深。年輕人關心的議題是不確定如何建立關係，而年紀較大的人則較關心生離死別的議題。

在年齡的範圍上，我自己的經驗是團體過度同質將會是限制。對於青少年，團體中有年紀較大青少年比年紀小的對他更有幫助，主要是因為言語與概念上的契合。另外的問題是青少年要將自己暴露於同輩團體，在某種程度上會很害羞，要將自己辛苦建立與維持的社會形象在自己同輩團體面前放下來，是很不容易的。

我在義大利裔與猶太裔老人中心與年長者有一些工作經驗，這些經驗說服我夢團體工作在這個領域有很豐富的土壤。年紀已經七、八十歲的人雖然有著他們自己固定的行為方式，不太注意團體運作的結構，但是對大部分人而言，這卻是他們第一次如此認真地看待自己的夢，他們有高昂的興趣與熱情。這種年長者的團體長期忽略夢工作，事實上在很多方面，他們都被忽略。

讓我來描述一個七十八歲的義大利婦人如何敘述她的夢，實例說明她雖然忽略團體運作的原理，也就是在敘述夢時只描述夢境，要克制對夢境影像的聯想與評論，不要在這階段告訴團體。她雖然不能遵守這個原則，但是她在說自己的夢時卻如此令人感動，她的夢是有關去世的丈夫，當她說到先生在夢中出現的部分時，她插入說：「他去年死了，他是個很好的人，為我做每件事。」我以為之後她就會回到夢，繼續將夢境說完，沒想到她轉身對坐在她隔壁的女人說：「但是我也是一個很好的太太，我照顧他。」這女人很明顯是她的朋友。最後，在繞了一圈之後，她終於把夢說完。帶領者在帶領年紀較大的團體時，可以有點彈性，有時候所得到的回報非常有價值。

性別

當團體成員性別比例是自然形成時，結果通常是女性占大多數。我認為文化影響是個重要因素，女人比較關心她們的感覺而男人則是關心外面的世界。也因此，在我每週的團體，大約有五到六個女性，男性則只有兩個，有時候甚至沒有一位男性。我比較喜歡男女混合的團體，因為團體的內容會更加多元。當夢是有關性別議題（例如，懷孕的夢），對於異性角色的扮演是種挑戰。帶領者要讓成員克服暫時扮演異性的羞澀。我只有一次經驗帶全部是男性的團體，我的印象是當女性不在場時，男性似乎更加自在。我比較常帶領全部是女性的團體，而當有幾位男性在場時，對團體通常有正向的衝擊。

教育與文化背景

在教育程度與文化背景上有某種程度的同質性有它的優點，但是也有缺點。有點同質的團體，團體成員比較容易往個人生活移動，分享共同的問題，而且通常對彼此的感覺比較輕鬆自在。可是以另一個角度來看，在一個教育文化差異較大的團體，視野將會較新與寬廣。一個藍領的工人加入一個以住在郊區的家庭主婦為主的團體，會帶來新的觀點，也會測試每個人的同理潛能。

目前在社區發展的夢工作很不幸地幾乎只吸引白人中產階級，如果我們努力將夢工作普及到不同的人種與少數族群，對於夢與夢工作我們還有很多要學習的地方。

由於我的團體並不事先篩選成員，他們是開放給所有對夢有興趣的人。我的團體裡有心理治療師、心理師的個案，以及一般人，我無法預測團體的組成，但是並沒有任何困難。相反的，這樣的混合一直有些益處。團體過程的成功依賴每個人的開放能力與敏感度，以及運用隱喻想像力的能力，它並非靠著任何理論的方法詮釋夢，因此專業知識在夢團體相對地並不是很重要。每個人的生活經驗是我們團體使用的資源，夢者將從團體共聚的經驗與才華獲得益處。雖然團體成員的教育文化背景有所差異，但是在夢團體中所扮演的角色並沒有很大的差異，不像在心理治療團體，治療師與團體成員的角色是不同的。

如果成員彼此認識，團體的效果會比較好嗎？有時候有人會覺得朋友加入比較自在。每個人對於在陌生人面前開放自己有不同的反應，一旦對團體的運作過程很了解，特別是強調夢者擁有掌控團體的權利，大部分的人都不難在團體中分享夢。有些人適應得比較慢，要經過多次嘗試水的溫度才能建立足夠的信任。對於分享夢的焦慮反應有時候是相反的，有人反而急著第一個分享，想要盡早結束這樣的焦慮。

一般而言，朋友在團體中會相互支持，發現夢團體有助於他們關係的深入。如同之前提過，夢團體的目的並非解決朋友間之前緊張關係的地方，當朋友之間因為對夢的興趣參與一個團體，夢團體帶來的自在效果對於處理關係間偶爾的摩擦會有幫助。這也適用在兩個或三個家庭成員參與同一個團體，雖然這不是解決家庭緊張關係的地方，但是如果原始的動機是基於對夢工作有興趣，那麼有意思的事情可能會發生，對彼此的關係有正面的貢獻。有一些訊息在夫妻之間可能從未以言語表述，難以用任何方式溝通，或許能在夢工作傳遞，面對伴侶的挫折、生氣、甚至憤怒得以被表達，卻不會引起對方的防衛。因為它並非以憤恨惡毒的方式表達，它的出現需要開放與誠實，這樣的嘗試不但很難，也需要勇氣。這會導致另一半的察覺與欣賞，而讓想要傳達的訊息可以被伴侶理解，對夢者的欣賞撤銷所有防衛的衝動。

父母與小孩同時出現在我的團體，這種情況很少數。很重要的是要確定聚會的焦點是夢，而非暗中注意之前存在的家庭問題。在我的經驗的確發生過一次難題，有一對夫妻同時在我的團體，太太已經在團體一段時間，她對夢的熱情導致她先生也想加入團體。我以為他想要參加團體是因為被她對夢的熱情所傳染，所以我沒有心理準備可能會發生的事。她一直是團體中非常積極的成員，而且曾經很自在地分享她的夢，但是她現在卻變得非常安靜，幾乎沒有在參與團體。而他，相反地，將參與團體當作是接管的機會，要表現得比她還優秀。不用多說，在他參加團體不久之後，就退出團體，不幸的是她也中止參與團體了。

實務重點

組織與帶領一個團體還涉及到一些實務性的考量。

頻率。要多久聚會一次可以很有彈性，就看參與者的情況。我比較喜歡每週一次，會讓大家的興趣維持高昂，而且對於後續的想法（階段 4）也比較有生產性，而且也不會等很久才有機會分享夢。隔週聚會一次也是可以，也有團體固定在每月第三或第四週聚會，無論中間的距離多久，最重要的是要有規律。

單元時間。我習慣一個半小時，通常有足夠的時間賞讀完一個夢。初學的人通常覺得兩個小時比較自在，在每個階段都需要比我更多的時間。這是經驗問題，要學習如何在還沒變得重複或者已經沒有進一步訊息出現之前結束一個階段，如果進行時間超過兩個小時，我會覺得很沮喪，因為這已經超越過程的界限。

時間。早晨是夢工作最好的時間。回憶還很新鮮，而且尚未面對一天的緊繃與壓力。然而，因現實的考量，團體通常在晚上聚會，不過結果這並不是缺點，因為夢工作所帶來的興奮與刺激可以消除一天的疲勞或平衡對外在事物的注意力。如果大家願意放棄部分的週末，週六早晨是理想的時間。

夢的數目。除非時間比兩個小時還長，最好一次只賞讀一個夢，比較能從容不迫而且徹底。

聚會的地點。任何有舒適椅子的客廳，圍成一個圓圈都是適合的地方。

輪流團體帶領。當大家對團體運作過程熟悉的程度都相當時，可以彼此輪流擔任帶領者。

保密。要謹記在心，任何在團體中揭露的事要保密，除非得到夢者的允許，不要在團體之外談論。

第十四章

自己讀夢或是與另一個人讀夢

直到現在，我們一直談論以小團體的方式讀夢，但是大多數人沒那麼幸運，一早醒來就立刻有團體準備好要協助他們讀夢。這時候你要怎樣讀自己的夢呢？雖然團體仍然是夢工作最有力的媒介，但是從團體讀夢的經驗，我們仍然可以用來一個人讀自己的夢。

或許最重要的是要了解夢工作本身需要時間，需要努力，以及堅持。夢不會讓它的秘密輕易出現，團體經驗使人能夠確實的評估這過程所需的努力，與夢之間的距離必須先克服。你也開始更能察覺各種讓你停止探索夢的陷阱，例如，當夢表面上看起來並不是那麼有趣的時候，就開始貶抑夢，或者低估你自己的知識與能力，所以就沒有進一步探索。團體工作的其中一個附加效應是讓你有記下夢的衝動，它在提供個人解讀夢時有幾方面的助益。

時間因素。你現在已經明白盡可能知道夢發生時間的重要性。夢有瞬間即逝的本質，在夢與相關情緒脈絡尚未褪去之前要快速抓住。因此，當然最好是在早上醒來的時候有時間讀夢，如果你要在這時候讀自己的夢，要確認有足夠的時間慢慢讀夢，因為夢工作是不能急的，雖然領悟本身是突然瞬間的，但是領悟之前的準備過程卻是相當緩慢。

蒐集情緒餘留。察覺最近情緒餘留的重要性，你現在要靠自己重新捕捉這些情緒餘留。你可以假設自己是在團體，自己啟動對話，問自己類似的問題，努力捕捉夢前一天或晚上的情緒狀態，或是睡前在心中徘徊逗留的感覺。你所有的努力是要重建你最近經驗與相關感覺的記憶。

聯想。你現在知道你自己對於夢境每個元素與情節的聯想，對於讀夢有多麼關鍵性的影響。你能以兩個方式進行。首先，在你檢查夢境每個元素的時候，搜尋任何出現在你腦海的想法或感覺，並觀察它們之間的關聯。之後，就看你有多少想像力，你可以將自己抽離，與夢保持一點距離，假裝是別人在探索你的夢，像在階段 2 一樣以遊戲的方式想像你的夢，這是召喚你的想像力，尋找任何對於夢境影像的感覺與想法，無論他們看起來多麼牽強。你要問自己，在不考慮對夢有任何立即性意義的前提下，你能從這個影像中帶出多少聯想。不過在這個階段，你仍然要持續提醒自己一個問題，為什麼這些影像會在這個特定的時間點被創造出來。你不僅要將影像以獨特的實體察看，也要注意它們的連續性發展。你已經選擇某些特徵，也寫了劇本來表達你在一個既定的時空下的情緒流動。嘗試將它們當作是指標，要引起你注意一些你尚未完全了解的事情。有時候，也可以將夢境一開場當作是在陳述既存的現狀與最近侵入事件之間的相互作用。之後夢境延續這相互作用的發展，有時夢將參照過去歷史事件，最後出現一個可能解決的途徑。

夢與生活連結。由於這是單獨演出，在團體中整合連結投射可能不適用於個人。但是當你在努力讀自己的夢時，你會不斷地奮鬥要洞察你自己的夢，想要感覺到你睡覺時的心靈要對你醒著時的自我說些什麼。如果你已經很認真努力要發現夢的意義，但是仍然充滿疑惑，如果你有將你已經探索的部分寫下來，那麼建議你暫時放下來，過些時候再回頭重新檢查資料，你將會發現你之前看不見的東西。一旦你有紀錄，你總是可以回頭重新探討，生活事件與後續的夢可能會讓之前的夢更加明朗。

最近，我詢問我的讀夢團體成員，哪一部分的團體經驗對於他們獨自探索自己的夢最有幫助？最有共識的三點是了解最近情緒脈絡的重要性，紀錄以及探索夢境裡的感覺或者影像所喚起的感覺，以及當他們自發聯想無法打開夢的意義時，學習跳脫自己的主觀立場，進一步探索影像的可能隱喻。

就某種意義來說，一個被記得的夢就像是新生嬰兒，完全依賴外在的代理人讓他們繼續存活。這嬰兒可以被養育成他可以成為的模樣，或者他也可以被操控或剝削以符合外在代理人的需要。當我們獨自探索自己的夢時，外在代理人是我們醒著的自我。請一直謹記在心，我們盡量不要以醒著的意識生活去讀夢，而是充分地尊重夢，讓夢說出它必須說以及想說的話，這是多麼的困難！那需要謙卑的自我，以及能接受我們對自己有很多要學習的事實。我們的夢意識，透過我們創造想像力，提供給我們無盡的影像，以最精確的方式讓我們的自我探尋得以實現。

非常小的團體：與另一個人讀夢

很多人找機會與他們的朋友、家人，或伴侶相互分享探索夢。如果他們之間已經有了相互信任與真誠的關懷，這將非常有幫助。有參加過讀夢團體的經驗，會促進這個任務的成功，例如強調如何探索當前情緒脈絡，以及如何喚起相關的聯想母群。讀夢團體過程也會教導我們了解讓夢者擔任守門人，決定他想公開的內容，以及夢對於他生活意義有哪些重要性的最後裁決者。保持以夢者安全為指導原則，在發現因子這部分你可以混合我們之前談過的各種不同策略。

一般而言，最好從夢者對夢境每一個以及全部的影像自由聯想開始。之後如同在對話階段一樣，探尋脈絡以及進一步聯想。到了要提供連結投射的時候，協助讀夢的人要提醒自己，由於與夢者的關係親近，可能已經知道夢者很多生活脈絡，如果發現這些訊息與夢相關，則可以用來探索夢。換句話說，對夢者過去生活的知識要使用得體，它們不是用來證明之前對夢者的看法，如果對夢者過去生活所知與當前夢者所說的，以及夢境內容一點關係也沒有，則不宜套用。

階段 2 與階段 3 未必要有一定的順序，可以混合運用，只要尊重夢者設下的界線。成功與否，協助夢者發現所需要訊息的技巧比任何協助者本身理性的閱讀夢的影像意義還重要。也就是說，儘管與夢者情感上有連結，協助者能以較自由、比較沒有結構的方式接近夢者，但是夢工作的基本原則還是要尊重夢者的隱私，以及夢者本身對自己夢的權威。

這種性質的夢分享有雙重的目的。一方面協助夢者理解夢，另一方面，如果一起探索夢進行一段期間，它還能淨化與深入兩人之間的關係。

對協助者的提示

- 仔細傾聽夢者回憶整個夢，以及傾聽回憶過程任何自發性的聯想。
- 在澄清問題時要辨識夢境裡面的人物角色、感覺、顏色，以及夢者在夢中的年紀。
- 引出夢者最近的想法與感覺，適當地以你們最近共同分享的經驗幫助夢者回想。
- 鼓勵夢者對夢境每個元素進行聯想。
- 盡量使用夢團體階段 3B 播放夢的技巧。
- 如果必要，提供夢者你自己的整體投射。
- 注意，夢者無論對夢哪個部分仍然覺得疑惑，繼續讓夢者進一步探索那些影像，是否有進一步的話要說。而你也可以提供任何進一步的整體想法。
- 鼓勵夢者評估對夢已經有多少的理解。
- 向夢者學習，你對他的幫助哪部分最有用，以及了解她對你們一起讀夢的其他回應。
- 要謹記在心，探索後續的夢可能會讓當前的夢更加明朗，就像過去探索過的夢，對每一個新的夢都有幫助。

第十五章

重複的夢

有時候，類似的夢境在過去出現很多次，雖然可以輕易被確認這是重複的夢，但是一般而言，每一次的夢境都會有細微的差異。在探索一個重複的夢時，察覺這些細微的差異，是幫助夢者了解夢境所隱含的議題如何持續不斷地受當前生活經驗所影響的關鍵性因素。

在下列的實例，一個重複的夢在團體聚會的三天前發生。在陳述這個夢時，夢者指出，她非常清楚夢所要呈現的問題，那是與自己在生活上總是難以選擇或做決定有關。

貝蒂的夢

我在醫院的一個大房間裡，類似現在這個房間，比較像是一個客廳。有會議正在進行，裡面有兩個男人，都是按摩師。他們長得很帥，他們兩個都要來幫我按摩，我兩個都想要，但是我知道我必須做一個選擇，要做決定讓我充滿焦慮，就醒來了。我恐懼是因為我無能做決定，兩個都得不到，最後什麼都沒有。

夢者是醫院的心理治療師，因為某個意外，暫時離開工作數個月。她第一瞬間對夢的自發反應是她難以做決定的另一個例子，同時也指出她的貪心，想要每樣東西而無法選擇。她覺得兩個都要很不道德。另一個抑制她做選擇的因素是她覺得如果選擇其中之一，那另一個人的感覺一定非常糟。

讓做抉擇這個問題重新出現的最近生活脈絡，是因為一個對她有吸引力的男子打電話給她，這通電話讓她焦慮，來自父母的失落感與被遺棄的感受又回來了。貝蒂說她總是被父母用來當作相互對抗的工具，從來沒有一方要停止。她相當挫折，當時很希望他們離婚，但是之後她了解她無法決定要跟誰住，所以這種兩難的感覺對她而言並不特別新奇。

在播放夢引出一些更切題的事實，後來發現與這基本的衝突有些差異。首先她說，這次與過去夢不同的地方是這兩個男人看起來幾乎是一模一樣。

第二，她過去覺得她的老闆很疏遠，但在她發生意外之後她老闆去看她，這是她第一次感受到她的老闆非常親切而相當有人性。

從她的回應與對話期間分享的內容，她一直強調她什麼都想要這種貪心。然而在夢的樂章階段的整合連結投射，卻出現她所沒有察覺的銅板另一面，也就是她對別人的關懷以及給予的能力。事實上，從她分享的訊息裡，有很多證據顯示，她有犧牲自己幫助他人的傾向。或許這裡與她所指稱的貪心相互關聯。為了別人倒空自己，她需要「擁有一切」去補償。除非她能夠有更多實際的自我價值感，否則每當她面對抉擇時，她仍會被貪婪的恐怖自我形象所支配。在這個夢裡，這兩個男人幾乎一樣，這是很有意義的，因為與以前的版本不同，之前她要面對的是兩個完全不同的選擇。這指出了一個事實，也就是問題並非她是否有能力選擇真正想要的，而是下決心背後的動力。她在陌生人[1]面前分享自己並且探索她的夢，這證明了她給予的能力，她幾乎是倒空了自己。

貝蒂覺得大家所說的都擊中核心。這個夢是在一個整天的工作坊裡被提出，因此沒有機會看到這次團體工作對這個重複的夢有什麼效用。

下個夢是一個重複的重要影像。

約翰的夢

約翰是一個社會工作員，三十五歲到四十歲之間，過去幾年一直對夢很有興趣。他一直在其他的夢團體，直到最近才加入我的團體。以下的夢發生在這次團體聚會的前一天晚上，這是他第一次提出夢，他在過去有很多類似的夢。

我正站在樹林裡，前面是高起的地方，在地平面上山丘的頂端，

[1] 這是夢者第一次在她不認識的大團體裡分享夢。

我看到一隻狼的影像，他看著我然後開始大步向我走來。他走到我旁邊，看著我，他開始對我咆哮，然後抓住我的手肘放入他的嘴裡，他努力拉著我跟他走。

我抗拒，他開始咬我並攻擊我的手臂。我開始用手電筒打他的頭，他後退，我們彼此看著對方。我醒來，不久又睡著，夢又持續下去。我們在走路，他跟著我，這個時候我們好像是一起的。

當團體問他在夢中的感覺，他說一開始的擔心改變了。到了最後，感覺出現了解決的方式，好像做了某種調適。森林地區是他不熟悉的地方。

團體成員分享他們的感覺

「我覺得害怕但也對狼很好奇，被他吸引。我好奇他將帶我去哪裡。」
「狼是人類最好的朋友，或許他將帶領我發現某些好東西。」
「夢的一開始，我覺得孤單、沮喪、失落。」
「在我夢裡有種赤裸裸面質的感覺，好像我遇到片刻的真實。」

階段 2B：隱喻

「我一開始的態度很被動，我只是在等待，看會發生什麼事。」
「用手電筒打他，好像我正在努力照亮這個問題。」
「手電筒的出現暗示某種緊急事件。在突然停電的時候，手電筒是很方便的。」

團體開始探索狼的可能隱喻：

「披著羊皮的狼。」

「對著女人挑逗吹口哨。」

「小心，謹防危險人物。」

「狼是群性動物。」

「這男孩發假警報。」

「狼是野性的，不能被馴服。」

「三隻小豬與狼的故事。」

「兇猛與攻擊性。」

「狼在地平面山坡上，我覺得這個影像很雄偉莊嚴。」

「我想到《與狼共舞》這部電影。」

約翰的回應

「我一直有很多夢，夢境裡有狼，我也一直在閱讀有關狼的資料。在這個夢，狼在高處，而我在低處。通常，我是比較高。在早期的一個夢，狼撕裂我的喉嚨，將我殺死。在其他的夢，狼總是在守衛某些東西，狼是地獄的守護者。」

「在這個夢，時間好像是黎明前。當我用手電筒打他，他的頭部流血，他很震驚，好像根本不相信我會這麼做。我過去從來沒有與狼有過美好的相逢經驗。我認為山頂上孤單的狼像是守衛，我很困惑他會帶我去哪裡，我不信任他，或許有一天我會。」

「夢境最後的部分讓我非常驚訝。他像一隻狗一樣跟著我，我記得傑克·倫敦（Jack London）的小說《野性的呼喚》，狼有攻擊本性。」

脈絡探索

問：你記得入睡之前的感覺嗎？

回應：我正在閱讀中世紀，異端裁判所極力搜尋並殺死與教義理念不合的人，涉及狼人，對於教堂燒死女巫的部分我非常反感，這在今天仍可能發生，這讓我對於人性非常驚恐。在閱讀這本書時，我還有另一種感覺，作者引證拉丁的原始資料，我們現在做得越來越少，我們與那樣的存在漸漸失去碰觸。

問：那天還有其他感覺嗎？

回應：那天很忙。我在三個不同的地方。我與一個團體熱烈討論愛滋病傳染，有關共謀與種族滅絕議題，這個團體地點是在監獄裡，與牢房裡非常激進的囚犯一起討論。他們的態度讓我想到中世紀異端裁判所對異教的清查破壞。

問：你能更具體說明那時候的感覺嗎？

回應：我覺得我好像與一群狂熱者或是恐怖主義者在一起，在那個情境，我非常無助，完全無能為力，讓我了解越戰期間美軍在越南邁利城（My-lai）大屠殺這樣的事情。

問：你來夢團體之前一天晚上有這個夢，對你而言這是個新的情境，你有沒有任何預期的感覺？[2]

回應：我想要更深入了解我的夢。我的另一個讀書會也在探索夢。這個週末，我要參加夢的一個研討會，我在尋找所有我可以獲得的回饋。

問：還有任何其他感覺與這個有關嗎？

回應：我真的盼望藉著夢的探尋，有些事情能有所發展，但同時我又覺得這樣的期待不切實際，昨晚睡覺前，我希望有一個夢。

播放夢開始

團體成員面對著夢者讀完第一段夢：

---

[2] 儘管這個問題有引導的性質，我認為它還是恰當的問題。當一個新的夢者不熟悉團體運作過程，而他剛好在團體聚會之前有這個夢，想要呈現夢所出現的一些想法，很可能是非常有力的預期感覺殘餘。

回應：我很自然地走到樹林裡去。這次，狼並沒有要以我為獵取對象，他只是靠近，但是我有種感覺，如果我與他一起越過那個山丘，我永遠不會回來。

問：如果現在你以比較象徵性的方式看這個影像，有沒有出現任何聯想？

回應：狼是犯罪的人，一個掠奪者，他不能被控制。如果我跟他一起去，我將會有所承諾。與他一起去可能表示我認同它，我內心存在著想成為一個掠奪者的誘惑。一個掠奪者只須利用任何可以用的東西幫助他，我必須與這樣的誘惑搏鬥。有時候很難，因為我們的軟弱，人總是很脆弱與焦慮，當一個心理治療師，我總是處於這樣的處境。這是我的問題，我必須避免當一個自我縱欲的侵略者。我在監獄裡工作，我成長的環境與這些囚犯類似。他們生活的原則是拿走任何他們需要的東西，我必須讓自己清醒不要那樣做。我總是很害怕被誘惑又回到那種生活方式，如果我真的被誘惑，我將越過山丘，永遠不會回來。狼的唯一天敵是文明，眼前的選擇是文明還是狼。

問：有關狼有沒有進一步的補充？

回應：在早期的夢境裡，處境總是非常危險。但是在這個夢，好像我努力要靠近我自己那一部分，而且有力量更有效的運用它。我覺得，透過我現在做的事情，夢工作、靜坐、閱讀，我已經漸漸明白了。

團體成員將後續的夢境讀完。約翰繼續剛才的聯想：

回應：我知道如果我能將那部分的我留在背後，它可能對我有用，這點我覺得很確定。或許手電筒表示我想要讓事情更明朗，我用有光的東西打頭，當夢結束，我很高興我還活著，狼昏迷了。我原來預期它會向我撲來，我很驚訝它沒有這樣做。我不知道為什麼帶著手電筒，因為當時幾乎已經是天亮了。

問：仔細想想你剛剛描述的感覺，一開始覺得很無助，瀕臨危險，抗拒，用手電筒攻擊回去，之後驚訝你的反擊對狼發生效應。你能用這些感覺檢視你最近的生活，看看有沒有激發任何聯想？

回應：嗯！我昨天晚上的確對我的太太生氣。她下班後沒有直接回家，而是與她的朋友一起。終於她回來了，她卻講電話到十點半，小孩子還沒睡，到處奔跑。我終於忍不住要她掛上電話，她已經太過分了。我通常相當消極被動，在這種情況下，我通常一句話也不會說，但是這一次我稍微反擊。

我的評註：這是一個關鍵性的問題，它喚起一個重要事件的記憶，之前，這個事件一直從他的回想過程中脫逃。很明顯的，這個記憶的喚起是來自約翰在陳述關於自己內在攻擊性時的感覺，他總是要將自己的攻擊性部分隱藏起來，最後終於讓這部分的自己顯現出來。夢境裡他反擊，最後彼此適應，這是讓夢者與自己面質的重要線索。

儘管這時候夢對於約翰已經很清楚，他似乎仍然很急切想聽團體的看法。

夢的樂章：整合連結投射

「你花很多的力氣與時間努力要控制這個狼的潛在攻擊性，隨著與你的太太發生的事件，在你睡覺的時候跳脫出來。但是你與她都沒有因此而毀滅，反而情勢更能被控制。」

「這個地方（指夢團體）是一個你能帶出任何感覺的地方。它是處理攻擊以及讓它可以公開的安全地方。」

「有時候你必須擁抱你最害怕的東西。你很清楚這個狼的影像有些很有價值的東西。」

我自己的整合想法如下：

我想你已經與你的夢非常靠近，夢也與你的生活連結在一起。

因為一個當前突然發生的事件，打開了一個終生不斷的掙扎，夢境的影像與過去的夢類似，重複的夢境影像反映一個持續性掙扎的生活議題，我要針對兩個細節來說明。你的夢境時間幾乎已經黎明，你的衝突仍然沒有自然的光，你仍然無法自然地處理來自他人的挑釁，也就是當別人激怒你，你不能很有知覺的、很自主地面對。在夢中，你帶著一個手電筒，你對手電筒的使用並非它原來的功能，你當它是一個不銳利的攻擊工具，而非可以照亮黑暗地方的工具。重要的是，當你釋放部分的攻擊能量時，產生了有益的效果，你成功地改變情境。黎明已經破曉，因為與狼的關係改變，你能面對新的一天。

約翰最後的評論

「這個掙扎有很長的歷史與很多的故事。過去我致力的夢工作很少注意日常情緒餘留。我簡直無法相信它要耗費我這麼多的時間，才將與太太的事件帶到表面來。我知道我掙扎了很長一段時間，終究這是我自己造成的。」

我的評註：在面對這種重複的夢時，重要的是要注意過程的改變。在這裡，我們看到之前夢與下一個夢之間的重要變化。夢者在這個夢不像以前一樣被殺，而是彼此的適應，狼跟隨著夢者去夢者想去的地方，而不是夢者跟著狼走。對於如何運用狼的能量，有效地表達自己與維護自己的權利，而非運用狼的攻擊能量當作是毀滅性的炸彈，這是很重要的一步。同時，我們也可以在此看到致力揭開形塑夢的相關感覺餘留之重要性。具體的生活情境暴露我們個體脆弱的區塊，如果這個夢在幾週後才被探究，約翰與太太之間的具體事件可能會從他的記憶裡消失。我們可能無法具體地找到夢的根源，我們將會比較抽象地處理攻擊的**概念**，而非源自一個具體生活事件的**感覺**，這個方式比較難有豐富的成果。

所有成員都感謝約翰開放地分享他自己。

後續

下一週，在團體開始一個新的夢之前，約翰分享這一週來進一步夢工作的心得：

「我很驚訝要等這麼久之後，我才能將對我太太的抱怨說出來。我一開始對夢的反應一直是『哦！又來了，又是我的攻擊性問題』。一直往那個方向想，很容易看不見夢真正的源始。雖然那的確是個議題，我過去一直在處理面對，但是在這個夢，這個攻擊性的動物並非完全那麼壞，『為什麼是現在？』這是之後有關這個夢我一直覺得很有趣的問題，這對我在一個週末的夢工作坊報告我了解夢的方法很有幫助。」

注意夢的時間

當一個人的經驗漸漸累積，夢工作的一些獨特性會偶爾浮現。其中之一是關於時間，我們潛意識的思想過程可以說是沒有時間的存在。我在北歐的夢工作，每次工作坊之間相隔一年，在這種情況下，日常的情緒餘留並不常常與一年前分享的夢有關。但有一次，團體成員夢到一年前車子的影像，其中兩個實例與夢者一年前參與我的夢工作坊有關，第一個夢反應我們初次相遇，第二個夢是對夢工作感覺的改變。

第一個夢發生在一年前，其中一個場景是夢者與她的媽媽正開車進入一個窄的街道，結果被一輛大車擋住。在還沒有進入夢的細節，夢者立刻覺得這個夢是對母親的悲傷與罪惡感。夢的另一層次則反映夢者對夢工作有興趣，但同時也反映自己在團體中的沈默，沒有坦露自己，因為團體中有自己的同事。在同一個團體，她一年後分享一個有關開車的夢，「我那輛小的舊車」。當前面的路從柏油路進入小徑時，她猶豫是否要繼續前進，最後，她決定繼續。她自己注意到與之前的夢可能有所連結：「我一直在想著去年歐曼到此帶工作坊，應該是一週年了，前兩天，我做了一個夢，這夢似乎是去年夢的延續。」想起去年的夢，她覺得很悲傷，她開始哭泣。然後她繼續描述現在這個夢帶給她相當正向的感覺。「去年的夢是一輛很大的美國車阻擋在一個狹窄的路上，我不能通過，我覺得被堵住。這次，我夢到我自己那輛很遜的小車，它很小而且不重，但是它讓我可以繼續前進到我想去的地方。」

在北歐的工作坊還有另一個夢，證明夢可以從這一年延續到另一年。夢境影像是兩份整齊疊好的報紙，夢者清楚第一份報紙包含很壞的新聞，而另一份報紙則包含有趣的文化資料。她將第一份報紙連結到去年分享的夢，而第二份報紙則是最近這次工作坊分享的夢。在她分享夢以前，她一直非常不安，因為夢發生在她父親死後不久。後來這段期間，她的生活無論在私生活或在專業上都逐漸好轉，她急著要告訴我這個好消息。

第十六章

夢與療癒

我一直約略提到夢工作對個人的益處。主要是因為當一個人能很深刻、很誠實地與自己的本質以及他人溝通，他自然會感受到很大的解放與自在。對於強化人的自尊與信心，我不知道還有什麼方法比夢團體工作更有效。自己的夢裡世界能在一個安全、支持的環境中慢慢揭開面紗，自然會碰觸到自己的本質，在這過程中，也與他人建立深入關係。在夢團體中，不但夢者，所有在團體中分享的人都很重要而且完全被尊重，自然形成一種親密的交流，就宗教的角度而言，其實這就是一種靈性經驗。而透過與他人的互動提升個人的自尊與信心，就是情緒療癒的基礎。

讓我們進一步看一下癒合的本質。在沒有意識下，我們的身體多半會自動地復健，只有在某些時候，才需要一點醫療的協助。長久的演化過程，我們的身體早已學會如何應付中毒、受傷，以及感染等。

當面對情緒的療癒，我們遇到的挑戰可能是很不一樣的。雖然我們在情緒上也有自然的療癒力量，但與生理的層次不太相同。除了有一些精神疾病是基因造成的之外，很多我們面對的情緒障礙是因為他人因素。假設如果沒有他人以及社會制度的限制，小孩子不會發展出自我防衛甚至自我貶抑的策略。由於我們情緒生活的限制多數源自社會，要移除這些限制，他人的存在自然扮演了重要角色，情緒療癒在社會情境中發生。與身體癒合相反地，情緒療癒發生在社會的場域裡，不只限於我們的身體表層，我們需要他人的幫忙，將阻礙我們生活的防衛機制暴露出來，在他人的協助下丟棄這些防衛機制，面對真實的自己。

最近幾年，社會越來越重視心理層次的福祉與自我實現。這背後的推動力要溯源自 1930 年代心理分析運動，打開了我們的眼界，看到深層的人類心靈面向。在 1960 年代，心理分析的熱潮漸退，接踵而來的是研究發展快速自我療癒的方法。在過去十年左右，夢工作已走在這一波運動的前端。這些快速自我療癒方法的共同點是創造一個社會環境，讓人可以聚在一起學習，去除自我限制與刻板印象，漸漸發現自己的內在力量資源。要達到更高層次的自我覺察，社會互動是必要的因素。

夢團體工作的效能

對情緒療癒我們還能補充些什麼呢？對我而言，無論情緒療癒在何處或如何進行，它總是要具備三個基本要點以及一個支持的社會環境。首先，當事人必須覺察與澄清當前的緊張局勢；其次，覺察過去生活經驗與當前處境的關係；最後，察覺自己內在有動力能誠實地洞察新的自我，整合所有資料訊息而解除緊張的局勢。第三點是最重要的，如果沒有這個能力，我們很容易又回到原來的防衛狀態。在夢團體中，團體能讓分享夢的人持續誠實開放，這是達到療癒目標的因素之一。相互分享，彼此支持，以及他人在面對個體掙扎時所保持的距離，這些都能促進個人的誠實，而誠實是讓一個人能以鮮活的眼光看待自己的必要條件。

夢意識使我們有機會了解這些特質，我們的夢藉著選擇過去相關經驗，放大當前關心的問題，其中最重要的是誠實地面對自己的弱點與長處。一旦我們的夢在公眾場合中被理解，我們就是在從事某種療癒經驗。他人能幫夢者定位當前的緊張處境，並在自由聯想的基礎下，探索其縱橫交錯的複雜關係。秘密一旦浮現檯面，被清楚看見，就再也不會束縛個人的自由。

夢團體工作可以創造一種情境，讓自然療癒過程發生。就像我們體內一直有自我療癒的衝動，情緒療癒需要的只是一個合宜的社會氣氛。夢團體要有一個適宜的氣氛，最重要的是要尊重夢者的權威，且願意依照夢者個人的速度逐步前進。影響夢者是否準備就緒的變項非常的細微難以捉摸，除了夢者之外，沒有人能夠斷定夢者是否準備好前進。

夢有療癒的潛能是因為睡覺做夢的時候所看到的自己與清醒的時候是不一樣的，如同你從衛星看地球一樣。它的獨特處是夢裡看到的不僅是現在，也看到與現在相關的過去歷史，以及對未來的意義，如同太空人能從地球上空觀看地球一般。太空人看地球是從一太空裡某個新的空間位置，但是夢者則從不同的時間點切入。在夜晚，我們創造這些影像，我們似乎離開了醒著生活的時間框架，一開始是目前醒著狀態不引起注意的背景雜音，以這些雜音探測過去，尋找它們的緣起，進而評估它們對未來的意義。最後揭露的部分，事實上或多或少都已經是熟悉的，並非完全的未知。其實當下已有些感覺，但是這些細微如背景雜音的感覺，如果沒有呈現在夢境，而且如果夢沒有被認真研讀，我們難以欣賞到它的全貌。

這說明了在賞讀一個夢之後，為何夢者經常反應說：「就某種意義來說，這些我一直都知道的。」

只要我們能記住在睡夢中看到的影像，某些夢的特徵是特別容易理解的。我們可以確認哪些最近生活事件所引起的餘留情緒伴隨我們入睡，原本這些情緒在意識中只是背景雜音，現在浮上檯面，我們也較能理解為什麼需要夢工作來揭露這些情緒餘留。團體與夢者要盡可能詳盡地搜尋最近的生活脈絡，越是能仔細小心的探索，相關的感覺與關注的事情就會越來越明顯。這需要相當細心的傾聽，才能在重新建構的夢境中挑出細微的感覺，這些感覺相當隱約難以捉摸，即使是夢者本身也難以察覺。在這個階段，我們盡量揭開任何可能的餘留情緒，暫時先不考慮它們是不是與夢有關。

由於回想過去的感覺經驗是夢工作療癒的關鍵，讓我們進一步檢視這過程可能會涉及的問題。因為我們協助夢者所要發現的感覺是他們當下無法明確表達的，這些感覺只能在謹慎小心地回顧近期生活脈絡中發現，這是很困難的工作，即使習慣寫日記的人，也不見得能提供相關的線索，因為寫在日記的事件不一定是相關的餘留情緒。此外，每個人回憶他們生活細節的能力很不相同，如果不是最近的夢，我們每個人都很難回憶起當時生活發生的細節。

回想做夢前的現實生活脈絡有兩類型的障礙，一個是單純的記憶能力問題，另一個則是潛意識的防衛機制刻意阻擋，使我們無法觸及發生過的事。但是，第二種類型在我的夢團體工作裡通常不是主要障礙，因為我的團體過程有高度的支持與尊重。我們的挑戰是如何尋找與發現不被意識察覺的記憶，而不是要卸除壓抑記憶的防衛機制。在醒著的時候，我們自然地盡我們所能處理手邊的事情，任何干擾的背景雜音我們可能將它們擺在一旁，但是我們的夢會戲劇性地重新排列被意識排除的雜音。在夢團體工作中，以學習取代防衛，我們開始學習夢如何用隱喻的影像表達細微的感覺與模糊的觀念，一旦這些餘留的感覺被確認，就比較能追蹤與過去的關係。

這個過程需要他人的積極協助，如果沒有系統性地重新建構最近的現實生活脈絡，我們想要捕捉的微細感覺殘餘可能隨時逃離。但是當它的重要性開始被確認，夢裡的影像與情境將會更透明。感覺是連接過去的橋梁，也能自然地引出相關的回憶，夢工作的藝術在於尋找正確的方向，一旦方向正確，自由聯想將更有焦點也更有成效。一開始看起來很神秘的夢，很快被辨識，它很直接地描繪我們心中一個昏暗不被注意的角落。

夢、療癒與創造力

夢的療癒力量和每個人與生俱來、直到死亡為止的內在創造衝動，有直接的關聯。當我們親眼看到一個有創造性的事件，會經驗一種全新的感受並覺得興奮鼓舞，夢工作也讓人體會到類似的經驗。

我們所說的情緒餘留本身具有一種新奇的特質。它們原本在我們的意識中是模糊不清的，它們的本質與強度都還不能被識別，但可以意識到有些不明確、疏離的東西在向我們逼近，迫使我們要認識它們。這些感覺尚未被清楚的辨識或適當地概念化，它們以某種新的形式來與我們對質。當我們醒著的時候，它們逃離我們的掌控，但當我們睡覺做夢的時候，它們卻占據整個舞台。創造力在這個時候進入舞台接合做夢的三個基本特點：

1. 新奇的事物得以被辨識，在我們心靈中似乎像是泡影的事物能有明確的焦點。
2. 我們創造一個獨特的象徵系統，包含並表達我們生活中的緊張氛圍，同時也是以高度不尋常的方式描繪我們的感覺。
3. 我們所訴諸的象徵系統，同時考量到過去的相關經驗以及當前的需要與資源，讓我們能超越醒著時的視覺障礙，以一個新的角度透視自己。

也許讀者覺得用**創造力**這個名詞有些牽強，事實上，夢的隱喻語言本身牽涉到創造力行為，也就是發明與塑造圖像表達，以優雅獨特的風格，捕捉與表達我們主觀存在的特點。夢反應我們的感覺層次，與其他形式的創造雷同之處，是它們都成功地揭露深具意義的真相。我所說的創造力指的是我們生活上普遍的且必要的性能，除非被堵住，否則創造力是我們每個人與生俱來的特質，它能促使我們的未來更加自由充實。一般我們都以為只有藝術家與科學家才有創造的能力，其餘的人都過著較沒有創造力的生活。其實不然，我所闡述的創造力的重點是感覺真正敏感有活力，創造力應該是生活每一個面向的本質。不幸的是，人類文明演化至今，仍然沒有空間讓每日的生活充分表達人性的創造力。我們一旦告別兒童時期，創造力就漸漸被埋葬在沒有彈性、刻板式的現實生活中，生活失去持續挑戰的素質，讓我們慢慢無法了解與生俱來的創造潛能。我們的生命逐漸被限制與扭曲，不再開放接受新的事物，退居於平凡無奇的生活。

而在我們的夢裡，我們的創造力並沒有被束縛，仍然自發性的流動。我們有能力以創新的方式呈現扭曲的現實生活與健康心靈之間的互動，做夢可以視為我們內在創造衝動在睡眠狀態的活動，夢點亮一個新的自我，它們提供我們成為一個更完整個體的可能性，這當然就是所謂的療癒。

第十七章

夢的賞讀與心理治療

我之前曾論述，夢團體工作是**賞讀**夢，與運用夢於正式心理治療的方式有所不同。「心理治療」（therapy）與**有療效的**（therapeutic）這兩個名詞有點混淆。讀夢團體是有療癒功能的，但它不是正式或技術上所謂的治療。治療隱含著治療師與案主的關係，應用知識理論以及特殊技術解決個案所呈現的問題。案主是被知識與技術所支配，並沒有參與或對治療的知識與技術知情。自我揭露主要是單方面的，也就是案主對治療師單方向的揭露，在這種情況下，治療是階級性的。案主這一邊不斷地被激起反應然後被分析。治療師有某種權威，也被案主視為權威者。這個特質會引出我們早期根深柢固對權威的態度，包括敵意、依賴、自我貶抑，或者逢迎。在治療師分析案主的夢過程，案主的這些態度通常會伴隨或影響夢的描述，這些是案主的防衛，試圖與權威者建立安全的關係。

夢團體工作與心理治療的異同

在讀夢團體，夢工作過程是平面的，沒有階級區隔，每個人包括帶領者，都有相同的機會分享夢與提供個人投射，沒有人把自己當治療師或擔負治療的責任，而且每個參與者很清楚了解團體進行步驟的基本原理。即使帶領者本身是專業治療師，一旦帶領者開始分享自己的夢，他們給人的權威感會立刻改變。當團體成員看到帶領者就像成員一樣參與每個步驟，任何面對權威關係所產生的防衛自然會被置之一旁，團體會漸漸地體認，團體真正領導者是分享夢的人，團體的進行由夢者掌控，夢者沒有義務分享他腦裡出現的所有想法或感覺，如果他覺得安全，他的好奇心會帶引他往他選擇的方向探索。他有完全的自由選擇他防衛的方式，這正好讓他可以自由地測試移除防衛的感覺是什麼。逐漸的開放是成功夢工作的印證，雖然根深柢固的防衛性行為特質並不會如魔術般的消失，但是會因為夢者逐步體會到自由而被修正。在夢團體工作中，我們終結防衛的方法就像一群人陪著你裸泳一樣，大家都做相同的事，游完泳，雖然衣服又穿上，但身體心情已是煥然一新。夢團體成員之間彼此是平等的夥伴關係，一起共事的感覺，這不同於一般治療關係中專家對案主的角色關係。

團體刺激一個人的好奇心，提供想法主意，也提供必要的支持讓人可以深入探索內在。而開啟內在的鑰匙永遠在夢者的手上，只要他有勇氣去使用這把鑰匙，團體只是幫助他欣賞他即將發現的寶藏。當夢者漸漸投入團體過程，夢者會越來越好奇而放下防衛。

治療師與案主的關係不同於夢團體成員與夢者的關係。治療師必須帶著特有的病態心理學或心理治療知識對案主診斷處遇，努力讓案主積極地改變，在治療過程中建立某種人際場域關係然後加以精密檢查監視。在夢的賞讀中，我們不會監視團體參與者，包括夢者與帶領者，相互之間的關係，但是如果夢工作在治療團體的脈絡中，成員與帶領者之間的互動關係則會被仔細地觀察。團體治療師運用複雜的人際場域關係，達到改變的目標。然而在夢團體裡，重點完全集中在夢者的**內在場域**，其他人在團體過程中經驗到的反應各自處理，不是團體的重點。團體成員共同成為夢者的輔助力量，由夢者決定如何使用這股力量。

治療師在夢工作上要面對的任務，比我們在夢的賞讀團體中進行的還要複雜。在夢團體工作中，我們只是運用夢者對夢的自由聯想，努力拉近夢者呈現在夢裡的自我意識與醒著時的自我意識兩者之間的距離。但是治療師所涉入的卻超出夢的相關脈絡。她要處理她所觀察到的案主外顯行為，案主的過去歷史，她必須隨時注意案主與她的關係中，任何理性與非理性的部分，而且她也必須關注任何與夢相關的抗拒行為。參與夢團體的成員多數是因為對自己的夢有興趣，想從自己的夢中得到更多的資訊，相反的，在心理治療的關係中，案主呈現自己夢給治療師的目的並非真正想從自己的夢學習什麼，他是想改變自己的局限或是消極性破壞性的行為。可是，就在想改變的同時，他原有的性格讓他持續舊有的行為方式，驅使他避免改變，這就是眾所皆知的**抗拒**[1]（resistance）。案主可能在不知不覺中，為了討好治療師而提供一個

1 會阻礙我們洞察能力的防衛機制。

夢，或者是對治療師能力的一種敵意挑戰，或是案主要證明自己的無助感，對夢一無所知，又或者只是自我表現的展示。總而言之，案主提供夢的動機可能與許多不同的操縱策略有關，治療師的任務是要認清並處理這類型的抗拒，在真正夢工作開始之前與過程中都必須持續注意，經常，這些抗拒的本質很清楚的在夢的內容中呈現。

治療師知道很多夢者的私人生活，將夢放在夢者的實際生活脈絡，可能較清楚夢者的困難以及面對改變的掙扎。因此治療師對夢的詮釋是基於早期的治療工作，並且按照理論公式進一步推論，譬如佛洛伊德的戀母情結概念，或者榮格的概念，像是阿尼瑪或阿尼瑪斯等。

對治療師而言，當案主提出一個夢，時間可能是一個問題。充分的時間對夢工作是必須的，但案主在一個治療單元的過程中提出夢，治療師必須處理時間的限制，即使案主在一開始會談就提出夢，整個小時的治療期間都投入夢工作，也不見得能解讀一個夢。治療師通常只能做到如博寧（Walter Bonime, 1982）所指出，「綱要詮釋」，至於隱喻的部分則在未來治療過程中選擇性地被引用。

在進一步說明讀夢團體與正式心理治療的差異之前，我要先強調它們的一致性，它們絕對不是對立的。如果它們是同時發生，例如一個人同時參與夢團體與繼續一對一的心理治療，這兩者應該可以相互強化彼此的功能。在治療過程引發的夢，在夢團體裡可以優閒自在地與他人一起賞讀，反之，在團體中賞讀之後的夢，可在一對一的治療關係中繼續更深入、更有隱私地探索。偶爾，在心理治療過程發生的困難（例如，反移情[2]）也會很明顯地在團體中浮現。有時候，夢團體扮演過渡性的支持系統，緩和中止心理治療的焦慮。

夢團體與個人心理治療這兩種探索夢的方法毫無疑問有相似的地方，例如對個案的尊重，對個案自由聯想的依賴，對夢者掙扎於她潛意識的人格特質時所具有的敏感度，以及對夢者碰觸自己的感覺層次的重視，這些都是兩

2　心理治療師被個案激起的反應，因此而阻礙治療師的客觀性。

個方法共同的特徵。第一次參與我夢團體的心理治療師都會提出這些相似性，我同意他們的看法，但是我也解釋我所要努力的是將我對夢所知的一切，包括從精神分析師的生涯中所學的經驗，很清楚地運用在團體的場域，這個團體的目標是要教人如何探索夢。正式的心理治療與夢的賞讀團體都關心自然療癒能量的解放，兩者都透過潛意識的探索促進成長。我為自己設定的任務是從治療師的角色轉變成教育的角色，我的目的是教他人如何從事團體夢工作。

團體讀夢的方式有特殊的特質能促進夢工作。首先也是最基本的前提是，有充足時間從整體的角度去探索夢。在夢團體，沒有其他事情會占用時間，但在心理治療可能會有其他問題要處理。團體裡安全的特性，平等的結構，以及夢者有維護她的防衛機制的自由，這些都有助於鬆動夢者的防衛，鼓勵她持續深入自我分享。在團體中沒有任何人扮演治療師的角色，也因此對於夢者想要保持多少程度的防衛，這並不是夢團體的議題。夢者握有掌控權結合對團體過程與功能的信任，這對減低因夢工作產生的焦慮有很大的效果。如果我們不恐懼真相被誤用，對我們不利，在安全的情境下面對真正的自己是非常有意思的。在夢團體，對他人的關懷，支持，自由想像的氣氛，以及以沒有侵略性的方式提供夢者所需的工具，協助夢者發現夢境影像對生活的隱喻性意義，這些皆鼓勵讓自然的療癒力量自由流動，在這種情境下浮現的真相將會被接受擁抱。

在任何心理治療的場域，安全與信任都是基本的要素。這要看個案本身信任的能力以及特殊的治療環境，一方面要建立與維持信任，但同時又要揭露與挑戰個案之前所依賴的、可以提供安全感的特質。在心理治療，焦慮與防衛的產生是很重要的治療機會，也是這個工作的主要特質。然而，在夢團體，夢者本身的人格特質不會被包圍，反而是有很大的自由，經常導致團體成員與夢者開放內心深處的想法與痛處，而這在心理治療通常要花很長的時間。

專業界的回應

當我呈現夢團體的方法在我的精神分析同僚面前時，他們的反應夾雜著抗拒與興趣。有一小部分的人一直很有興趣而且完成團體帶領者訓練，並帶領自己的團體。然而大部分的人卻認為這是去專業化的夢工作，因此，雖然很有興趣，可是卻徘徊在門外。他們不能分享我的感覺，他們不認為夢工作應該越過諮商室，擴展到更大的公共領域。我覺得精神分析師，身為心理治療社群中最高度專業訓練的成員，應該有責任讓夢更容易被接近，但結果不然，更直率地說，他們彷彿心照不宣地假定，夢工作應該持續為精神分析所壟斷。過去一直被訓練以心理分析理論為模板，過濾個案的自由聯想，對於一個完全沒有理論當模板的工作方法，他們覺得很不自在，也因此拒絕這個方法。他們習慣將夢看作是隱藏的精細機制，對於一個堅持強調夢是明顯地洩漏真相的方法[3]，他們很難接受（除了榮格支持者之外）。

我懷疑除了理論與科學的關切之外，經濟與社會地位議題也是造成抗拒的原因，因為成為專業精神分析師的過程需要很大的投資。然而，將夢去神秘化並幫助普羅大眾取得接近夢的管道，只會擴大所有正式心理治療情境的療癒基礎，不應該成為精神分析師擔心的因素。

那些在心理學家階級中，位於比較低位置的專業，例如社會工作者，以及精神科護理人員，他們對於夢團體工作方法興趣比較高。他們視野改變，開始將夢視為我們本身固有存在的療癒資源，有了實用的方法，他們開始體會夢工作的好玩與刺激。高度運用案主睡眠資源與自我療癒能力，分擔心理師的部分責任，讓團隊更充分合作。

以下摘要比較夢在心理治療的運用與在團體中探索夢兩者之間的優點與

---

[3] 有關我的方法與佛洛伊德以及榮格的比較，在*Working with Dreams*（Ullman & Zimmerman, 1979）一書中有比較系統性的介紹。

局限。**局限**指的是任何會限制夢完整性或有效性的探索。雖然有時候在夢團體是不利的，但在於心理治療可能是必須，也是有益的。

心理治療的局限

時間的限制：經常案主有很多立即性的問題，很少有時間解讀夢。

階級安排：夢的分享是案主對心理師單方向的；缺乏彼此相互的自我揭露；治療師保持在權威者的角色；強化夢工作的依賴性（譯註：案主依賴治療師分析夢）。

理論扮演的角色：心理治療師擁有個案所不知情的專門知識與技巧；理論強化心理治療的階級關係。

夢賞讀團體的局限

團體的大小：可能成為分享非常私密與敏感議題的重要關鍵。

對夢者的了解：僅限於在分享夢的時候對夢者當下的了解或是從之前分享的夢獲得一點訊息。

心理治療的優勢

一對一的設計：提供比較私密的場域。

對夢者所知較多：治療師對夢者有很廣泛的了解。

心理治療技能：一直在磨練精通傾聽的藝術以及處理潛意識所需的敏感度。

心理治療技術：能辨認與處理精神病理問題。

夢賞讀團體的優勢

時間因素：充分的時間從容地致力夢工作；沒有其他要處理的事情。

團體的大小：隱喻輸入很豐富。

平等沒有階級的結構：夢者控制過程；夢者決定深入的程度；沒有任何外在的權威；夢者本身是專家的角色。

相互分享：團體帶領者參與所有過程，包括分享夢；團體運作結構將移情與反移情減到最低；所有參與者都分享夢，創造深度的共同感。

沒有理論的方法：沒有隱藏理論假設；不涉及技術性的操弄；團體每個成員都知道過程每個步驟的基本原理。

一般而言，當這兩個方式同時進行時，心理治療師都能辨識它們的一致性。

第十八章

賞讀夢未來展望

我們生活在個體必須開始更有責任維護自己健康的時代。到目前為止，我們只努力在維護生理健康，直到最近，我們才開始重視心理情緒的健康，讓我們的存在更能自我實現以及更有人性。夢能提供給我們往這個方向發展所需的洞察能力，無怪乎現在已有很多人為了這方面而致力夢工作。我們在哪裡能找到垂手可得、自然產生有關自己的資訊，而且這些資訊與我們當下的生活相關，碰觸我們最深層的存在面向？是因為透過我們的夢，我們才發現自我療癒的能量，這好比我們面對疾病或身體傷害有著自然復元的能力一樣，儘管我們一直將這樣的能力視為理所當然。

當你持續性地從事夢工作，你很快將會發展出夢者的世界觀，從這個角度，人性的弱點缺失會呈現出來，我們與睡眠狀態時的資源相逢，讓我們變得敏感，重視真正自我價值，而非不朽的虛假自我形象。很有趣地，我們變得越來越獨特，同時彼此之間也發現更多相似處。我們與他人之間的連結品質成為自我價值的測量標竿，我們從他人獲得些什麼？而我們又能給人家什麼？夢會告訴我們這個方程式兩邊的處境，你是對他人付出太多而犧牲自己，或是從他人獲取太多而讓別人為你犧牲。

我已經詳細地提出我個人在小團體讀夢的方法，它的理由，每個參與者所要扮演的角色，以及運作的結構。特別是一直強調帶領者要扮演的角色，以及可能會發生的問題。夢工作可能帶來的嚴肅與趣味，我努力讓兩者平衡，我們不能以輕描淡寫、可有可無的方式從事夢工作。夢工作需要某種程度的承諾，要尊重必要的謹慎小心，以及踏實地評估它的限制與累積的益處。

夢工作沒有任何魔術。當然，我們仍然有很多神秘的地方，那些影像如何能優美地表達我們每個人內在旋轉的複雜情緒流動，然而，已經太久了，夢的神秘性被賦予有魔術的要素，容易被過度理論化，以及輕易被我們醒著的自我誤用。對於現在正在流行如何控制我們的夢，我沒什麼興趣，當我們醒著時的議題與夢境碰巧同時發生時，我們可能以為在掌控做夢，好像夢在回應我們的願望，但這未必真實，我們不應該遮蔽夢比我們醒著意識所排定的行程更寬廣也更誠實這樣的事實。無論如何，夢是提供我們自我察覺的途徑，這已是鼓勵我們要更注意它們存在的足夠理由。

我已經強調，針對一般大眾所提供的夢團體工作指引與結構，與提供給臨床治療師的基本原則，兩者並沒有不同。我們澄清了理論在臨床工作所扮演的角色與在讀夢團體中所扮演的角色正好相反，這樣的澄清對心理治療師與一般非專業人士都證明很有幫助。

夢團體的特色之一是它可以很輕易運用到各種不同的團體，我希望未來有一天，夢團體可以運用在藥物成癮者、監獄囚犯、安寧病房的病人、高中生與大學生、工廠工人、機構組織行政管理人員，以及成人教育方案等。這個中心思想是參與夢團體的人不需要有任何心理學方面的訓練，或是一定要熟悉各種不同有關夢的理論。截至目前為止，夢團體活動一直局限在一群擁有很多夢知識的白人中產階級，他們的夢課程知識通常深植於榮格或完形心理學。如果團體以任何一種特別的理論系統為基礎，帶領者與參與者之間很可能會產生距離。知識本身並不容易深度傳達，除非有人經歷相同的專業訓練。這種以理論為基礎的團體傾向讓專家模式永遠存在，他們將自己的知識借給夢者，而不是要培養參與者的技巧，直到他們覺得有能力擔任帶領者。當這種情況發生，帶領者的工作就要非常詳盡明確，而不是含蓄隱約。當團體被某種精巧的理論塗上色彩，例如榮格或佛洛伊德學派，沒有專門與嚴格的訓練是很難做到的。

我使用的團體方法，源自我努力將臨床實務中學到的夢知識與經驗轉化成每個人都可以精通的程序，夢工作本質與心理治療的專門技巧兩者是分開的，雖然目前夢團體的基本原理已經很堅固，但是進行過程仍然會隨著我的使用經驗與持續教學而演變。

常被提問的問題

下列是有關團體過程經常被問到的問題：

1. **夢團體真的會讓人成長嗎？或者只是另一種形式的社會消遣？**我認為夢

團體是有這樣的危險，但是，從我自己的經驗，我確信那些在夢團體待過一段時間的人會成長，因為行為的改變發生了。他們自己可以清楚感覺到，而且他人也能明顯看到。大部分到這個團體的人有健康的好奇心想更了解自己，他們有能力改變，也有能力真實地評估自己的改變。

2. **參加讀夢團體的人會不會一直夢到一樣的事物，終究不能再從夢境得到任何回饋**？我們生活的確持續浮現相同的議題，而且我們持續夢到它們。但是我們每一次致力面對夢中出現的某個特別議題，我們與那個議題的關係就到達一個不同層次的位置。我們所承襲的過去情緒，以及在我們通往未來過程所不斷面臨的新問題，讓我們的生活有著無止境的挑戰，自我認同的追尋是一生的功課。
3. **這個過程真的是如你所說不用理論的嗎**？是的，不過也可以說不是。我所說的無理論是指它並不完全固著在任何心理分析理論，例如佛洛伊德或榮格所提出的理論。然而，它是建立在某種有實證經驗為基礎的夢本質假設，例如日間所餘留的想法、感覺，或情緒在夢境形成過程所扮演的角色，以及影像的自我面質本質。我所使用的過程是以不帶著某個特定理論的背景進入夢的世界，對於心理治療師，夢團體是一個訓練的工具，連結理論知識與實務工作技巧，幫助他們解讀個案的夢。
4. **你是否正在創造一個「溫室」效應，它的有效性只限於分享夢的環境中**？夢工作是在一個非常特殊的環境下發生的。這是真的，也就是我們必須提供一個完全沒有暴力的氣氛。在其他多數的社會環境，我們不斷發現各種不愉快的緊張氣氛升起。當一個人密集參與夢工作或待在團體一段時間，會非常清楚團體內與團體外生活的差異，而且偶爾也會有「餘震」。不過，總有一些從夢團體中獲得的收穫可以帶到夢團體之外的生活。

批評與反對意見

幾年來，對讀夢團體的一些批評有些無關緊要，有一些則比較有實質意義：

1. **對於我設計的第二階段特性，一直有人提出反對意見，也就是團體成員提供他們的投射，我把這部分當成是「遊戲」（game）**。有些人認為「遊戲」這個字使用在這個階段是對夢工作的貶抑。事實上，我一直認為這個階段是遊戲也是一種練習。我喜歡保留遊戲的比喻，因為當團體成員將夢當成是自己的夢，尋找影像的感覺與可能的隱喻時，已經捲入某種遊戲的元素，我們所強調的是讓想像力自在地玩耍，並非不重視夢，這是這階段的重點。
2. **另外一個語意上的困難來自第三階段我使用「對話」這個名詞**。在技術上，這個批評是正確的，因為這個階段不是完全像字面所說的「對話」，因為夢者並沒有義務回應所有問題。然而它指的是言語互動，可以恰當形容夢團體工作的特殊處，也因此我一直保留這個名詞。
3. **比較重要的議題是有些人似乎覺得我過度強調最近情緒脈絡，認為是夢者近期生活經驗所餘留的情緒脈絡觸發夢**。強調這部分的目的只是想要傳遞一個概念，一個夢的開始與入睡前的一些感覺、想法，或是盤據腦海的事情相關，當夢者在團體的協助下揭開與最近生活經驗相關的感覺氣氛，這議題將會被聚焦，進一步從歷史的角度深入探索。**近期情緒脈絡**這個名詞包含從過去到現在持續盤據在我們腦海中的事物與關心的議題，以及觸發某種餘留感覺的最近事件。
4. **曾經在其他類型團體的人，特別是會心團體或者心理治療團體，對於團體的結構經常覺得很不自在，也經常覺得挫折，因為他們被限制無法自發地抒發他們的感覺與對團體的反應**。這種現象特別發生在夢者非常防衛地回應團體，某些團體成員會產生某種程度的失望、挫折、甚至憤怒。大部分人都能遵守我們與夢者定下的契約，也就是夢者控制過程，並且決定她要分享的內容。那些習慣積極以自己方式參與團體的人，有一股衝動要挑戰夢者與團體過程，來減低自己不舒服的感覺。他們偏愛的是一個比較鬆散的結構，可以允許他們與夢者自由互動。然而，如果團體結構往那個方向改變，依我的看法，它將喪失以非臨床治療為前提的夢團體工作最基本的要素——那就是我們不再尊重夢者是自己私領域的守門者。只有在夢者有能力相信團體過程，才會有力量開啟那道門。如果有一位或多位團體成員的不舒服而引起的緊張氣氛已經衝擊到夢工作，這時候可以暫時停止夢工作，先進行團體溝通，直到緊張氣氛解除，但不能改變夢團體運作結構。任何人如果不能接受我們必須承擔夢者有不同需要的程度，那麼除了夢團體之外，他應該尋找另一種個人成長的方式。

展望未來

我們會成為一個對夢有知覺的社會嗎？自從美國拓荒者從原住民取得土地至今，沒有任何時刻比現代人對夢更有興趣，但是儘管當前對夢的興趣高漲，在可預見的將來，一個重視夢意識的社會仍然不太可能出現。在強調技術發展以及幾乎只偏重物質享受的工作社會，夢工作在一般人的生活優先順序是排在相當後面的。不過，這不應該減損我們致力提倡以及擴展夢工作的重要性。

眼觀未來，我們除了招募專業社群的協助，發動對大眾的教育之外，我們還要面對一些其他議題。首先，訓練能勝任的領導者是當前的問題。依照目前的情勢，似乎每個人都可以進入帶領夢團體這個行業，這讓大眾失去評量領導者的能力，或者也不知道帶領者的方法是什麼。但是，要解決目前的混亂並不容易，介於無政府狀況與由正式組織訓練夢團體帶領人所產生的不利條件之間，大眾夾在中間不知所措。雖然正式組織可能確保帶領人某種勝任程度，但是制度的結構，特別是太快建立，可能傾向讓某個取向僵化，對未來的改變有抗拒性。當前，面對多數單純的大眾，如果我們建立一個制度化的結構，可能導致專業的排他性與壟斷。像這樣的組織要面對的，當然不僅僅是一般的訓練課程問題，也涉及到夢工作訓練者的問題。這種夢團體工作的能力不能以證書、心理衛生領域訓練的年數，或是任何其他容易辨認的指標來評斷。它需要的是很多無形的人格特質，包括敏感度、同理的能力、對隱喻的感受，與以某種程度的謙卑態度面對夢的挑戰。當這些因素一列入考量時，專業與非專業之間的界線開始變得很模糊，而且前者並不會自動地比後者在這些方面具有較高的素養。

我現在唯一能想像的方向是繼續延伸時間，盡力地教育大眾夢工作的價值，以及對於未來發展他們可以承擔的角色責任[1]。現代人比之前的人更有健康意識，夢工作能幫助人們的情緒健康，我們應該有這樣的場所讓夢工作發揮它的貢獻。這意味著要去除夢的神秘性，從對專家的膜拜中分離出來，以及將夢工作的責任四平八穩地放在夢者的手上。

當我們有足夠能勝任的夢團體帶領人，無論是專業人士或非專業工作者，或許夢工作會有重要的發展紀元，終究還是由大眾判斷哪個方法對他們最有幫助。我對未來之所以還有希望，是因為以我過去的經驗，我確信夢工作是可以被教導的。那些已經有過訓練或是人格本身有合宜領導特質的人，不但有能力帶領團體，更重要的是他們在夢團體可以獲取更多經驗，藉以精通他們的技能。當然，也有另外一種情形是，有些人可能有很多的訓練，可是永遠無法成為好的帶領者（雖然他們覺得自己是），或者也有一些只有接受很有限的夢工作訓練，就開始自己帶團體。這兩種情況都可能誤用夢團體過程，以及剝削參與團體的人。但是，再一次重申，這唯一的防衛就是增進社會大

1 希望將來夢研究能夠在所有層級的教育系統裡發現一個安全的位置，將夢工作擴大到不同的族群。

眾的辨識能力，讓他們清楚對一個帶領者的期待，以及他們能夠從夢工作裡獲得些什麼。

無論如何，當前已經有很多努力在進行，共同開發夢的遠景。教導大眾夢工作的新書出版逐漸頻繁，雖然整體而言這是好預兆，但是因為很多不同的夢工作方式被提出，也讓大眾因有過多的選擇而產生某些困惑。例如有人發現榮格學派以及完形技巧，各種不同的會談技術、夢劇，甚至將自己的夢畫出來。

對我而言，最關鍵性的問題是有哪個工作方法可以讓夢工作擴大到一般社區，或者它僅僅是保留在專家手上，夢工作是否能運用於一般健康的大眾，而不只是用於病人身上。我非常確定的是，針對夢者的某些安全原則，應該普遍地運用到任何夢工作方法上，而且也必須學習如何促進夢者安全的技巧。強調安全以及技巧的運用一直是這本書的中心焦點，對安全原則重要性的察覺，可以提供讀者辨識不同夢工作方式的選擇指引。在我們眼前要持續的任務是，透過教育社會大眾以及儲備有勝任能力的帶領人來擴展夢工作，有興趣者終究會連結成一個很廣大的網絡，建立適當的環境，藉以發展與促進那些想要扮演帶領者的技能。

跋

夢工作滿足我們對自我的好奇心，我們從夢中所得到的知識照亮我們的心理建構，然而，我們還有其他存在的面向有時候也會侵入我們的夢境，這些包括生理上、社會上以及宇宙的（我還找不到更好的名詞，這指的是我們與神秘的宇宙間的連結）。

我曾經喚起大家注意，事實上身體細微的變化可能會呈現在一開始的夢境影像裡。從演化的角度，我們的生理學可能在夢境中扮演另一種角色，我認為夢工作帶領我們更接近維持生命所必須的自然動物本質。動物的生存依賴它們是否能夠精確與真實地察覺它們所看到的世界。我們也仍然依賴這樣的能力，努力去適應不完美的人類環境。我們的工作稍微困難一點，因為我們有著文化沿襲的陷阱與虛假。在某種程度上，我們是虛假概念的受害者，我們無法自由真實地實現自己。睡覺與做夢時候，我們讓那些已經在我們意識中逃離的區域獨立自主。有了自由，真相才能浮現，自由與真相之間的關係是夢的驅力，在我們掙扎要獲得真相的過程，夢永遠是在你身邊的同盟。我的一位同僚克雷默（Milton Kramer）指出：「說謊的人會做夢，但是夢不會說謊。」[1]真正的自我價值感立基於我們是否有能力對自己與對他人誠實，能有勇氣面對與傾聽夢在說些什麼，這對於每日變化、歷盡滄桑的自我價值感是非常有用的解藥。

夢社會學目前尚未發展，文化人類學者已經提出，夢在尚未有文字之前的社會具有重要性，但是對於現代工業社會，夢所扮演的角色很少研究，目

---

[1] 源自作者送給筆者的油印文章。

前應該被探索的是社會支持與限制的源頭如何反映在我們的夢中。夢提出社會與個體尚未解決的問題，存在於我們每個人內在與外在世界的任務是整合普世的價值，夢工作之所以尚未引起很大的風潮，或許其中一個理由是它可能挑戰當代社會價值。社會的刻板印象出現在夢境中，提出仍然非常盛行的種族主義與性別主義態度，以權力單向地凌駕他人，這並非夜間睡覺時的價值。但是，它卻是醒著的世界一項主要特徵，不用協調與合作的方式解決問題。我們面對操弄與剝削的人際關係所要付出的代價，在夜間就變得清晰可見。夢工作可能讓我們更能覺察社會的單向發展，只強調積極追求物質所得，而在這同時，我們的感情資源卻大量流失。當我們清楚地看見社會織布的撕裂與破洞，我們才能積極致力修補，這是夢工作所產生的必然結果，將讓我們對自己與對他人有更大的尊敬與容忍。我們不僅被醒著的自我決定我們的存在，夢是我們傑出的同盟伙伴，它以我們的最大利益作為考量，與我們一起合作，但從不會因為顧及自己的利益而犧牲他人，或侵犯他人利益。

如果我們的社會能大規模地擁抱夢工作，可能會立刻促使我們想要以更人性的方式，與我們的自然與人類社會建立關係。如同夢工作讓個體隱藏的一些想法假設浮上檯面，讓個體更清晰看到整體的自己，同樣的，透過夢工作，我們也可能了解更多隱藏在社會中的意識型態假設，決定社會上價值的優先順序。在不久的未來，夢對於我們社會的重建能扮演很重要的角色，這或許只是一個烏托邦希望，但是無論未來如何發展，永遠不會制止我們的夢心靈繼續慫恿我們邁向正確的方向。

我們的夢有時候似乎會超越我們的日常生活，為我們開啟難以形容的美景以及深度的感覺，榮格稱這些夢為「大夢」。或許它們是來提醒我們與大宇宙之間的關係，這種存在面向沒有一定的稱呼，它超越我們日常生活的世界，以神秘般的方式環繞著我們。它也一直有不同的名稱，例如超個體的或心靈的面向，無論它的名字是什麼，它的主題都致力提出我們存在的未知部分。我們在宇宙中的位置是什麼？我們從何處來？我們將往何處去？身為宇宙的生物體，我們幾乎還沒開始了解我們與宇宙之間的關係。

我們生命這個面向在每日的生活過程中，通常變得模糊朦朧，除了偶爾一次或兩次正式地出現在宗教的追尋中，從宗教的觀點，靈性指的是超越世俗的王國，對我而言，最接近**靈性**這個字的境界是發生在我帶領的夢團體工作中。如果靈性隱含著某種共同感，將我們每個人以及宇宙普遍運行的順序連結在一起，那麼夢工作所浮現的就是一種靈性的經驗。它點燃一種去制度化的靈性經驗，這是在我們目前世界中大量缺乏的特質。這種靈性經驗，使我們彼此之間共同存在的連結變得更加明顯可見，我們可以感覺到自己內外的兩個世界，也就是我們身處的外在環境與自己內在主體的私密世界，這兩者逐漸達成真正的和解。我們一旦能超越醒著的自我強加在我們身上的限制，我們將比較能容忍自己以及他人。夢的誠實本質提供我們得以與自己較好的本質接觸，人與人之間的手足之情因而升起。制度化的宗教尚未成功地培養足夠規模的人類手足之情，以防止人類之間的分裂。如同對於宗教的衝動是普遍性的，同樣的，做夢的經驗也是普遍性的。或許這兩者之間的連結可以進一步帶領我們體會人類的手足情誼。

我已經提過，現代人必須為自己的健康狀態負責，這是當前的趨勢，而夢工作是符合這個趨勢的康莊大道。夢工作所提供的不僅是帶領我們進入讓自己緊張與需求的隱秘源頭，而且導引我們發現因應的資源，即使我們有著自我人格結構的限制以及來自不完美社會的強加限制。價值改變，對人的感受不同，包括對自己，人們不但變得更有趣，而且彼此之間也更相像。在你越來越投入夢工作之後，你會開始發展出以夢者角度看世界，你能更銳利地發現人類的弱點，而且對重要事情的敏感度大量增強，沒有什麼事情可以與它相比擬了。

附錄：理論

讀到這個部分，讀者一定明顯地發現整本書缺乏來自佛洛伊德、榮格，或者其他學派詮釋夢的理論。事實上，我一直避開**詮釋**這個名詞，在我的夢工作我偏愛使用**賞讀**這個名詞。在這個附錄，我將審查夢工作的相關理論，以及這些理論所要推論的內容。

當要整理大量資料時，理論是有用的，它讓我們發現與探索進一步的可能性。但是理論又可能成為反功能，因為當我們固執於某個理論時，它又會限制我們探尋新的可能性。理論只有潛在的推論作用，而且它的持續性也有它的時間限制。當理論運用到複雜的人類行為時，它們要小心的使用。

自從佛洛伊德詮釋夢的名著出版之後，夢與理論之間的交織幾乎無可避免。存在主義的心理治療師創造一個勇敢的嘗試，讓夢擺脫心理分析理論的框架。今日我們所認識的夢工作是在佛洛伊德所提供的精神分析背景下誕生的[1]。用一個比較緊繃的隱喻，夢就像小孩一樣，在精神分析的子宮孕育。它的胞衣就是佛洛伊德早期對歇斯底里症[2]本質的理論。在精神分析思想的演化過程中，那胞衣從來沒有與嬰兒分割切斷。一直到 1950 年代夢實

[1] 存在主義，運用在心理治療上，它的概念很難被確定。科維（Kovel, 1976）企圖要捕捉它的本質，他指出：「存在的精神分析要做的是直接碰觸現代經驗的混亂，從現有世界解放脫逃，無神的，沒有任何沿襲的道德權威或信仰系統，脫離一個很多事情被視為理所當然的世界。」（p.100）存在的精神分析直接地避開理論，要詳細了解存在主義方法如何運用在夢工作，請參考博斯（Boss, 1958）。

[2] 歇斯底里症，從技術上理解，它是一種精神失常，可能是內在心理衝突的一種表達，也可能是一種概括性的人格失常，特徵是自我中心、戲劇性、情緒性激烈反應的行為。

驗[3]開始之前，夢從來沒有自己獨立存在過。它一直是持續與它的起源精神分析繫在一起，這胞衣遮蔽了嬰兒。

心理治療師的確覺得需要理論的概化，用來處理他們所面臨的複雜人類心理資料。這是理論被認為有用的功能（雖然存在主義治療師已經放棄精神分析理論，比較偏向現象學的方法[4]）。做夢意識仍然是神秘的事件，對於睡覺時意識的形式與內容，我們目前所知道的仍然是片段零碎。我們仍然非常需要做夢理論幫助我們去除對夢的無知。

以下的理論觀點是建立在我的臨床實務經驗，我研究睡眠與做夢所得的實驗性文獻與知識，以及我從讀夢團體中所學的一切。雖然我個人相信我所提出的理論能夠充實夢工作，但是我要強調的是，熟悉或者接受這些觀點絕不是從事我所描述的讀夢團體工作必要的條件。

我應該從夢意識與醒著意識兩者各有基本特性這個假定開始[5]。在尋求建立這個基本特性過程，我先來思考當刺激衝擊我們時，當時的狀況以及它們如何被處理，這個過程本質是什麼？醒著狀態有一個不變的特性，也就是我們不斷被外在刺激轟炸。事實上，如果這些刺激完全中止，我們也會發現我們幾乎不可能維持日常的意識狀態。雖然外在刺激大量襲擊而來，但是很幸運的，只有一小部分需要我們的注意，大部分的刺激我們都可以自動地、無意識地處理。那小部分的刺激讓我們保持警覺與關注。

我們日常知覺過程相當的複雜，要能「看得到」一個物體之前，我們必須有看過類似物體的經驗，包括物體構造、形狀，或其他可被知覺的特質，這些過去經驗啟動記憶掃瞄，基於過去經驗建立的基模，我們對這個物體的辨識才產生，最後我們才能看到物體真正的本相。這個過程的發生幾乎是瞬

---

3 這裡指的是腦電描記術與快速眼球跳動（REM）監控技術被用來決定睡覺時做夢的循環階段。

4 現象學是存在主義者心理治療方法的哲學基礎，他們致力於此地此刻的療癒面向，除去預先假定的理論以及主觀的偏見。

5 這裡我指的是，兩種形式的意識它們都有適應的功能，它們都涉及資料集中處理而讓行為改變。當我們醒著時，行為與外在世界相關，而當我們睡覺時，行為指的是內在感覺的改變。

間的，從簡單的知覺刺激到最後正確的察覺，我們對大部分的物體都已經習以為常，不會察覺到這個過程的運作，只有當我們碰到新的刺激時才會察覺。如果我們無預期地在昏暗不明的狀況下，看到一個不熟悉的物體，我們不能夠立刻辨識，這時候我們會自動地掃瞄環境，尋找更多的資訊，看看我們是否能夠找到可用的模型符合這個新的物體。如果我們找不到，我們仍處於黑暗中，不清楚它真正是什麼。例如在超人影片裡，人群突然看見超人閃過天空而大喊：「那是一隻鳥！那是一隻飛機！不，那是超人。」資訊的交互作用以及內在模造，終於知覺那是超人。

醒著的意識與雷達系統有些類似，我們關注未來將會發生什麼事，我們會掃瞄周圍環境以及我們的過去，希望能讓眼前發生的事情更加清晰明朗，我們找到可以因應生活上新發生事物的資源時，我們成功地擴大我們行為的技能。當我們因為某些理由，逃避處理迎面而來的問題，會導致或大或小程度的情緒張力（intensity）[6] 在我們身上滯留，它的強度就看問題的重要性。

我們睡覺時伴隨著不同程度的情緒張力向未來前進，逗留不去的張力持續徘徊，啟動我們睡眠意識進一步探尋資訊。如同在醒著的狀態，我們追蹤會觸發我們感覺的刺激，所不同的是資訊處理的方式與本質。別忘記，即使在我們睡著的時候，我們仍週期性地處於興奮狀態，透過做夢意識，我們在那一刻對事情做出判斷。睡覺的時候，我們仍然繼續前往未來，只是以被動的方式，沒有暴露於外在的刺激，不像醒著的時候直接衝擊（偶爾有些例外 [7]）。一旦我們的大腦被喚醒到一定程度，前一天餘留的張力就會成為夢境的母體，與醒著情境相反的是，我們在做夢的時候思索的方式並非立即性的外在行為反應，或是延伸，而是一種內在的改變。夢境所喚起的感覺強度與內容影響大腦興奮的程度，可能因此而清醒或者繼續回到無夢的睡眠。

佛洛伊德提到白天的事件與我們夜間的思想有關，他稱為「日間餘留」。任何事件，無論在發生的時刻看起來多麼細微或是非主要，這個事件引發的

---

6 我使用中性的名詞張力（tension），因為它涵蓋正向與負向的感覺。

7 發生在眼球快速跳動期間的外在刺激，但是強度仍不足以喚醒我們時，它可能會被包括在夢裡。

感覺找到路徑進入當夜夢裡，因為它扮演一個信差的角色，從夢者的過去帶出信息。它是很模糊的感覺，在日間無法被清楚知覺，對於夢者，被日間餘留喚起的感覺剛開始並不清楚也不熟悉，因過去經驗的加強，使它出現在夢中。這讓夢者可以更精確地看到這些感覺的本質與來源，評估它們對未來所隱含的意義。在辨識外在事物的本質時，我們會努力蒐集足夠的知覺訊息，但是要更精確地界定內在主觀狀態，夢者必須很努力地去感受這些感覺。夢者需要更多的資訊，就像在辨識外在物體一樣，這資訊必須是真實的，可被察覺的，它必須精確地反映內在實體[8]。

然而，夢者除了往她自己的記憶庫與感覺探尋之外，沒有任何地方可以求助，一起完成這個任務。我們所介紹的夢團體過程，也就是探尋環境脈絡細節以及尋找與記憶相符合的資訊，這是夢者醒著的狀態可運作的兩大方針，而這兩項任務在夢者睡眠狀態已經自行完成。睡夢中，我們會掃瞄任何類似當前感覺餘留的過去經驗，它同時也會掃瞄到過去處理或因應這類感覺的模式，所有這些資訊都是企圖讓當前的情勢更加明朗。如果我們發現答案，讓我們對當前繃緊的情境仍然覺得應付自如，我們可能會繼續睡覺。如果搜尋的結果所喚起的感覺過於強烈，讓我們非常不安，我們會醒來。只有在醒著的狀態，我們可以回到社會環境得到緩和效應，終究得到進一步所需的經驗，來因應過去已經出現、現在又要面對的情緒。

夜間處理資訊的方式非常獨特。我們所經驗到的夢意識多數透過視覺影像。實際上，我們在挖掘過去並以視覺形式包裝資訊時，我們在創造自己的內在刺激。目標是一樣的，只有在精確地察覺眼前發生的事情，我們才能為將來要發生的事做準備。在醒著的時候，對資訊追蹤與理解導引我們對眼前處境的認知更逼近真實，也讓我們更有效地為將來做準備。而在睡夢中進行感覺餘留的歷史性探索，能幫助我們評估這些餘留感覺對未來的重要性。意識知覺無論以何種形式出現，都是未來的方向指引。

夢對我們醒著生活的獨特價值在於睡夢中所做的事情，在醒著的狀況幾

8　我們真實感受到的，而不是我們想要或不想要去感覺的。

乎不可能做到。我們以相當誠實與更有深度的方式看待自己，這樣的能力基礎建立在我所提出的夢意識三大特質。第一，做夢與當前關注的議題相關。在我們的日常生活，感覺與情緒的發展，有些引起我們很大的注意，有些則被我們忽略，一般而言，感覺扮演我們與他人之間的連結與組織角色，當感覺很自在恰當，它們不會留下任何令人煩惱的殘渣。但是，一旦自在的流動被某種緊繃的張力所阻礙，我們無法解決，這個連結的組織可能會撕扯或破裂，它的餘波會持續成為某種背景，這就是來自過去的未竟情緒事宜，需要我們的注意。

在做夢的時候，我們不僅有機會面對新的情境，事實上已經是直接面對，進一步在探究這情境。這就是夢意識的第二個特性。我們將斷裂的連結組織所喚起的感覺放在記憶的銀行裡游動，從我們某個具體的生活故事中，蒐集資訊與線索，發現它的歷史源頭。這就是為什麼過去的經驗或人物經常進入我們的夢中。資訊越豐富，我們越能正確評估這個斷裂的程度以及它的重要性。除此之外，我們往過去探尋時，會讓我們想起很多過去因應的機制供我們使用，藉以因應當前的處境。

第三項夢意識特質，也是夢意識最重要的特質，就是徹底的誠實。要將我們夜間那些奇異並讓人困惑的圖像以誠實這個概念來思考，似乎很奇怪。要了解這點，我們必須更近距離地察看睡覺時大腦得到訊號後開始做夢的情形，在那個時候，夢者似乎一直是無意識地被喚起，他完全是一個人，他與外在世界的聯繫暫時懸置，提供了緩衝的空間，這時候的意識隱約地回應三個問題；

- 我發生了什麼事？
- 它如何成為現在這個樣子？
- 我能怎麼做？

換句話說，夢者在這個時候正在適應他的生活，特別是他自己的主體狀態。當我們醒著的時候，我們使用語言適應我們周圍的環境，語言是不可思議的工具，但是如之前提過，它像一把雙刃劍，我們可以誠實地用語言當作溝通的工具，但是我們也可以用來欺瞞自己與他人。當我們不願意面對令人不愉快或害怕的事情時，許多無意識的自我欺瞞策略會在醒著的狀態運作。

當我們在做夢的時候，不會有類似的偏離。因為我們有非常重要的問題要決定，而且我們完全要用自己的機制找到答案。我們不能去察看書本或是向任何人尋求協助。我們要面對的問題是，以當前餘留在我們身上的緊繃張力來考量，我是不是可以安全地持續一個人睡覺，或是我們要趕快醒來回到一個比較熟悉的環境。比起我們醒著的狀態，夢意識的判斷比較積極改變狀況，這同時需要高度的誠實。

當我談到我們在做夢時所創造出來的影像是誠實的，並不意味著我們被轉變成超誠實的生物，我們只是允許自己瞥見自己主體狀態誠實的一面。這樣真實地與自己相遇，即使是遇到不美好的自己，都能讓被記起來的夢成為很有力量的療癒工具。在後面章節討論夢意識與種族生存之間的關係時，對於夢不可改變的誠實本質我會有更多的說明。

為什麼夢意識會以影像的形式執行它潛在的警示功能？這部分我們尚未討論。基本上，夢發生在眼球快速活動的睡眠階段（REM），被大腦的副表皮層機制所控制，以演化的角度，它是最原始的睡眠階段。以影像思考的能力似乎從史前時代就已經開始，影像的出現緊連著重複出現的眼球快速跳動階段，可能暗示影像有警報的功能（Snyder, 1966; Tolaas, 1978; Ullman, 1961）。從生物演化的觀點，這個需要的源由是因為在有掠食者出現的環境下，持續無意識狀態太久是很不安全的。低等動物也有像人類一樣的警覺期睡眠循環。動物比人類更依賴它們的自然環境，而且它們的生存端視環境的危險性而定。當原始人類演化成社會性的存在，他們所關心的焦點逐漸從外在身體的危險轉移到在社會中生存的危險，生存的問題與正在社會環境中發生的事息息相關。也就是說，個體要關心的是與他人關係的品質。來自社會的危險，伴隨著社會互動關係的變化，透過感覺與情緒活動會變得更明顯。為了要呈現這類重要議題，表面簡單的影像模式必須轉變成更複雜的影像運用，最終將影像視為一種隱喻，對身體危險的警覺轉變成對社會危險的警覺。

這個概念強調在醒著意識與夢意識之下的本體，它們都關心外在侵入刺激的影響，兩者都要面對新的挑戰。醒著的時候，我們能掃瞄外在環境，而當我們進入睡眠狀態的時候，我們可以掃瞄內在環境。當我們醒著，我們的感知始於對外在形狀與移動的敏感，是指向外在的。而當我們睡覺與做夢時，我們的感知則始於能感受到被最近侵入的事件所引發的感覺，是指向內在的。醒著時，我們努力讓我們的概念清楚，作為我們在世間活動的指引。做夢的時候，影像流動是表達感覺，也同時包含了感覺，內在的活動影響甦醒的程度。兩種形式的意識都有溝通的功能，醒著的時候，透過語言的力量，我們能夠與他人保持聯繫。睡眠狀態與做夢期間，我們使用不同的語言告訴自己關於自己的故事，這些故事我們之前都未曾聽過。

簡而言之，夢意識與醒著意識對於人與人之間的相互連結有著相同的功能，它們只是在不同的處境，處理不同的內容，以及用不同的方式處理內容。我們每個人，都有個不會腐敗的核心本質，能敏感到我們傷害自己或傷害他人的方式，並關心如何恢復已經造成的破裂。我們還是沒有做好保存我們動物本性，與大自然合為一體，或者保存我們的人性，與他人合為一體。我們的夢是永恆不變的提醒者，儘管我們以數不盡的方式脫軌，但在同時，夢不斷提供我們機會重回軌道。

做夢與種族存活

我將醒著意識視為一種演化適應，讓我們能前進未來，塑造我們的文化以及社會。在這努力探索的過程，過去的記憶供我們支配，我們的想像力自由地玩耍，我們欲望的範圍、能量、希望，以及創造力都被一起帶進執行這個任務。

語言是建構社會適應的工具，有一點不可靠的工具，謊言可以被以為是真相，而且所有各種不同的欺騙都會接踵而來。在童話故事「國王的新衣」中，不只是個人，整個國家都被欺騙，認為正在街上遊行的國王穿著美麗的新衣。夢可不可能像是那個指出國王沒穿新衣服的小孩，對我們的謊言提出異議？賴克羅夫特（Rycroft, 1979）提出「夢是天真無邪的」，這樣的天真，我們在各個領域幾乎已經失去。夢意識是否能協助我們種族生存的需要，藉著夢的誠實，穿透我們的幻覺，並以夢境豐富的戲劇情節與誇大詞彙，引起我們注意自己最基本與最高尚的特質？

種族生存與個體生存之間，存在著雙向的均衡關係，我們生物本能推動我們關心種族的生存，我們的文化遺產則提供我們一個集體的環境，個體可以在其中實現我們的人生。夢意識，根植於這兩個領域，它反映種族生存的優先順序以及個體角色的重要性，如果這個觀點是對的，那麼做夢是我們潛意識的同盟，與我們一起努力要讓種族存活，以及幫助社會中個體實踐有助於種族生存的角色，這個角色不僅是生物性的目標，也包括文化與社會性目的。當我們的夢在強調那些促進成阻礙我們與他人合作的經驗時，「生存濾器」已經篩選了我們個人經驗範圍。它並非只是與個人相關，而是關係著整個種族的生存。從這個觀點來看，比起醒著意識，我們的夢是比較可靠的同盟，因為在夢意識裡，我們沒有必要迎合虛假的自我，夢比較自發、堅持，並且更有說服力。

有任何證據能支持夢意識具有這樣卓越的功能嗎？我必須承認證據是有脈絡性的，依情況而定。雖然我個人已被說服，我只能希望你也能發現一些興趣，現在被提到最多的是有關我所提出夢的第三個特徵——那就是誠實的本質。詩人與作家一直都知道我們的夢生活是誠實的。愛默生（Emerson, 1947）在他一篇論文裡描述：

> 夢有如詩般的正直與誠實。這個存在於地獄邊境，存在於布滿塵埃黑洞的思維，它們被某種理由所管轄……它們從大自然而來的奢華鋪張其實是在一個更高層次的自然界範圍，它們似乎對著我們提出豐富流暢的思維，這些思維是我們醒著的時候所不熟悉的。夢會激怒我們，因為它們獨立自主，然而我們卻又能從這片狂亂中辨識自己，我們要感激夢的占卜能力與智慧。（p.246）

榮格（1953）很巧妙地指出夢在這方面的特質：「夢就像花一樣，率真又誠實地綻放，它讓我們對自己的不誠實與欺瞞感到羞愧。」（p.46）

這種誠實並非表達在表面字義上，而是隱喻性地以影像表達，反映我們既存的主體狀態。夢告訴我們感覺生活的深度與廣度，無論這些感覺是否讓醒著的我們感到困擾不安。我們的夢告知我們情緒發展的階段，我們自我認同的鞏固程度，以及與他人互動、與自己相處的自由度與誠實能力。

這裡值得我們注意的是，夢在人與人之間的和諧扮演促進者的角色。夢不僅對夢者說出當下生活的斷裂處，而且也穿越社會刻板印象，它們所提出的議題直接面對整體社會。夢的誠實本質指出社會以及我們自己不理性與偏見的層面。如同羅素（1961）提到：「非理性將我們分離，而理性讓我們連結在一起。」（p.184）我們沒有一個人完美地長大，非理性進入我們與他人互動的行為中，這就是為什麼我們每個人都容易受到傷害，也是我們與他人的連結會處於危險中，這個部分正是我們夢中的自我有興趣探索的區域。我並不是說夢有差別對待，特別對這些負向感覺餘留有興趣，只是相對於正向的經驗，當我們睡覺的時候，餘留的負向感覺會讓我們更仔細深思。

如果我們費心努力地讓反映在夜間的影像放入我們醒著世界的脈絡，它們將是我們不斷超越自己局限的起跑點。當個人與他人的連結越是牢固，自然會引發更大社會單位的回響，這是相互依賴的本質。夢可以幫我們指出對的方向，它們揭露我們的力量，也使我們承認我們的弱處，讓我們的欺瞞曝光，以及釋放我們的創造力。夢至今仍然被人類社會忽略，它們真的值得我們給予更大的關注。

我認為，我現在一直在發展的觀點與榮格強調夢的直覺性，這兩者是平行的。榮格將夢從本能的束縛中解放出來，注意夢的補償功能，並歸因於某種集體潛意識的形式。他將後者視為我們原型世襲遺產的貯藏處，像基因一樣，決定意識的客觀形式。原型有它們發展的掙扎源頭，共通於全人類，當我們有情緒張力與轉變期間，它們在夢中透過具有普遍性象徵意義的影像出現。

雖然我並沒有被榮格所具體定義的集體潛意識所說服，但隨著原型這個概念思考，我的確看到這個原型概念揭露了榮格對夢內涵的敏感度，那讓我們連結在一起，指向一個共同的文化遺產的部分，以及提供我們一個共同的語言，一起談論共同的議題。這與語言學家喬姆斯基（Chomsky, 1976）的觀點，認為人類有本質的語言結構有些類似，我比較偏好以先天的結構觀點解釋夜間的語言，那是我們與生俱來的能力，一旦我們所存在的社會織布撕裂，它能夠與我們溝通。雖然沒有任何人教我們這個語言，但是我們都說得很流利。我們做夢的自我永遠看得見我們都是某個人類種族的一員，它運用我們本身具有的能力持續提醒我們這個事實。

心理分析運動早期先鋒者伯羅（Burrow, 1964）大量書寫有關人類意識。他提到前意識發展階段，談到一種完全合而為一的感覺，像嬰兒經驗它所處的環境一樣。對他而言，在母親與小孩之間單一性的潛意識階段，提供所有的未來關係一種樣板。他強調，在我們之後的發展，我們如何地無法保存這種普遍存在、與生俱來的生物遺產，再也不能感受到我們的自然本質與人類環境完全連結的滋味。伯羅覺得在我們開始熟練語言以及學會象徵性表達的能力之後，就開始傷害我們與環境之間的連結，造成人與環境之間的分裂：

> 我們現在以文字彼此連結，它是權充過去嬰兒與母親之間原始自然關係的劣級替用品。在我們依賴這個很不協調一致的世界時，當我們想到那之間只有單一的公約與了解，事實上我們彼此是處於交戰狀態。（p.111）

我引述伯羅的著作，因為我覺得他的觀點在當代一直沒有被普遍賞識。雖然在心理分析傳統的背後，但是他超越心理分析，大量著作論述強調一種沒有被察覺的普遍性社會病態[9]，甚至影響心理分析的實踐。我們一直過度強調我們是分離的個體，分離的國家，而以整體種族的和諧為代價。他覺得心理分析在這個趨勢是失敗的，因為心理分析沒有將分析師與病人視為一樣

[9] 那些因社會規畫、制度、習俗而促使疏離、攻擊等。

是這個比較大的「社會精神官能症」的受害者。他努力要將注意力從個人病態轉移到社會的病態。伯羅因為這個異於主流的觀點而被迫離開美國心理分析協會，他過去曾是這個協會的會長。

就整體人類而言，我們無疑地一直讓我們自己成為分裂的碎片，在過去長期掙扎於文明化的過程，我們已經很徹底地開發任何可以想得到，造成人類彼此分離的裂縫。我們不僅無法克服地理上的界線，我們更不斷拋出障礙阻止人與人之間的流動，例如宗教、階級、種族、性別等等。我們無法當科技的主人，相反地，讓科技毀滅彼此，破壞地球上的生命，這都是我們分裂過程的象徵。不幸地，這就是我們人類歷史的真實面貌。我們的藝術家與作家不僅反映出這樣的分裂，也抗拒成為殘缺不全的碎片；而我們的科學家，則透過與日俱增的專門化，在分化過程扮演一角；我們的哲學家對此則憂心忡忡，而我們的政治家想要尋求解決方案，卻徒勞無功；宗教提出理想，在實踐上卻失敗。而目前對東方哲學逐漸升高的興趣似乎成為這個問題的避難所，甚至努力要超越當前問題。

人類個體想過著自我中心又自私的生活，一直活到年老，最後得以平靜地死在床上。以人類整體角度來看，所有指標顯示，那樣的可能性並不存在。世界上很多國家才剛剛開始面對現實，了解只有透過協力合作，才能讓棲息在地球上的所有生物共存。

傑出物理學家博姆（David Bohm, 1986）的著作與這個觀點有關，他假設具體現實的事物底下存在某種次序，雖然無法直接被察覺，但是卻是所有地表生物的法規，他稱這個為暗存秩序（implicate order），源自這個暗存的秩序，我們看到一個可以被闡述說明的外顯秩序（explicate order）：

> 外在的關係陳列在已展開或明確的秩序中，物與物之間看起來是分開的，只是在外表上相關。明確的秩序掌控日常經驗以及古典物理學，就某種意義而言它是次級的，它終究是源自最原始、最主要的暗存秩序。（p.114）

博姆（1986）提出關於整體的論述以及暗存秩序，雖然沒有明確與夢議題相關，然而他考慮思想流動的本質是從暗存到可以明確闡述的過程，即使我們已經看不到整體，如同我們當前的世界觀，思維仍然持續進行，就像其他現存的物體，它們也只有被經驗到片段，這些物體與暗存秩序之間的連結則遺失或被忽略。

而這些又如何與做夢相關呢？依照推斷，夢心靈非常注意影響暗存與明確之間自由流動的障礙。就一般比喻而言，這裡呈現的觀點本質上偏向相互連結以及尚未破損的整體概念，而非標明具體心靈實體的夢理論，造成彼此的戰爭。我們醒著的時候，陷入自己本身的分離，藉著我們所使用的語言，我們讓自己掉入一個個不相關的片段自我，被不完整的自我困住，睡覺與做夢時，我們放棄以語言概念為主要表達的形式，回到每個單一片段自我之下，探索影響內在與外在流動的阻礙。

醒著意識狹窄地關注於立即迎面而來的現實，傾向看到事物分離的狀態，然而在事物底下扮演重要角色的連結面向，也就是博姆所說的「尚未破損的整體」，幾乎完全沒有被注意到或被聽到。而做夢的時候，我們的意識剛好逆轉，那個「尚未破損的整體」部分將被帶出來引起我們的注意，至少當它運用到我們與他人關係的時候。

以博姆的術語來理解，我們可以說隱喻是一種工具，帶領我們理解暗存秩序的神秘性，一旦這些神秘事物開始撞擊我們的生活，透過隱喻，我們碰觸到那尚未被辨識的、尚未被概念化的、只有隱隱約約被感覺到的秩序。我們一般使用的語言尚未能達成這個任務，語言只有在隱喻迫使神秘事物曝光時才有用，從這裡我們很容易看到隱喻如何扮演推動我們邁向未來的力量，它代表運動、改變，以及竄改未知的事物。應用於外在世界，包括詩歌、藝術、甚至科學，處處運用隱喻讓我們已知的世界更豐富。隱喻運用於內在世界，則讓潛意識的材料更容易通往意識層面。無論內外的運用，隱喻提供創造隱喻的人，以及因為某個隱喻創作而從中獲益的人，讓他們比之前的存在有更大自由度。

在我們的夢境，這些隱喻性的影像是自發的而且非自願地發生，它們似乎是我們用來捕捉一絲絲來自潛意識即將要打開的神秘事物的方式。睡眠狀態與做夢的時候，我們不會去賞識它的隱喻意義，在夢中我們所感受到的隱喻活動就像是真實世界一樣，而非象徵意義，我們回應它的方式就如同我們是那個現實世界的俘虜。

這個觀點強調夢的注意力集中在連結的議題上。當我們在做夢的時候，我們讓自己面臨與我們生活上重要他人之間的連結關係狀態，我們所使用的策略是在破壞或修復這個關係，以及阻礙我們前進道路的社會壓力。夢的自然療癒潛能，源自夢者有能力製造影像，而且這些影像能夠反映最近生活上我們與他人或與自己失去連結的部分。夢者關注嚴重衝擊自己與他人連結的持續事件或經歷，這樣的經驗觸發不同程度的震盪回響，而成為夢所要探索的議題。

夢與連結的關係很清楚地浮現在夢團體工作過程。因為團體過程完全沒有侵入性，這個團體特質產生了一個很有安全感的環境，在這種安全感的狀態下，社會防衛機制自然融化消失，或者至少不會妨礙深度的分享以及親密交流的感覺。團體成員以感覺的層次回應他人的影像，雖然這好像在分享一個類似的社會環境或面對共同生活議題，但是影像也可能指出一個更深層的意義，也就是它將人們連結在一起，更類似彼此在分享某種美學經驗，夢團體工作顯露出一個抗拒片段破碎的機制。信任、親密共享，以及團結感迅速地在夢團體中發展，在這過程，有某種非常深刻的生命交織，人與人之間的相互連結成為可以觸摸感知的實體。

這些因素引領著我進一步推測，在我們睡眠與做夢狀態，我們連結了更寬廣的自然界，這遠遠超越個體關心的事，我們的夢心靈似乎能察覺人與人之間相互協力合作，是維持種族生存所必須的要素。我們每個人內心中的某處都能察覺到這點，只是沒有被注意，不團結是造成分歧與潛在毀滅的根源，只有透過建設性以及深情關懷的人際連結關係，我們才可能克服當前的分裂狀態，種族也才能持續生存。就這個意義而言，夢可以被視為由一個關注人類種族生存的個體固有內在機制所引發，個體關心與他人連結的維持，是這個更大關注——也就是種族之間連結議題的一部分，個體的保護生存對於種族的保護生存是必要的。在做夢的時候，我們似乎超越個體的界線，朝向更大的整體位置移動。

當代作家埃文斯（Evans, 1983）晚期，清楚明確地提出夢境與生存之間的關係議題。他以電腦的程式為類比，認為我們睡覺是為了做夢，而我們做夢是為了要檢驗以及改變既存的行為程式，或是創造新的程式來因應之前日間的經驗。在這過程，舊的程式被更新或者以新的取代。文森（Winson, 1986）則以神經生理學為基礎，解釋夢與生存之間的關係。

做夢可能讓動物維持隨時就緒的行為反應能力，而就人類來說，我們從做夢過程中所得到的生存意義，並不止於做夢當下的行為反應，我們也將夢境內容運用於醒著的處境，這就涉及到隱喻的運用，只有當我們能清楚解釋隱喻，欣賞隱喻本身的隱喻意義，我們才能徹底使用夢境所提供的訊息與功能。

做夢本身對生物體在睡眠狀態的適應價值與醒來之後所記得的夢之功能，這兩者之間，我們應該畫出一個分界線。做夢是意識瞬間狀態，與正在睡覺中生物體最原初的需要相關[10]，然後我們從那個狀態下帶回來的東西——那就是夢——可以轉換成某種工具，透過這個工具，我們可以獲得更精確的觀點，看到真正的自己。它能逐步清除堆積在我們與他人關係之間的破瓦殘骸，這些殘骸影響我們與他人親密關係的建立，每天夜晚，那些迫使我們難以與他人或自己連結的障礙物不斷在我們面前通過。

所有這些以及類似的問題都可以被歸納在一個普遍性的問題上：我們世襲的情緒遺產以及環境的衝擊對我們有多大的限制？或者說它們如何限制我們領悟人類充滿愛與自我實現的潛能？換言之，偽裝且極具有傷害性的東西是什麼？它們如何限制我們表達的自由？它們來自何處？我們能對它們怎麼辦？這些是夢心靈最想要關心的事。我們人類的自由只有透過其他人並與其

---

[10] 雖然已經有很多著作描述睡覺與夢的必需性以及所能滿足的需求，但是我們所知仍有限。我的論點純粹認為夢與睡眠連結，對處於睡眠狀態的我們具有適應功能，若要進一步了解不同面向的眼球快速跳動狀態以及對睡眠狀態生物體的功能，讀者可以參考沙夫頓（Shafton, 1995）。

他人共處才能達成，我們演化的軌道讓我們成為社會的生物，這已經沒有後退之路。我們前面唯一的路是在自己內在與外在創造一種可以允許人自由的社會環境，就像我們享受大自然環境一樣。終究，這要看看我們是否能療癒我之前所提到的那種深具破壞性的分裂切割狀態。就目前而言，這是一個很遙遠的目標，但是這路徑是一直存在的，而我們每個人的夢心靈都能直覺地抓住它。夢所關注的是任何拴在我們人類身上，致使限制或阻礙我們情感自由流動的所有因素，這就是我們睡覺與做夢時關注的焦點。不管怎樣，夢關注任何向我們迎面而來、影響我們與他人連結的因素，無論這些因素來自外在或內在，是讓我們的人際連結更好還是更壞？是鞏固還是侵蝕？是強化還是破壞？夢將如實呈現。

做夢與超自然

我要補充有關超自然夢的理論，這是我長期以來一直有興趣的主題。做夢的時候，我們如何可能超越既存正常的空間與時間限制，以心靈感應的方式獲取資訊預知即將發生的事。無論從臨床工作或實驗研究過程，我自己個人的經驗說服我這些現象有它的真實性（Ullman & Krippner, with Vaughan, 1988）。這樣的夢是屬於**心靈玄學**（Psi）[11] 的一部分，只有仰賴未來的研究，才能讓這部分更為明朗。

讓我們回到醒著意識與夢意識的比較。我們已經提過醒著與做夢意識剛開始掌握的資料都是不完整的，兩者都需要從過去經驗中取得相關資料，努力弄清楚當前這個新刺激的意義。當我們醒著的時候，我們的知覺過程從感官輸入訊息，一旦過去的經驗，也就是我們所建立的類似模型，使我們能辨認眼前這個刺激，這時候我們就成功地結束這次知覺過程。多數時候，我們僅需少數的感官資訊暗示就能辨識。

---

[11] Psi 這個名詞之前的通稱就是所謂的超自然現象，目前稱為心靈玄學研究。

做夢時也同樣從模糊不清的刺激開始，它是最近生活經驗的感覺餘留，我們再一次面臨資料不全的情境，因此要搜尋更多的資訊，在做夢狀態下搜尋資訊，這個特質與結果可能提供解釋超自然感應效應的線索。對於夢者，重要的是感覺氣氛，即將要被探索的就是感覺的源頭與重要性。這個探索的過程，繞過一般正常的時間概念，時間面向被濃縮成只有現在的時刻，空間關係也是一樣。時間與空間並非被忽視，而是重新安排，企圖獲取感覺隱喻的代表[12]，這個要點不在於視覺的精確性，而是一種感覺味道的隱喻影像。

所有這些觀點都能應用於超自然效應。在這個地方，資料一樣是有點片段分裂。在這個地方，感覺氣氛一樣是扮演主導角色。在這個地方，正常的空間與時間關係並沒有束縛性，甚至不相干。當夢者順利將所有從超自然取來的餘留[13]以及其他手邊的餘留編織成某種隱喻，就達成最終結果。雖然一個尋常的夢有種強制性的本質，就某種意義而言，我們並非自願要旁觀這一切（儘管事實上我們可能參與活動中），這種強制性的特質在心電感應或預知夢中更為明顯。一個普通的夢，夢境裡的感覺可能激起我們對內在世界的好奇，而一個超自然夢是與外在事件相連，並非個體的私密，或許讓我們超越個體，讓我們有一個衝動對外在世界採取某些行動。

從生物學的觀點，超自然夢對事物可能有某種暗示。生理學指出，睡眠時眼球快速跳動階段與做夢有連結，而從物種學的觀點，眼球快速跳動階段是比非眼球快速跳動狀態更為原始的睡眠形式，似乎很自然地與更原始的生存需求相連結。如同我提過的，無論醒著意識或夢意識，都一樣持續敏感於新事物的掃瞄，只是兩者的情況非常不同。醒著時，我們置身於社會基礎脈絡中，我們只能掃瞄有限的視野。在睡覺與做夢的時候，我們是獨自一人，而且暫時離開社會的保護，後果是我們可能處於比較大的潛在性危險，我們必須開放掃瞄的範圍要更大，以發現從最細微到最有威脅性的斷裂。如果我們認真看待超自然效應，事實是如此，不管這斷裂的來源在時間與空間上是

---

12 例如，使用空間距離代表情緒上的距離，或從不同的時期擷取零件組成一個要素重新安排時間。

13 例如心靈感應或先知。

近還是遠。過去多數對超自然效應夢的報導，它的出現可能是有關無法事先看到的威脅處境，或是重要親人的死亡。我們與他人的連結隨時受到威脅，可能因為我們或他人錯誤的行為，也可能受迫於社會安排，或者像超自然夢所顯示的，無法預期的事件。

Bohm, D. (1986). A new theory of the relationship of mind and matter. *Journal of the American Society for Psychical Research, 80,* 114-135.

Bonime, W. (1982). *The clinical use of dreams.* New York: Da Capo Press.

Boss, M. (1958). *The analysis of dreams.* New York: Philosophical Library.

Briggs, J., & Monaco, R. (1990). *Metaphor: The logic of poetry* (2nd ed.). New York: Pace University Press.

Burrow, T. (1964). *Preconscious foundations of human experience.* New York: Basic Books.

Chomsky, N. (1976). On the nature of language. In S. R. Hamad, H. D. Steckliss, & J. Lancaster (Eds.), *Origin and evolution of language and speech* (pp. 46-57). New York: New York Academy of Sciences.

Emerson, R. W. (1947). The witchcraft of sleep. In R. L. Woods (Ed.), *The world of dreams: An anthology* (pp. 243-247). New York: Random House.

Evans, C. (1983). *Landscapes of the night: How and why we dream* (P. Evans, Ed.). New York: Viking.

Jung, C. G. (1953). *Psychological reflections: An anthology of the writings of C. G. Jung* (selected and edited by J. Jacobi; Bollingen Series 31). New York: Pantheon.

Korzybski, A. (1941). *Science and sanity*. New York: International Non-Aristotelian Publishing.

Kovel, J. (1976). *A complete guide to therapy.* New York: Pantheon.

Russell, B. (1961). *History of western philosophy*. London: Allen & Unwin.

Rycroft, C. (1979). *The innocence of dreams*. New York: Pantheon.

Shafton, A. (1995). *Dream reader*. New York: State University of New York Press.

Snyder, P. (1966). Toward an evolutionary theory of dreaming. *American Journal of Psychiatry, 123*, 121-136.

Tolaas, J. (1978). REM sleep and the concept of vigilance. *Biological Psychiatry, 13,* 135-148.

Ullman, M. (1961). Dreaming, altered states of consciousness and the problem of vigilance. *Journal of Nervous and Mental Disorders, 133,* 529-535.

Ullman, M., & Krippner, S., with Vaughan, A. (1988). *Dream telepathy* (2nd ed.). Jefferson, NC: McFarland.

Ullman, M., & Limmer, C. (1988). *The variety of dream experience*. New York: Continuum.

Ullman, M., & Zimmerman, N. (1979). *Working with dreams*. New York: Tarcher-Putnam.

Winson, J. (1986). *Brain and psyche*. New York: Vintage.

國家圖書館出版品預行編目資料

讀夢團體原理與實務技巧／Montague Ullman 著；
汪淑媛譯.-- 初版.-- 臺北市：心理，2007.08
面；公分.--（心理治療系列；22082）
參考書目：面
譯自：Appreciating dreams: a group approach

ISBN 978-986-191-038-3（平裝）

1.解夢　2.團體治療

175.1　　96012555

心理治療系列 22082

讀夢團體原理與實務技巧

作　　者：Montague Ullman
譯　　者：汪淑媛
執行編輯：林怡倩
總 編 輯：林敬堯
發 行 人：洪有義
出 版 者：心理出版社股份有限公司
地　　址：231026 新北市新店區光明街 288 號 7 樓
電　　話：(02) 29150566
傳　　真：(02) 29152928
郵撥帳號：19293172　心理出版社股份有限公司
網　　址：https://www.psy.com.tw
電子信箱：psychoco@ms15.hinet.net
排 版 者：鄭珮瑩
印 刷 者：東縉彩色印刷有限公司
初版一刷：2007 年 8 月
初版五刷：2021 年 8 月
I S B N：978-986-191-038-3
定　　價：新台幣 350 元